O CONTRATO
DE VIAGEM ORGANIZADA

JOSÉ MIGUEL DE SÁ MIRANDA

O CONTRATO DE VIAGEM ORGANIZADA

ALMEDINA

TÍTULO:	O CONTRATO DE VIAGEM ORGANIZADA
AUTOR:	JOSÉ MIGUEL DE SÁ MIRANDA
EDITOR:	LIVRARIA ALMEDINA – COIMBRA www.almedina.net
DISTRIBUIDORES:	LIVRARIA ALMEDINA ARCO DE ALMEDINA, 15 TELEF. 239 851 900 FAX 239 851 901 3004-509 COIMBRA – PORTUGAL LIVRARIA ALMEDINA – PORTO R. DE CEUTA, 79 TELEF. 22 205 9773 FAX 22 203 9497 4050-191 PORTO – PORTUGAL EDIÇÕES GLOBO, LDA. R. S. FILIPE NERY, 37-A (AO RATO) TELEF. 21 3857619 FAX 21 3844661 1250-225 LISBOA – PORTUGAL
EXECUÇÃO GRÁFICA:	G.C. – GRÁFICA DE COIMBRA, LDA. PALHEIRA – ASSAFARGE 3001-453 COIMBRA E-mail: producao@graficadecoimbra.pt
	ABRIL, 2000
DEPÓSITO LEGAL:	149838/00

Toda a reprodução desta obra, por fotocópia ou outro qualquer processo, sem prévia autorização escrita do Editor, é ilícita e passível de procedimento judicial contra o infractor.

À memória de minha Mãe

NOTA DE PUBLICAÇÃO

O estudo que agora se publica corresponde, com pequenas alterações e actualizações de carácter legislativo e bibliográfico, à dissertação de mestrado em Ciências Jurídico-Civilísticas, apresentada na Faculdade de Direito da Universidade de Coimbra, em Outubro de 1997, e cuja discussão em provas públicas ocorreu a 27 de Outubro de 1998.

Agradeço, com profundo reconhecimento, ao Senhor Prof. Doutor Jorge Sinde Monteiro a generosidade com que assumiu a orientação desta dissertação e o incentivo dispensado ao longo da sua elaboração. Agradeço, igualmente, ao Senhor Prof. Doutor Rui de Alarcão, ao Senhor Prof. Doutor Guilherme de Oliveira e ao Senhor Prof. Doutor Henrique Mesquita, os ensinamentos transmitidos durante o curso de mestrado, bem como ao Senhor Prof. Doutor José Brandão Proença e ao Senhor Prof. Doutor Rabindranath Capelo de Sousa, membros do júri que apreciou esta dissertação.

Gostaria, ainda, de manifestar a minha gratidão ao Instituto Jurídico da Università degli Studi di Sassari, na pessoa do Senhor Prof. Doutor Vincenzo Zeno-Zencovich, e à Senhora Prof. Doutora Maria da Paz Garcia Rubio, da Faculdade de Direito da Universidade de Santiago de Compostela, pelo constante apoio na recolha e actualização bibliográfica.

Uma última palavra de apreço ao Senhor Dr. José Afonso, pela forma amiga com que apoiou a realização deste trabalho.

"– Disseste uma coisa bela, Adso, agradeço-te. A ordem que a nossa mente imagina é como uma rede, ou uma escada, que se constrói para alcançar qualquer coisa. Mas depois deve--se deitar fora a escada, porque se descobre que, se acaso servia, era privada de sentido. *Er muoz gelîchesame die Leiter abwerfen, sô Er an ir ufgestingen ist...* Diz-se assim?
– Soa assim na minha língua. Quem o disse?
– Um místico da tua terra. Escreveu-o em qualquer parte, não me recordo onde. E não é necessário que alguém um dia encontre esse manuscrito. As únicas verdades que servem são instrumentos para deitar fora".

UMBERTO ECO, *O nome da Rosa*, ed. Círculo de Leitores, 1984, p. 358.

SUMÁRIO

Parte I – Introdução.

    1. Apresentação do tema.
    2. As envolventes do tema.

Parte II – Caracterização do contrato de viagem organizada.

    3. Noções preliminares.
    4. As viagens organizadas e a tipicização do contrato de viagem organizada.
    5. Tipicidade contratual e natureza jurídica.
    6. Evolução legislativa.
    7. Delimitação subjectiva e objectiva do contrato.

Parte III – O regime jurídico do contrato de viagem organizada.

    8. Introdução.
    9. Fase pré-contratual.
    10. Fase contratual.

MODO DE CITAR

As obras citam-se pelo autor, título, local, data e página. Nas referências subsequentes, o nome do autor e o título são abreviados, omitindo-se o local e a data. Os artigos são citados pelo autor, título, publicação, data e página.
As decisões judiciais citam-se pelo tribunal, data e publicação.
As disposições legais não acompanhadas de fonte correspondem a artigos do Decreto-Lei n.º 209/97, de 13 de Agosto.
As transcrições fazem-se, em regra, no original. Quando as citações de textos estrangeiros sejam feitas em língua portuguesa, as traduções, na falta de indicação em contrário, são da responsabilidade do autor.

ABREVIATURAS

ABTA	Association of British Travel Agents
Ac.	Acórdão
AIH	Associação Internacional de Hotelaria
Anot.	Anotação
APAVT	Associação Portuguesa de Agências de Viagens e Turismo
Aran. civ.	Arandazi civil
Arch. giur.	Archivio giuridico
art.	artigo
BFDUC	Boletim da Faculdade de Direito da Universidade de Coimbra
BGB	Burgerliches Gesetzbuch
BGH	Bundesgerichtshof
BMJ	Boletim do Ministério da Justiça
CA	Cour d`Appel
Cass.	Cassation
CCiv	Código Civil Português de 1966
CCV	Convenção de Bruxelas de 1970 sobre o contrato de viagem
CES	Comité Económico e Social
Cfr.	Confrontar
cit.	citado
CJ	Colectânea de Jurisprudência
CRP	Constituição da República Portuguesa
D.	Recueil Dalloz de Doctrine, de Jurisprudence et de Législation
DG	Diário do Governo
Dig. IV	Digesto IV
Dir. aer.	Diritto aereo
DL	Decreto-Lei
DR	Diário da República
DTI	Department of Trade and Industry

EC	Estudios sobre consumo – Revista del Instituto Nacional del consumo
ed.	edição
Enc. dir.	Enciclopedia del diritto
Enc. Giur.	Enciclopedia Giuridica
FIAV	Federação Internacional das Agências de Viagens
Foro it.	(Il) Foro italiano
Gaz. Pal.	Gazette du Palais
Giur. com.	Giurisprudenza Commerciale
Giur. it.	Giurisprudenza italiana
Giur. mer.	Giurisprudenza di merito
Giur. sist.	Giurisprudenza sistematica di diritto civile e commerciale
Giust. civ.	Giustizia civile
IATA	International Air Transport Association
JCP	Juris-Classeur Périodique (Semaine Juridique)
JOCE	Jornal Oficial das Comunidades Europeias
JR	Juristische Rundschau
JZ	Juristenzeitung
LDC	Lei de Defesa do Consumidor
Leg. econ.	Legislazione economica
LG	Landgericht
n.	nota
ND	(Il) Nuovo Diritto
NJW	Neue Juristische Wochenschrift
Noviss. Dig. it.	Novissimo Digesto italiano
OCDE	Organização para a Cooperação e Desenvolvimento Económico
OLG	Oberlandesgericht
OMT	Organização Mundial do Turismo
p.	página
Port.	Portaria
pp.	páginas
Rass. dir. civ.	Rassegna di diritto civile

RC	Relação de Coimbra
RDE	Revista de Direito e Economia
RE	Relação de Évora
reimp.	reimpressão
Resp. civ. prev.	Responsabilità civile e previdenza
Rev. der. merc.	Revista de derecho mercantil
Rev. europ. dr. cons.	Revue europeènne de droit de la consommation
Rev. int. dr. comp.	Revue international de droit comparé
Rev. trim. dr. civ.	Revue trimestrielle de droit civil
Rev. trim. dr. europ.	Revue trimestrielle de droit européen
RGCT	Rivista giuridica di circolazione e trasporti
Riv. dir. civ.	Rivista di diritto civile
Riv. dir. com.	Rivista del diritto commerciale e del diritto generale delle Obligazioni
Riv. dir. int. priv. proc.	Rivista del diritto internazionale privatto e processuale
Riv. dir. nav.	Rivista di diritto della navegazione
Riv. trim. dir. proc. civ.	Rivista trimestrale di Diritto e Procedura Civile
RL	Relação de Lisboa
RLJ	Revista de Legislação e de Jurisprudência
ROA	Revista da Ordem dos Advogados
RP	Relação do Porto
ss.	seguintes
STJ	Supremo Tribunal de Justiça
t.	tomo
Temi rom.	Temi romana
TJC	Tribunal Judicial das Comunidades Europeias
UFTAA	Universal Federation of Travel Agents Associations
UIOOT	União Internacional dos Organismos Oficiais do Turismo
ult. lug. cit.	último lugar citado
v.g.	*verbi gratia*
vol.	volume

PARTE I

INTRODUÇÃO

1. APRESENTAÇÃO DO TEMA

1.1. Razão de Ordem. A presente investigação tem como objecto o estudo do regime legal do contrato de viagem organizada. Este contrato, celebrado entre uma agência de viagens e os seus clientes, integra-se na categoria, mais lata, dos contratos turísticos, encontrando-se associado ao fenómeno particular das viagens organizadas. Este fenómeno, que não é recente em termos históricos, assumiu, a partir de meados do século XX, uma crescente relevância jurídica, pelo grande desenvolvimento dos meios de transporte, das comunicações e das infra-estruturas do sector turístico, que proporcionaram o planeamento em série, por parte de profissionais especializados, de viagens para grupos de pessoas – os denominados "pacotes turísticos" ou viagens "tudo incluído" –, onde se privilegiavam os fins de lazer e distracção, combinados com o conhecimento de novos povos e lugares.

Estas viagens são previamente delineadas pelos organizadores, que cuidam de todos os pormenores relacionados com o transporte, a estada, as refeições, as excursões e visitas a monumentos, para, em seguida, serem divulgadas e oferecidas aos clientes, mediante um preço único, que representa a contrapartida da prestação dos serviços programados. Estes serviços são, normalmente, prestados por terceiros – companhias transportadoras, empreendimentos turísticos, restaurantes, etc. – com quem o organizador contratou antecipadamente.

Para aceder a uma destas viagens, o turista tem apenas que se deslocar a uma agência de viagens, consultar os programas de viagens habitualmente colocados à disposição do público[1], escolher a viagem pretendida e pagar o devido preço. A partir desse momento, deverá esperar pela data da partida e iniciar a viagem, beneficiando de todos os serviços nela incluídos, em conformidade com o programa.

Perante o crescimento do número de agências de viagens e aumento da concorrência na disputa por preços cada vez mais baratos, veio, gradual-

---

[1] A agência que divulga pode ter sido, ela mesma, a organizar a viagem ou, pelo contrário, estar a oferecer ao público uma viagem organizada por outra agência de viagens com quem mantenha relações negociais.

mente, a constatar-se uma quebra de qualidade do "produto" oferecido, começando a verificar-se, com alguma frequência, violações contratuais que davam origem a uma diversidade de situações lesivas dos direitos do cliente/turista. Tal sucedia em hipóteses tão diversas como quando a categoria do hotel não correspondia à que inicialmente fora contratada ou o voo previsto estava completo, adiando-se a partida para umas horas ou dias mais tarde, ou quando se verificavam aumentos do preço da viagem na véspera da partida ou, ainda, quando o cliente sofria danos na sua pessoa, em virtude de um acidente ocorrido durante a viagem.

Tais situações suscitaram a intervenção dos tribunais, principalmente nos países em que o recurso a este tipo de turismo se expandiu mais cedo, como é o caso da Alemanha ou dos Países Nórdicos, que, na falta de uma regulamentação específica na matéria, foram julgando com recurso ao direito comum, muitas vezes de forma heterogénea, começando, todavia, a vislumbrar-se uma tendência generalizada no sentido de garantir uma eficaz protecção ao turista.

A principal intervenção legislativa nesta matéria, não obstante uma tentativa de uniformização internacional, através da Convenção de Bruxelas de 1970 sobre o contrato de viagem (CCV), ou algumas tentativas internas de alguns Estados europeus [2], ocorreu, muito recentemente, através da Directiva 90/314/CEE, do Conselho, de 13 de Junho de 1990 (Directiva), relativa às viagens organizadas, férias organizadas e circuitos organizados [3].

Ponderando a importância crescente do papel do turismo na economia dos Estados-membros, considerando as viagens organizadas como parte essencial do turismo e os benefícios que um mínimo de regras comuns poderia trazer ao crescimento e aumento de produtividade da actividade de organização de viagens, o legislador comunitário veio definir um regime jurídico aplicável ao fenómeno das viagens organizadas.

Um dos objectivos fundamentais da intervenção comunitária consistia em tutelar os direitos do consumidor/turista, impondo regras numa acti-

---

[2] Compete destacar a importância da lei alemã, de 4 de Maio de 1979, sobre o contrato de viagem – *Reisevertragsgesetz* –, que foi considerada, até ao aparecimento da Directiva, como o texto legal europeu mais atento às exigências de tutela do consumidor. Cfr. BARBARA MUSSO, *Evoluzione legislativa e giurisprudenziale del contratto turistico in Francia e Germania*, em *Il contratto di viaggio e turismo,* Instituto per lo studio e la diffusione dell'arbitrato e del diritto del commercio internazionale, com introdução de GIORGIO DE NOVA, a cargo de CESARE VACCÀ, Milano, 1995, p. 509, e ROBERTO PARDOLESI, *Turismo organizzato e tutela del consumatore: la legge tedesca sul contratto di viaggio*, "Riv. dir. civ.", I, 1981, p. 57.

[3] Publicada no "JOCE", n.º L 158/59, de 23 de Junho de 1990.

vidade onde prevalece o recurso aos contratos de adesão elaborados pelas grandes agências de viagens organizadoras – *"tour operators"* –, onde o risco do turista é elevado pelo facto das viagens se desenrolarem num local muitas vezes desconhecido, situado frequentemente num país estrangeiro, e onde a responsabilidade civil das agências de viagens era, normalmente, afastada, directa ou indirectamente [4], através de cláusulas de exclusão e limitação da responsabilidade. Em contrapartida, era crescente o número de pessoas que recorria a este tipo de turismo, motivadas pelos sedutores e paradisíacos lugares, que eram publicitados pelas agências, e pelos preços atractivos que eram propostos para as viagens.

A Directiva comunitária foi acolhida no direito português, através do DL n.º 198/93, de 27 de Maio [5], tendo o legislador aproveitado o ensejo para elaborar um novo texto legislativo que, globalmente, viesse regulamentar a actividade das agências de viagens e turismo. Foi, porém, de pouca vida esta lei sobre agências de viagens, onde se incluía a regulamentação sobre o contrato de viagem organizada.

Efectivamente, a precipitação do legislador na transposição do texto comunitário, adicionada ao rápido desenvolvimento que se faz sentir neste sector de actividade e às constantes pressões das agências de viagens no sentido da alteração do regime legal claramente favorável aos interesses do consumidor que advinha da lei de 1993, conduziram a uma nova intervenção legislativa através do DL n.º 209/97, de 13 de Agosto [6].

---

[4] As denominadas "cláusulas de intermediação" são, desta realidade, um exemplo cabal, já que, ao atribuírem à agência organizadora a qualidade de mera intermediária dos terceiros fornecedores de serviços, estão a excluir, indirectamente, a sua responsabilidade pelos danos causados ao cliente derivados da actividade destes. Ora, os prestadores de serviços não actuam isoladamente, mas antes no âmbito de um plano ou de uma "engrenagem" montada pela agência organizadora, que se identifica com a viagem organizada, entendida como um todo distinto da mera soma dos vários serviços que a compõem. A agência organizadora é responsável pela viagem organizada e, como tal, pelos serviços individuais que a compõem, independentemente de serem ou não prestados por terceiros fornecedores, pelo que a qualificação da sua actividade como intermediação parece estar, hoje, ultrapassada.

[5] O art. 9.º da Directiva previa o dia 31 de Dezembro de 1992 como data-limite para transposição das suas regras para o direito interno de cada Estado membro, tendo o Estado português registado um atraso de quase 5 meses na adopção das medidas comunitárias. Mais grave foi o atraso na Alemanha, onde a directiva comunitária só foi implementada em 24 de Junho de 1994, ou em Espanha onde a implementação da Directiva apenas se deu em 1995.

[6] Nós próprios fomos "vítimas" desta súbita alteração legislativa, que nos surpreendeu numa fase já avançada de elaboração do presente estudo. De qualquer modo, e

Esta nova lei sobre a actividade das agências de viagens e turismo veio revogar o normativo anterior, alterando, nalguns casos, significativamente, as regras definidas para as viagens organizadas e invertendo todo um pendor proteccionista do turista, que era visível e, até, excessivo, na lei anterior, para dar lugar a um regime moldado mais à medida dos interesses das agências de viagens[7].

Posteriormente, o DL n.º 209/97 foi objecto de rectificação através da Declaração de Rectificação n.º 21-D/97, de 29 de Novembro*, tendo, além disso, sido alterada a redacção de algumas das suas normas através do DL n.º 12/99, de 11 de Janeiro**.

1.2. DELIMITAÇÃO DO TEMA, SISTEMATIZAÇÃO E FONTES. O estudo das disposições legais constantes do DL n.º 209/97 restringir-se-á às normas aplicáveis ao contrato de viagem organizada, nomeadamente, nas questões que contendem com os deveres da agência de viagens, enquanto organizadora, face aos clientes que participam nos "pacotes turísticos" por aquela elaborados.

O presente estudo será estruturado em três partes. A primeira parte será dedicada a uma breve análise das envolventes do tema e sua inserção na realidade social e jurídica actual. O contrato de viagem organizada não é uma criação legislativa sem tradição social na nossa ordem jurídica interna. Antes, nasce de um circunstancialismo muito específico, resultante da intersecção de vários factores: o desenvolvimento do turismo, o desenvolvimento das funções das agências de viagens e as exigências modernas de tutela do consumidor, cuja apreensão é necessária a um bom entendimento dos motivos que levaram às opções legislativas.

Na segunda parte, partiremos da noção de contrato de viagem organizada, para uma alusão a algumas questões relacionadas com o desabrochar

---

por forma a assegurar a sua actualidade, embora conhecendo os riscos de uma apreciação demasiado prematura, a análise do regime legal do contrato de viagem organizada far-se-á à luz da lei vigente.

[7] Estranhamente, o art. 68.º do DL n.º 209/97 previa que o diploma entrasse em vigor na data de 1 de Agosto de 1997, quando o mesmo, apesar de aprovado em 30 de Janeiro de 1997, só foi publicado no DR n.º 186, I Série-A, de 13 de Agosto de 1997. Esta e outras imprecisões foram, todavia, posteriormente sanadas com a Declaração de Rectificação n.º 21-D/97, de 29 de Novembro, sendo fixada a data de início da entrada em vigor no dia seguinte ao da sua publicação, ou seja, 14 de Agosto de 1997.

* Foram rectificados os arts. 1.º, 2, 5.º, 2 c) e 25.º.

** Foi alterada a redacção dos arts. 1.º a 3.º, 5.º, 6.º, 8.º, 14.º, 23.º, 30.º, 39.º, 40.º, 54.º, 57.º a 61.º.

deste "novo contrato", com destaque para a discussão doutrinal sobre a sua natureza jurídica e os reflexos na evolução legislativa de alguns países europeus.

Após estas noções preliminares, faremos a delimitação subjectiva do contrato, com uma referência aos sujeitos contratuais, seguida de uma análise da noção de viagem organizada, para efeito de aplicação do regime legal das viagens organizadas mas, especialmente, enquanto objecto do contrato em exame.

Na terceira e última parte deste estudo, faremos uma análise do regime jurídico deste contrato, apenas considerando os aspectos especialmente contemplados pelo legislador no DL n.º 209/97, sem prejuízo de ao mesmo se aplicarem as regras gerais da teoria dos contratos, as quais não serão, todavia, objecto desta investigação.

Concluiremos a terceira parte com algumas linhas dedicadas ao estudo da responsabilidade civil da agência organizadora de viagens, afinal de contas, o tema que despoletou toda a discussão jurídica sobre esta questão e que é um dos pilares, senão até a trave-mestra, da construção deste novo tipo contratual.

Tal circunscrição do tema implica a exclusão do núcleo deste estudo, muito embora se faça uma breve abordagem para delimitação do conceito de viagem organizada, dos restantes contratos turísticos e das outras actividades que podem ser desenvolvidas pelas agências de viagens (reserva simples de bilhetes em meios de transporte, reserva de quartos em hotéis, reserva de bilhetes para espectáculos, ou transporte de passageiros em viaturas próprias). Exclusão que se alarga também aos requisitos de natureza administrativa que a lei impõe para o exercício da actividade das agências de viagens. Deste modo, é, fundamentalmente, a norma prevista no art. 17.º, 2 do DL n.º 209/97 que nos fornece o ponto de partida para este trabalho. Esta norma define como viagens organizadas "as viagens turísticas que, combinando previamente dois dos serviços seguintes, sejam vendidas ou propostas para venda a um preço com tudo incluído, quando excedam vinte e quatro horas ou incluam uma dormida: *a)* Transporte; *b)* Alojamento; *c)* Serviços turísticos não subsidiários do transporte, nomeadamente relacionados com eventos desportivos, religiosos e culturais, desde que representem uma parte significativa da viagem".

Será, pois, partindo desta noção, que traçaremos o conceito de viagem organizada, iniciando o percurso de aprendizagem da estrutura do contrato de viagem organizada. Daí partiremos para a análise das principais dificuldades que pode suscitar a aplicação do regime jurídico especial previsto no DL n.º 209/97, procurando entender a motivação e razões do legislador para as opções tomadas, bem como as eventuais implicações práticas da sua aplicação[8].

Nesta tarefa, utilizar-se-ão como fontes principais de estudo os textos doutrinais existentes sobre o tema, fundamentalmente, espanhóis, franceses, italianos e britânicos; os trabalhos que precederam a publicação da Directiva comunitária, especialmente, a proposta inicial da Comissão e o parecer do Comité Económico e Social (CES); e a jurisprudência, maioritariamente estrangeira, existente sobre a matéria. Serão, ainda, materiais de pesquisa os textos legais de alguns Estados europeus que, pertencendo ou não à União Europeia, contenham regras específicas sobre a matéria; o texto da Directiva do Conselho 90/314/CEE, de 13 de Junho de 1990 (Directiva), como suporte essencial do próprio texto legal português; bem como os textos legais anteriores, com especial referência à Convenção de Bruxelas de 1970 (CCV), que iniciou o ciclo de debate sobre este problema, tendo sido a primeira intervenção legislativa que teve em conta as especificidades do contrato de viagem organizada.

Embora, no nosso país, o estudo jurídico das questões relacionadas com as viagens organizadas e o próprio fenómeno turístico na sua globalidade não tenham ainda conseguido uma atenção especial dos juristas, saliente-se a actualidade do tema e o interesse que tem suscitado no estrangeiro, *maxime*, no direito de outros países europeus. Sendo Portugal um país essencialmente "importador" de turismo, o actual desenvolvimento da prestação de serviços das agências de viagens, acompanhando a melhoria das condições económicas e sociais dos cidadãos, conduzirá, inevitavelmente, a um acréscimo do número de turistas, interessados em aceder aos serviços proporcionados por aquelas e beneficiar de novas formas de aproveitamento dos momentos de lazer. Tal acarretará novos e delicados problemas jurídicos que despertarão, com certeza, o interesses dos juristas.

Pretende-se com este trabalho dar um pequeno passo nesse sentido. Sem procurar esgotar todas as questões jurídicas que se levantam a propósito do contrato de viagem organizada, tentaremos dar uma visão que abarque o tipo legal na sua globalidade, com referência ao regime legal previsto no DL n.º 209/97. Certamente que são inúmeras as dificuldades de uma tal tarefa, destacando-se a escassez de material de investigação, a incerteza originada pela inexistência de um debate aprofundado sobre estes temas, resultante, principalmente, do facto de ser muito recente o apareci-

---

[8] Dada a proximidade da publicação do DL n.º 209/97 relativamente à data de realização deste trabalho, não é, ainda, possível apreciar a reacção dos agentes privados e da jurisprudência à mudança legislativa operada.

mento do tipo contratual. Não abdicaremos, todavia, de tentar alcançar o objectivo pretendido, dando conta da novidade legislativa, que representa o contrato de viagem organizada, e fornecendo alguns tópicos e pistas de investigação que possam incentivar futuros estudos jurídicos sobre as questões do turismo.

2. AS ENVOLVENTES DO TEMA

2.1. O TURISMO

2.1.1. *Noção de Turismo.*

Segundo BORMANN[9], o turismo é "o conjunto de viagens cujo objecto é o prazer ou que se realizam por motivos comerciais, profissionais ou outros análogos, e durante as quais a ausência da residência habitual é temporária. Não são turísticas as viagens de deslocação para o local de trabalho"[10]. Muito embora, simplista e, até, pouco precisa, uma vez que restringe o turismo às viagens, descurando a estada e serviços turísticos de outra natureza, tais como os espectáculos artísticos ou as visitas guiadas a monumentos de interesse cultural, esta noção permite realçar dois pontos importantes.

Em primeiro lugar, a atenção dada ao fim principal da actividade turística, o prazer. Este é o objectivo principal do turista, aparecendo o turismo, desde muito cedo, associado ao direito a férias e, como tal, em contraposição ao trabalho ou actividade profissional. É, por isso, compreensível que se assista nos países onde o direito do trabalho mais se desenvolveu, a uma mais rápida constatação dos problemas relacionados com o turismo, nomeadamente, da necessidade de garantir ao trabalhador um efectivo direito a férias, ao qual poderá estar associado um hipotético direito ao turismo[11].

---

[9] BORMANN, *Die Lehre vom Fremdenverkehr*, Berlin, 1930, cit. por JOSÉ FERNANDO NUNES BARATA, *Turismo*, "Pólis – Enciclopédia Verbo da Sociedade e do Estado", 5, Lisboa, 1987, p. 1348.

[10] Sobre a função do turismo, vejam-se GIULIANA BERTOCCHI/SERGIO FOÀ, *Il turismo come servizio pubblico*, Milano, 1996, pp. 5 e 6, citando GIAN PAOLO PRANSTRALLER, em introdução a *Turismo occupazione e professionalità*, a cargo de M. G. DOTTI/F. ANGELLI, Milano, 1986, "*Il turismo incrementa e sostiene «una nuova aleanza tra il uomo e natura», è fautore di scambi tra uomini di culture diverse, permette «l'incrocio di esperienze estetiche, etiche, politische, linguistiche», crea «occasioni di sviluppo individuale che in quest'ultimo possono germinare, assecondando la gioia di vivere, la curiosità, la richezza delle idee»*".

[11] FRANÇOIS BOULANGER, *Tourisme et loisirs dans les droits privés européens*, Paris, 1996, p. 3, refere que "*La croissance des déplacements et circuits touristiques sera*

Em segundo lugar, assume especial relevo na noção de turismo a referência às viagens, ou ao entendimento do turismo como o "conjunto de viagens". A viagem, entendida como deslocação, que implica o recurso a meios de transporte, embora não seja o objecto único do turismo, é, sem dúvida, o elemento que, originariamente, lhe está associado. Este implica uma deslocação para outro lugar, o turista vai "dar uma volta"[12]. Daí que não se estranhe que as primeiras referências jurídicas, ainda que marginais, a questões relacionadas com o turismo provenham de estudiosos dos contratos de transporte e do direito aéreo, encontrando-se, por isso, nos primeiros momentos, as viagens turísticas associadas aos contratos de transporte de passageiros por terra, mar ou ar, resolvendo-se eventuais problemas jurídicos por recurso às normas que regulamentavam estes contratos[13].

Uma definição mais actual, utilizada pela Organização Mundial do Turismo (OMT) e pela Organização para a Cooperação e Desenvolvimento Económico (OCDE)[14], alarga a noção de turismo a "todas as deslocações com fins recreativos, de negócios, de estudo e de saúde, que tenham uma duração superior a 24 horas"[15]. Uma noção muito lata, essencialmente concentrada na ideia de deslocação, com indicação exemplificativa de alguns dos motivos mais comuns da realização de viagens, com preponderância para os fins recreativos, vem, no entanto, acrescentar um período mínimo de vinte e quatro horas que terá de durar essa deslocação. Muito embora seja discutível que o tempo de duração contribua, de forma defi-

---

de plus en plus liée à celle du droit du travail. Il est significatif que ce sont les États qui connaissent la plus forte réduction du "temps de travail" qui sont aussi ceux du "tourisme de masse"(...)".

[12] NUNES BARATA, *Turismo*, ult. lug. cit., ensina que as expressões turista e turismo têm raízes nas palavras inglesas *tourist* e *tourism*, derivando ambas da expressão *to take a turn*, utilizada em meados do séc. XVIII, cerca de 1746, a qual dá origem, uns anos mais tarde, à expressão *to make a tour*. Acrescenta o mesmo autor que: "*Tour*, segundo os dicionários, procede no inglês do séc. XVIII, provavelmente como galicismo, do francês *tour*. *Tour* e *turn* virão ambas do latim *tornus* (torno) como substantivo e *tornar* (tornear) como verbo (no latim vulgar *girar*).".

[13] A solução de questões jurídicas surgidas a propósito do contrato de viagem organizada, numa altura em que inexistia uma regulamentação legal, foi, inicialmente, encontrada pela jurisprudência estrangeira, com recurso à disciplina do contrato de transporte. Seguiu-se um período de desorientação jurisprudencial, que suscitou um amplo debate sobre a natureza jurídica do contrato de viagem organizada, questão que será analisada, neste trabalho, no título 5.: " Tipicidade contratual e natureza jurídica".

[14] Esta parece ser, também, a noção acolhida pelas instâncias comunitárias. Neste sentido, M. COCA PAYERAS, *La protección jurídica del turista en el Derecho europeo comunitario*, em *Turismo y Defensa del consumidor*, Palma de Mallorca, 1991, pp. 42-43.

[15] NUNES BARATA, *Turismo*, cit., p. 1350.

nitiva, para se considerar se determinada deslocação é ou não turística, é de salientar que a referência às vinte e quatro horas de duração da viagem teve alguns reflexos no próprio texto da Directiva de 1990 sobre viagens, férias e circuitos organizados, *maxime*, na própria noção de viagem organizada, constante do art. 2.°, 1 da Directiva e transposta para o art. 17.°, 2 do DL n.° 209/97.

Estas noções parecem, contudo, manter-se muito "amarradas" ao transporte, em prejuízo das outras actividades de natureza turística, que devem fazer parte do núcleo essencial do turismo. Assim, para além de abranger deslocações, a actividade turística tem também como objecto a estada em empreendimentos turísticos, a utilização dos serviços de restauração, associados ou não ao local de alojamento, as excursões a locais de interesse histórico, artístico ou cultural (museus, monumentos), a participação em eventos académicos, profissionais, artísticos ou desportivos, tais como congressos, seminários e espectáculos de teatro ou ballet, etc..

Sem nos preocuparmos, contudo, com uma noção demasiado exaustiva de turismo, questão que poderá interessar a outras ciências mas que, para o estudo que se pretende realizar, terá um valor relativo, constitui um facto inegável, que não pode ser ignorado, a importância dada pela economia dos Estados mais desenvolvidos à actividade turística, nomeadamente, a partir dos inícios do século XX.

2.1.2. *A evolução do fenómeno turístico*. Efectivamente, o acesso ao turismo nem sempre foi tão alargado como é nos nossos dias, especialmente nos países comunitários. Ainda no século passado, era muito restrito o número de cidadãos com capacidade económica para suportar os elevados custos de uma viagem e estada turísticas, que se desenrolassem num país estrangeiro. Tal era devido ao elevado preço de utilização dos meios de transporte e à duração temporal que implicava uma viagem de grande distância, o que acarretava, naturalmente, um acréscimo de despesas [16].

Finda a 1.ª Guerra Mundial, face às preocupações dos Estados em restabelecer as suas economias e equilibrar a balança de pagamentos, a actividade turística começou a merecer a atenção dos governantes pelas potencialidades que representava como forma de desenvolver certas regiões mais desfavorecidas e meio de captação de divisas daqueles que aí se deslocavam por motivos turísticos.

---

[16] Neste sentido, GUSTAVO MINERVINI, *Il contratto turistico*, "Riv. dir. com.", I, 1974, p. 276, ao afirmar que *"il turismo a quell`epoca era una attività essenzialmente aristocratica."*.

Ao mesmo tempo, verificou-se o aparecimento de novos meios de transporte de passageiros, que permitiam deslocações colectivas, quer por via aérea, quer por via terrestre (*v.g.*, o surgimento dos autocarros para transporte colectivo de pessoas), vivendo-se, nesta mesma altura e até à 2.ª Guerra Mundial, a "*âge d'or*" dos cruzeiros marítimos. Era também tempo de se iniciarem as primeiras experiências de combinação do transporte aéreo e marítimo[17].

Foi nas décadas de sessenta e setenta do século XX que o turismo se tornou num fenómeno de massas, deixando de ser exclusivo de uma "elite" e adquirindo, até aos nossos dias, uma importância económica cada vez mais relevante nos orçamentos dos Estados europeus, reflectida, até, na atenção dada a esta actividade pela União Europeia[18].

2.1.3. O fenómeno turístico na actualidade. Anteriormente, a organização de passeios e deslocações turísticas era efectuada, individualmente, pelo próprio interessado, que tinha o gosto, o tempo e os meios económicos necessários à sua realização. Com a "massificação do turismo", este alargou-se a uma base social mais ampla e deixou de ser um factor de distinção social, ou seja, "democratizou-se"[19].

---

[17] BOULANGER, *Tourisme et loisirs...*, cit., p. 2, faz referência ao surgimento, nesta época, das primeiras conquistas sociais que fazem aceder as massas à "era do lazer". O fenómeno era mais visível nos regimes autoritários, a Itália, de Mussolini, e a Alemanha hitleriana, que organizavam, como forma de propaganda e de reflexo de bem estar da população, "*les loisirs collectifs de leurs salariés*" : "*Dopolavoro*", na Itália, e "*Kraft durch Freude*", na Alemanha.

[18] Veja-se, a propósito, a Comunicação da Comissão, apresentada ao Conselho, intitulada "*Para uma política comunitária do Turismo*", "JOCE", n.° C 115/2, de 30/4/84, onde é constatada a "expansão excepcional desta actividade na Comunidade", salientando-se a sua importância como forma de promover relações mais estreitas entre os Estados que a integram, concretizando o disposto no art. 2.° do Tratado de Roma.

[19] A expressão "democratização do turismo" foi utilizada nos trabalhos preparatórios da Convenção de Bruxelas de 1970, sobre o contrato de viagem (CCV). Neste sentido, VALERIA PIERFELICI, *La qualificazione giuridica del contratto turistico e la responsabilità del «tour operator»*, "Rass. dir. civ.", 3, 1986, p. 640, e, também, NUNES BARATA, *Turismo*, ult. lug. cit., que, sob o título "Democratização do turismo", faz uma referência a dados estatísticos que confirmam uma "explosão turística" nos últimos decénios. Segundo H. ROBINSON, *A Geography of Tourism*, London, 1975, cit. por aquele autor, "o movimento turístico mundial passou de 25,2 milhões de turistas em 1950 para 183 milhões em 1970. Destes números, 16, 8 e 136,3 milhões respeitavam à Europa.". No mesmo sentido, dados da União Internacional dos Organismos Oficiais do Turismo (UIOOT) realçam o crescimento médio anual de +10% do turismo internacional, tanto no número de turistas como no montante das receitas, que, assim, deixa de ser uma actividade exclusiva de um círculo restrito de pessoas abastadas e culturalmente elevadas. Sobre a problemática da massifi-

Na época actual, surge para o cidadão comum a necessidade de gerir o seu tempo livre, de o empregar de modo a promover a sua valorização pessoal e cultural, sendo o turismo uma das formas a que recorre para atingir esse objectivo. A descoberta de novos locais e o contacto com outras populações não é um desejo apenas dos nossos dias, mas é, actualmente, mais fácil de concretizar face ao progresso científico e tecnológico. Simultaneamente, é o fim último do lazer, o prazer de escapar à "maldição do trabalho"[20], que faz com que as pessoas valorizem especialmente o tempo de férias, começando desde cedo a planeá-lo e a sonhar com o descanso merecido.

À mudança de comportamentos, que resulta desta "moderna concepção do ócio" e da busca da "optimização do tempo livre"[21], encontra-se associado o súbito crescimento do número de profissionais do turismo – agências de viagens, hotéis, companhias transportadoras, etc. – encarregues, de uma forma ou de outra, de criar as infra-estruturas para que o cidadão possa concretizar, da melhor maneira e dentro do amplo leque de gostos de cada um, o seu "direito ao turismo".

De entre todos estes profissionais assume especial destaque o papel das agências de viagens como "ponte" entre o cliente e os efectivos prestadores de serviços de transporte, alojamento e outros serviços turísticos, de um modo especial no que respeita ao turismo no estrangeiro. Assim, se nos primeiros tempos o papel das agências de viagem era, pontualmente, requerido para marcação de um bilhete de transporte ou reserva de quarto num hotel ou de bilhetes para espectáculos, sendo reduzido o número de pessoas que recorria a estes serviços, progressivamente não só aumentou o recurso às agências de viagens para este tipo de serviços de intermediação, fruto do embaratecimento dos mesmos, como igualmente se deu um aumento das suas funções.

Acompanhando os desejos da clientela, de uma utilização cada vez mais interessante e completa dos tempos livres, assiste-se à "ocupação" pelas agências de viagens de zonas que estavam dentro da alçada do cliente, começando a substituí-lo, oferecendo-lhe serviços que, tradicionalmente,

---

cação social ou do "tráfico de massas" e suas influências na ordem contratual, vejam-se LUIS DIÉZ-PICAZO, *Derecho y massificación social. Tecnologia y Derecho privado.*, Madrid, 1979, pp. 23 e ss., e JOAQUIM DE SOUSA RIBEIRO, *Cláusulas contratuais gerais e o paradigma do contrato*, separata do vol. XXXV do suplemento do "BFDUC", Coimbra, 1990, pp. 20 e ss..

[20] BOULANGER, *Tourisme et Loisirs...*, cit., p. 1.

[21] ADOLFO AURIOLES MARTIN, *La Directiva sobre viajes combinados y la adaptación de la normativa española de Agencias de viaje*, "Rev. der. merc.", n.º 206, 1992, p. 819.

a ele caberia executar, mas que, por falta de tempo, gosto ou capacidade, e, até, por questões de facilidade ou de segurança, prefere, agora, pagar a profissionais que o façam por sua vez.

A agência passa a assumir o papel de organizadora dos tempos livres dos indivíduos, sugerindo, através de um forte aparelho publicitário, os locais que ele poderá visitar, impondo-lhe e construindo-lhe o gosto que irá fundar a opção por esses lugares e planeando viagens para grupos de pessoas, obtendo, desse modo, preços vantajosos, que não seriam possíveis caso o planeamento se fizesse individualmente para cada turista.

2.2. As Agências de Viagens e Turismo

2.2.1. *As funções tradicionais das agências de viagens e turismo*.
A regulamentação portuguesa sobre agências de viagens foi objecto de diversas revisões ao longo dos últimos anos, acompanhando a tendência de desenvolvimento rápido que se registou e, ainda, regista neste sector de actividade, em virtude das constantes mudanças e acréscimo de procura causados pelo fenómeno da "explosão turística".

O primeiro texto legal em que se veio regular de forma completa a actividade das agências de viagens foi o DL n.º 41248, de 31 de Agosto de 1957. Registaram-se, todavia, ainda antes desta data, algumas intervenções legislativas avulsas sobre questões relacionadas com os requisitos de natureza administrativa impostos para a constituição de agências de viagens ou para o exercício por estas de determinadas actividades.

No que respeita a este último aspecto, que se prende directamente com as funções das agências de viagens, nem sempre o leque de actividades por elas desenvolvido foi tão amplo como hoje em dia.

Com efeito, nos primeiros tempos, as agências faziam a ligação do cliente aos prestadores de serviços de transporte ou de alojamento, muitas vezes sediados em países estrangeiros, numa actividade de pura intermediação. Quando um cliente pretendia realizar uma viagem, apresentava o seu projecto à agência, que se encarregava, tão só, de fazer as reservas nos meios de transporte solicitados pelo cliente e nos hotéis por este indicados.

Progressivamente, a agência começou a retirar a iniciativa ao cliente, primeiro pelo aconselhamento dos prestadores de serviços, depois pela planificação, a pedido do cliente, das viagens e, finalmente, pela proposta de viagens integralmente idealizadas e planificadas pela própria agência, dirigidas a um universo de potenciais clientes, onde a individualidade de cada um aparece dissipada, cabendo toda a iniciativa à agência.

Para o exercício destas diferentes modalidades de prestação de serviços, a agência recorre à celebração de contratos que serão, naturalmente, diferentes em função do serviço prestado, condicionando os direitos e obrigações das partes contratantes. Difundiu-se, neste tipo de actividade, o recurso aos contratos de adesão previamente elaborados pelas agências de viagens, aos quais o cliente aderia verbalmente, sendo esta a forma habitual de relacionamento entre a agência e o cliente.

Se, de início, dada a relativa simplicidade da actividade exercida, tal não levantou muitos problemas, já com a complexidade que, progressivamente, a actividade da agência começa a assumir para determinados contratos mais elaborados, começaram a registar-se lesões nos direitos da parte contratual mais fraca e desprotegida: o turista. Tal conduziu a amplos debates sobre a qualificação jurídica da actividade da agência de viagens, essencialmente para resolver o problema de saber qual o regime de responsabilidade civil que adviria para a agência das situações de incumprimento derivadas destes contratos.

Esta evolução na função das agências de viagens, ao longo do tempo, conduziu à aceitação generalizada de que não se pode falar de um "contrato de agência de viagens", face à diversidade das actividades que podem desempenhar as agências e à diferente qualidade contratual que estas assumem em função do papel exercido em concreto[22]. A natureza jurídica das actividades exercidas pelas agências assume a forma de vários contratos (prestação de serviços, transporte, mandato) e é esta diversidade de papéis da agência que permite explicar as dificuldades sentidas pela doutrina e jurisprudência, principalmente, nos países em que o turismo assume uma maior dimensão, na qualificação do caso concreto, justificando as hesitações sentidas na resolução dos litígios que chegaram às instâncias judiciais.

O papel tradicional da agência de viagens, aquele com que iniciou a sua actividade de relacionamento com os clientes, consistia na reserva de bilhetes nos meios de transporte, servindo a agência de intermediária entre o público e as companhias transportadoras, fossem elas terrestres (comboio ou camioneta), marítimas ou aéreas[23].

---

[22] RENÉ RODIÈRE, *La responsabilità delle agenzie di viaggio*, "Riv. dir. com.", I, 1959, p. 82.

[23] Veja-se, ANNE CHEMEL, *Agence de voyages – Rôle. Statut. Nature juridique du contrat.*, "Juris-Classeur Commercial – Responsabilité civile et assurances", 3, fasc. 312-1, 1996, p. 3, n.º 12, destacando a natureza de dupla intermediária assumida pela agência de viagens. Esta agia como intermediária do cliente e, em simultâneo, como intermediária dos transportadores.

O leque de actividades expandiu-se, posteriormente, passando a agência a reservar também alojamento em empreendimentos hoteleiros, nos locais de destino das viagens realizadas pelo cliente. Esta actividade esteve, inicialmente, indissociada do transporte, uma vez que o cliente que pretendia a reserva de lugar num meio de transporte é que começa a recorrer à agência para que esta lhe reserve, também, alojamento no local de destino, o que tem para ele manifesta utilidade dado que poupará, no momento da chegada, a procura, muitas vezes difícil e incerta, de um lugar onde pernoitar adaptado às suas exigências de preço e qualidade.

A partir de certa altura, a reserva de alojamento adquiriu autonomia, impulsionada pelo aumento do número de pessoas que passam a poder adquirir um meio de transporte próprio e que, tendo como se deslocar, precisam, apenas, que a agência de viagens as auxilie na procura de um lugar onde ficarem alojadas, poupando-lhes os inconvenientes acima referidos e aproveitando os conhecimentos e capacidade técnica da agência enquanto profissional do turismo.

Uma outra actividade que esteve, quase desde o seu início, associada às agências de viagens é a de reserva e venda de bilhetes para espectáculos, tais como cinema, teatro, espectáculos musicais ou desportivos[24].

Em qualquer das actividades referidas, a agência aparece como simples intermediária entre o transportador, hoteleiro ou organizador do espectáculo, por um lado, e a clientela, por outro. Em lugar de se dirigir directamente ao fornecedor do serviço, o cliente dirige-se a uma agência de viagens onde sabe poder adquirir o serviço pretendido pelo mesmo preço por que lhe seria oferecido pelo prestador se contratasse directamente com ele. A remuneração da agência estará assegurada através de uma percentagem do preço do serviço pago pelo cliente, nos termos acordados entre agências de viagens e terceiros prestadores.

A complexidade das funções da agência de viagens aumentou quando, em vez de pretender uma simples deslocação, o cliente pede à agência que lhe reserve bilhetes em meios de transporte para um itinerário constituído por vários lugares e não, apenas, uma viagem de ida e volta entre dois sítios diferentes. A agência terá, pois, que efectuar reservas, articulando os meios de transporte, tarefa mais exigente e intrincada quando não se utilize o mesmo meio de transporte em todas as deslocações. Porém, o cliente

---

[24] O art. 3.º, 1 do DL n.º 359/79, de 31 de Agosto, sobre a actividade das agências de viagens, referia-se à "reserva ou venda de bilhetes para quaisquer espectáculos ou outras manifestações públicas" como exemplos de serviços complementares das agências de viagens e turismo.

passou, a certa altura, a querer reservar lugares de alojamento em cada um desses lugares onde pretendia efectuar paragens, pelo que a actividade da agência, que passa a combinar reservas em alojamento e em meios de transporte, tudo no âmbito de uma única viagem e segundo um horário e itinerário pré-estabelecido pelo cliente, se torna mais elaborada e requer maior coordenação. Tal envolve o aumento do risco de cometimento de erros e a criação de situações de embaraço para o cliente que, por exemplo, chega a um local e não tem a reserva no hotel pretendido, ou que, preparado para entrar no avião, verifica que o seu voo só terá lugar na semana seguinte, o que inviabiliza a execução do itinerário pretendido. Em todo o caso, convém clarificar que, nem aqui, a agência abandona o seu estatuto de intermediário entre os prestadores de serviços e o cliente.

2.2.2. *A actividade de organização de viagens.* O papel da agência de viagens evoluiu a partir do momento em que o cliente, sabendo que contratava com um profissional, começa a exigir que seja a própria agência a elaborar e concretizar o plano de uma viagem, escolhendo ela o meio de transporte mais adequado, o hotel mais indicado para o tipo de conforto pretendido, os restaurantes onde vai tomar as refeições, etc., segundo os desejos individuais do cliente, seja ele uma só pessoa, um agregado familiar ou um grupo de pessoas com um objectivo comum.

Neste tipo de prestação de serviços, a iniciativa é, ainda, do cliente, que apresenta um esboço daquilo que pretende, para que a agência elabore um programa completo onde sejam contempladas todas as suas pretensões. O cliente espera da agência uma previsão, em todos os detalhes, da viagem pretendida realizar. É, naturalmente, uma clientela com elevado poder económico que pode exigir este tipo de serviços, que são muito satisfatórios mas, proporcionalmente, dispendiosos [25].

A evolução mais sensível do papel das agências de viagens dá-se quando estas, partindo de uma *viagem-padrão, confeccionam* diversas viagens, todas idênticas, preparadas para grupos de turistas, elaborando periodicamente programas de viagem que oferecem ao público em geral. Surge a fórmula da viagem organizada, vulgarmente conhecida como "pacote turístico" ou viagem "tudo incluído", em que, mediante o pagamento de um preço global, o cliente adquire direito a um conjunto mais ou menos completo de prestações relacionadas com a viagem a realizar. Por um preço global e único para todos os participantes, a viagem organizada poderá

---

[25] Este tipo de actividade deu origem à categoria das "viagens por medida", a que se refere o legislador no art. 17.º, 3 do DL n.º 209/97.

incluir o transporte, a estada, as refeições durante a estada, a participação em excursões, as visitas guiadas, o aluguer de veículo para deslocações no local ou locais de destino, actividades recreativas e culturais. Todas as escolhas relativas às modalidades de prestação dos serviços serão feitas pela agência, bem como os itinerários, horários e coordenação entre as várias prestações. "A agência torna-se a arquitecta da viagem"[26], desaparecendo a iniciativa do cliente. Agora, quem propõe a viagem é a agência, cabendo ao cliente aceitá-la, ou não, nos moldes por aquela definidos. Eventualmente, haverá certas possibilidades (excursões, espectáculos ou refeições facultativas) que poderão estar na dependência da escolha do cliente, mas cujo peso na viagem, entendida no seu todo, é diminuto.

A vantagem para o cliente consiste no baixo preço resultante das viagens serem realizadas para um grupo de pessoas, o que permite à agência conseguir facilidades junto dos fornecedores dos serviços. Por outro lado, o embaratecimento do custo das viagens permite a exploração comercial de novos destinos turísticos, permitindo oferecer ao cliente um vasto leque de escolhas. Nota-se, por isso, uma mudança na actuação das agências de viagens que, anteriormente, eram contactadas para a execução de serviços específicos e, agora, se dirigem, por sua iniciativa, ao cliente, aliciando-o com propostas de viagens integralmente organizadas.

Esta actuação, numa sociedade moderna, dominada pela concorrência agressiva entre profissionais e formas de publicidade cada vez mais convincentes para fazer chegar o "produto" à clientela, faz com que as agências se coloquem numa posição sobranceira relativamente ao turista//consumidor individual que, seduzido pelos programas cheios de imagens de lugares de sonho e oferecendo condições e preços aparentemente vantajosos, contrata com a agência a sua participação na viagem há muito ambicionada. Só mais tarde se aperceberá que, por detrás das lindas paisagens e descrições anunciadas, se encontra, por vezes, uma realidade bastante diferente da que havia imaginado.

2.3. A Protecção do Consumidor

2.3.1. *Linhas gerais sobre a problemática da defesa do consumidor.*
Um dos escopos principais que estiveram na base da Directiva 90/314/CEE,

---

[26] A expressão é atribuída a Rodière, sendo acolhida por outros autores, tais como Pierre Couvrat, *Agences de voyages*, "Encyclopédie Dalloz – Répertoire de Droit Commercial", t. 1, Paris, 1992, p. 6, n.º 66, e Anne Chemel, *Agence de voyages – Rôle...*, cit., p. 4, n. 16.

que ditou regras sobre o contrato de viagem organizada, foi a necessidade de uma tutela adequada e eficaz do turista enquanto consumidor. A protecção ao consumidor é, por isso, uma das principais envolventes do tema em estudo, justificando a pertinência em fazer uma abordagem sintética sobre alguns aspectos da problemática dos direitos dos consumidores.

O problema social da tutela do consumidor só começou a assumir contornos mais nítidos a partir das décadas de cinquenta e sessenta do século XX, dando origem a uma ampla produção legislativa avulsa que, primeiro, de forma indirecta e reflexa, depois, de uma forma directa e explícita, teve como objectivo a protecção do consumidor, convertendo-se mesmo em "linha de força da política legislativa contemporânea"[27].

Os motivos que estiveram na base desta tendência proteccionista foram, essencialmente, o aparecimento de formas de mercado monopolista ou oligopolista, que desvirtuaram a actuação das regras da livre concorrência, bem como o surgimento da denominada "sociedade de consumo", acompanhada de um conjunto de técnicas destinadas a favorecer a procura e a estimular o consumo de massas, tais como, a publicidade, o desenvolvimento das técnicas de *marketing*, a proliferação dos contratos de adesão, o incremento do crédito ao consumo[28].

Tal originou a consciência da desigualdade das forças entre o consumidor e os profissionais (produtores e distribuidores), entre o indivíduo e a organização empresarial, fazendo-se sentir a urgência de protecção da parte contratual mais debilitada, isto é, o consumidor, contra os abusos do poder económico, as contínuas solicitações de que é alvo e, até, contra as suas próprias tentações ou fraquezas.

Torna-se, assim, necessária a adequação do direito tradicional, alicerçado nas ideias de autonomia da vontade, liberdade contratual e igualdade das partes, desajustadas à nova realidade, impondo-se a melhoria do sistema jurídico, nomeadamente, em sede de direito dos contratos, o que conduziu a intervenções do legislador "sobre o ambiente que envolve o contrato e sobre o seu próprio conteúdo, em ordem a restabelecer as verdadeiras e profundas regras do jogo negocial"[29].

---

[27] JOÃO CALVÃO DA SILVA, *Responsabilidade civil do produtor*, Coimbra, 1990, p. 33.

[28] Como conclui SAVY, *La protection des consommateurs en France*, "Rev. inter. dr. comp.", 1974, p. 591, cit. por CALVÃO DA SILVA, *Responsabilidade...*, cit., p. 35, a certa altura, visa-se a "progressão global do consumo mais do que a satisfação individual do maior número de consumidores".

[29] CALVÃO DA SILVA, *Responsabilidade...*, cit., p. 67.

Ao lado da formulação de um quadro geral de defesa do consumidor[30], surge todo um conjunto de disposições especiais destinadas a regulamentar determinadas práticas contratuais, sendo disso exemplo as regras sobre o contrato de viagem organizada, previstas na Directiva 90/314/CEE.

No plano geral, são recentes as preocupações com a defesa do consumidor no panorama jurídico nacional, datando de 1981 a primeira lei sobre defesa do consumidor – Lei n.º 29/81, de 22 de Agosto[31] –, posteriormente substituída pela Lei n.º 24/96, de 31 de Julho (LDC).

Nos termos desta lei, a protecção ao consumidor desenvolve-se em duas vertentes: a protecção da saúde e segurança física (arts. 3.º *b*) e 5.º LDC) e a defesa dos interesses económicos (arts. 3.º *e*) e 9.º LDC). Para alcançar estes objectivos, prevê-se a atribuição de um conjunto de direitos, entre os quais se destacam, o direito à qualidade dos bens e serviços (arts. 3.º *a*) e 4.º da LDC), o direito à formação e educação para o consumo (arts. 3.º *c*) e 6.º LDC), o direito à informação, em geral e em particular (arts. 3.º *d*), 7.º e 8.º da LDC), e o direito à prevenção e reparação dos danos patrimoniais ou não patrimoniais que resultem da ofensa de direitos individuais, colectivos ou difusos (arts. 3.º *f*) e 12.º LDC).

2.3.2. *As viagens organizadas como manifestação das preocupações de defesa do consumidor no âmbito da prestação de serviços.*

Este conjunto de direitos atribuídos abrangem, indistintamente, a prestação de serviços, o fornecimento de bens e a transmissão de quaisquer direitos. No tratamento doutrinal dado às questões dos direitos dos consumidores, o fornecimento de produtos foi, todavia, a área que maior atenção obteve por parte da doutrina, sendo objecto de um estudo mais aprofundado. Em contrapartida, a prestação de serviços nem sempre foi acompanhada do mesmo interesse, dada a diversidade de serviços que são, diariamente, colocados ao dispor dos consumidores e às especificidades inerentes a cada um, o que dificulta um estudo global[32].

---

[30] A figura do consumidor tem dignidade constitucional, como decorre do art. 60.º CRP, sob a epígrafe "Direitos dos consumidores". Para um estudo deste preceito, vejam-se GOMES CANOTILHO/VITAL MOREIRA, *Constituição da República Portuguesa Anotada*, 3.ª ed., revista, Coimbra, 1993, pp. 322-325.

[31] Para uma análise desta lei, veja-se CARLOS FERREIRA DE ALMEIDA, *Os direitos dos consumidores*, Coimbra, 1982, p. 42, que refere que a mesma constitui "a primeira lei de tamanha amplitude num país europeu".

[32] Neste sentido, conforme faz notar FERREIRA DE ALMEIDA, *Os direitos dos consumidores*, cit., p. 68, nota 61, ainda no âmbito da Lei n.º 29/81, afigura-se incompreensível a omissão, no âmbito da defesa dos interesses económicos, de uma referência à

No plano específico das viagens organizadas, a necessidade de uma protecção especial do consumidor foi, também, sentida pelo legislador comunitário[33]. Efectivamente, são as mesmas preocupações de informação ao cliente da agência de viagens, a constatação do desequilíbrio económico entre este e o profissional, ou profissionais, que estão associados às prestações de serviços numa viagem organizada, a proliferação de contratos de adesão no sector, a uniformização desses contratos para as várias agências de viagens por recomendação, vinculativa ou não, das associações de agências de viagens[34], o apelo publicitário e a massificação resultante da realização das viagens em grupos, que justificam que o texto da Directiva se refira ao cliente da agência de viagens como consumidor[35], conferindo-lhe um regime de protecção especial, de acordo com os princípios que alicerçam o "direito do consumo"[36].

---

prestação de serviços de transporte, viagens de turismo ou operações de banca e seguros, enquanto que, expressamente, se refere o contrato de ensino à distância ou por correspondência.

[33] Na Comunicação da Comissão intitulada "Um novo impulso para a Política de Defesa do Consumidor", aprovada pela resolução do Conselho de 6 de Maio de 1986, previa-se, no art. 37.º, a proposta de harmonização das legislações dos Estados membros relativamente às viagens organizadas.

[34] Entre nós, o organismo associativo das agências de viagens é a APAVT – Associação Portuguesa de Agências de Viagens e Turismo.

[35] Cfr. o art. 2.º, 4 da Directiva 90/314/CEE.

[36] O direito do consumo não deve ser visto como um direito *ex novo*, mas antes como uma expressão que nasce da necessidade de adaptação e melhoria do direito tradicional às novas exigências de tutela do consumidor. Neste sentido e para maiores desenvolvimentos, vejam-se JACQUES GHESTIN, *Traité de droit civil*, t. 2, *Les Obligations, Le contrat: formation*, 2.ª ed., Paris, 1988, p. 50, GÉRARD CAS/DIDIER FERRIER, *Traité de droit de la consommation*, 1986, pp. 375 e ss., BOURGOIGNE, *Éléments pour une théorie du droit de la consommation*, 1988, pp. 155 e ss., e CALVÃO DA SILVA, *Responsabilidade...*, cit., pp. 65 e ss.. Sobre a necessidade de uma específica protecção do turista enquanto consumidor, vejam-se IGNACIO QUINTANA CARLO, *La protección del turista como consumidor*, "EC", 2, 1984, pp. 128 e ss., e C. ALCOVER GARAU, *La protección del turista como consumidor*, em *Turismo y Defensa del consumidor*, Palma de Mallorca, 1991, pp. 21 e ss..

PARTE II

CARACTERIZAÇÃO DO CONTRATO DE VIAGEM ORGANIZADA

3. NOÇÕES PRELIMINARES

3.1. Noção de Contrato de Viagem Organizada. Como ponto de partida para a investigação do conceito de viagem organizada, tendo em vista a caracterização do objecto do contrato em estudo, poderemos definir o contrato de viagem organizada como o acordo de vontades entre uma agência de viagens e o turista, através do qual aquela assume a obrigação de planificar e realizar uma viagem organizada, definida nos termos do art. 17.º, 2 do DL n.º 209/97, na qual o turista participa mediante uma contraprestação pecuniária.

Neste contrato, a agência assume a obrigação de coordenar diversas prestações (transporte, alojamento, restauração, diversões, etc.), que se complementam e sucedem no tempo e no espaço, fazendo parte integrante de uma única viagem, a qual representa o fim pretendido pelo turista.

O objecto deste contrato é, como tal, a viagem organizada, entendida como um todo orgânico, resultado de uma determinada combinação de diversos serviços, nos termos do art. 17.º, 2, e já não os diversos serviços singulares nela incluídos; faz-se, deste modo, a distinção entre contrato de viagem organizada e contrato de intermediação de serviços avulsos. A este último tipo de contrato corresponde a função tradicional da agência de viagens, consistente na intermediação na venda de bilhetes de meios de transporte ou na reserva de quartos em empreendimentos hoteleiros, enquanto que o contrato de viagem organizada se identifica com a função da agência como "arquitecta da viagem".

Durante algum tempo, o contrato de viagem organizada era equiparado, sob o ponto de vista do regime jurídico aplicável, aos contratos de intermediação, entendendo-se que a agência actuava como mera representante dos diversos prestadores de serviços incluídos na viagem. Esta concepção encontra-se, actualmente, em crise, considerando a doutrina que a actividade de organização de uma viagem e a própria peculiaridade do seu objecto envolvem relações jurídicas entre agência de viagens e clientes que ultrapassam as meras funções de intermediação, correspondendo a um diferente tipo contratual, que exige uma regulamentação específica.

3.2. TÉCNICA ADOPTADA PELO LEGISLADOR COMUNITÁRIO. A denominação "contrato de viagem organizada" está longe de ser unânime na doutrina e nos próprios textos legislativos onde se encontra o seu regime legal.

A expressão é utilizada no décimo quarto parágrafo do preâmbulo da Directiva, não sendo, todavia, claro o sentido que lhe é dado pelo legislador comunitário. Depois de enunciar algumas noções relativas ao objecto e às partes do contrato[37], o texto da Directiva define no art. 2.º, 5 "contrato" como "o acordo que liga o consumidor ao operador ou à agência".

Parece, pois, ser legítimo concluir que, sob a mesma expressão "contrato de viagem organizada", o legislador comunitário contemplou duas realidades diversas, a que correspondem diferentes tipos contratuais. Por um lado, abrangem-se os contratos que, tendo por objecto uma viagem organizada, sejam celebrados entre os operadores (conceito que abrange as agências de viagens que exercem actividades de organização de viagens) e os clientes. A estes contratos corresponde a denominação "contratos de organização de viagens", prevista no art.1.º, 2 CCV, os quais foram os primeiros a concentrar a atenção da doutrina e jurisprudência e representam o principal alvo da intervenção do legislador comunitário.

Porém, na prática das relações entre agências de viagens e clientes, acontece, muito frequentemente, que, em lugar de ser a agência que organizou a viagem a oferecer directamente os seus serviços ao cliente, esse contacto seja efectuado através de outras agências de viagens, que nenhum papel tiveram na organização da viagem. A esta realidade corresponde um outro tipo contratual, denominado, nos termos da segunda parte do art. 1.º, 3 CCV, "contrato de intermediação de viagem organizada", também, este, tendo sido objecto de regulamentação pela Directiva.

Ao reunir ambos os contratos sob o mesmo texto legal, sem estabelecer uma distinção clara entre um e outro, o legislador comunitário adopta uma técnica legislativa que vem tornar muito complexa a actividade do intérprete, o qual terá de analisar cada uma das normas e concluir sobre a sua integração no regime jurídico de um ou outro tipos contratuais.

3.3. TÉCNICA ADOPTADA PELO LEGISLADOR PORTUGUÊS. O legislador português poderia ter simplificado, bem mais, a tarefa do intérprete se, tomando consciência da dualidade de tipos contratuais existentes sob o mesmo texto legal, houvesse optado pela indicação do seu regime em separado. Todavia, a solução foi a mais cómoda e acompanhou a estrutura definida

---

[37] O art. 2.º da Directiva define, nos seus n.os 1 a 4, o que deve entender-se por "viagem organizada", "operador", "agência" e "consumidor".

pelo legislador comunitário. A lei portuguesa acentua, até, a complexidade do processo interpretativo deste conjunto de normas ao inseri-las num texto legal mais amplo, onde se aborda, genericamente, a actividade das agências de viagens e onde se misturam normas de carácter privatístico com outras de direito público[38].

Assim, encoberto neste emaranhado de disposições legais, reunidas no DL n.º 209/97, do qual, frequentemente, se ouve a referência como "Lei das Agências de Viagens", encontra-se o regime legal do contrato de viagem organizada, encontrando-se o núcleo fundamental da sua regulamentação nos arts. 20.º a 31.º, 39.º e 40.º do referido diploma. Estas normas não se referem, contudo, exclusivamente, a este contrato, antes reportando-se, genericamente, às viagens organizadas, englobando normas relativas ao contrato de viagem organizada, ao contrato de intermediação de viagem organizada e, até, normas aplicáveis a outros tipos de contratos, celebrados entre agência de viagens e clientes, que não tenham como objecto uma viagem organizada.

3.4. CONTRATO DE ORGANIZAÇÃO DE VIAGEM, CONTRATO DE INTERMEDIAÇÃO DE VIAGEM ORGANIZADA E CONTRATO DE INTERMEDIAÇÃO DE SERVIÇOS AUTÓNOMOS. Explicitemos um pouco melhor estes conceitos. Segundo o art. 1.º, 1 CCV, os contratos de viagem podiam ser contratos de organização de viagens ou contratos de intermediação[39].

Segundo a noção constante do art. 1.º, 2 CCV, contrato de organização de viagem é todo o contrato, através do qual uma pessoa se obriga, em seu nome, a procurar para outra, mediante um preço global, um conjunto

---

[38] Diferente opção foi feita pela maior parte dos países europeus, os quais autonomizaram o regime legal dos contratos de viagem organizada e intermediação de viagem organizada num texto legal autónomo. Assim aconteceu em Espanha, em Itália, no Reino Unido e em França. Por sua vez, a importância reconhecida ao tipo contratual – contrato de viagem organizada – conduziu a que o mesmo obtivesse dignidade *ex codice,* primeiro, na Alemanha e, mais tarde, na Holanda.

[39] Estas noções foram estudadas mais profundamente pelos doutrinadores italianos, um dos poucos países que aderiu à CCV. Para maior desenvolvimento, vejam-se, por todos, ENZO ROPPO, *Commentario alla Convenzione internazionale relativa al contratto di viaggio (CCV),* "Nuove legge civile commentate", 1978, pp. 1757 e ss., MICHELE GRIGOLI, *Il contratto di viaggio,* "Tratt. dir. priv.", 11, t. 3, sob a direcção de PIETRO RESCIGNO, 1984, pp. 803-805, GUSTAVO ROMANELLI/GABRIELE SILINGARDI, *Contratti di viaggi organizzati,* "Enc. Giur.", IX, 1988, p. 1, n.º 1, GABRIELE SILINGARDI/MAURIZIO RIGUZZI, *Intermediario e organizzatore di viaggi: regime di responsabilità e controlli pubblici,* "Arch. giur.", 1979, pp. 59 e ss., LUCA STANGHELLINI, *Contratto turistico e prenotazione,* "Giur. it.", IV, 1982, p. 133, n. 5, e G. CIURNELLI, *Il contratto di organnizazione e di intermediazione di viaggio,* "RGCT", 1989, pp. 677-701.

de prestações combinadas de transporte, alojamento distinto do transporte ou outros serviços relacionados com estes.

Por sua vez, os contratos de intermediação, segundo a definição do art. 1.º, 3 CCV podem ser de dois tipos: aqueles em que uma pessoa se obriga perante outra, a procurar, mediante um preço, um contrato de organização de viagem, ou aqueles em que uma pessoa se obriga perante outra a procurar, mediante um preço, uma ou mais prestações isoladas, permitindo realizar uma viagem ou estada.

Em certo sentido, estas mesmas categorias contratuais foram aceites pelo legislador português, embora agrupadas de diferente forma. Em primeiro lugar, e sempre com referência à actividade desenvolvida pela agência de viagens, o DL n.º 198/93 distinguiu entre viagens organizadas (art. 3.º, 1) e actividade de intermediação na venda ou reserva de serviços autónomos (art. 3.º, 3). Esta última identifica-se com o objecto do contrato de intermediação de prestações isoladas, nos termos definidos na 1.ª parte do art. 1.º, 3 CCV, enquanto que aquelas podem ser objecto do contrato de organização de viagem ou do contrato de intermediação de viagem organizada, definidos respectivamente nos arts. 1.º, 2 e 2.ª parte do art. 1.º, 3, ambos da CCV.

Utilizando a denominação "contratos de venda de viagens organizadas"[40], e embora expressamente não o refira, o nosso legislador englobou o contrato de organização de viagem e o contrato de intermediação de viagem organizada, em termos semelhantes aos que eram definidos pela CCV.

Na sequência desta opção, notoriamente influenciada pelo texto da Directiva, nomeadamente, pela definição de contrato constante do seu art. 2.º, 5, o DL n.º 198/93 constrói o regime jurídico das relações da agência de viagens com os seus clientes em torno da dualidade contratos de intermediação de serviços autónomos/contratos de venda de viagens organizadas.

Esta construção, assente nas actividades desenvolvidas pela agência de viagens, nasce do objecto mediato do contrato e desinteressa-se de saber a qualidade em que contratou a agência e as obrigações a que se vinculou. Antes, concentra a atenção no turista/cliente, no fim pretendido por este na contratação, só interessando saber se o objectivo era a obtenção da prestação de serviços separados, caso em que se aplicam as normas relativas a este contrato, ou se o objectivo é a participação numa viagem organizada, aplicando-se, neste caso, as normas do contrato de venda de viagem organizada.

---

[40] Cfr. o art. 24.º do DL n.º 198/93 e o art. 22.º do DL n.º 209/97.

3.5. Estrutura do Regime Legal das Viagens Organizadas. Crítica.

Com o DL n.º 209/97, seguiu-se a mesma construção legislativa, embora com algumas alterações que a tornaram um pouco mais complexa. A distinção essencial é, agora, entre viagens turísticas e viagens em que a agência se limita a intervir como mera intermediária em vendas ou reservas de serviços avulsos solicitados pelo cliente (cfr. arts. 17.º, 1 e 17.º, 4 do DL n.º 209/97). As viagens turísticas, por sua vez, dividem-se em três categorias: as viagens organizadas (art. 17.º, 2), as viagens por medida (art.17.º, 3) e as que podemos denominar de viagens turísticas propriamente ditas ou *stricto sensu*, categoria residual composta pelas viagens turísticas definidas no art. 17.º, 1, que não se incluam em nenhuma das outras categorias.

Não é, todavia, do ponto de vista jurídico, isenta de críticas esta opção legislativa. Efectivamente, não se pode afirmar que existe um contrato de venda de viagens organizadas. Este pretenso *nomen iuris* não corresponde a qualquer tipo contratual autónomo, nem legal nem extralegal. Sob esta denominação, o que, realmente, existe são dois contratos, um de organização de viagem, outro de intermediação de viagem organizada, perfeitamente individualizados, com sujeitos, objecto e direitos e obrigações das partes distintos, que não admitem um tratamento unitário – como se de um mesmo contrato se tratasse –, antes exigem um tratamento atomístico, que atenda às particularidades de cada um. A lei não se refere, contudo, a qualquer destes tipos, cabendo ao intérprete a identificação e estruturação do seu regime, no quadro das disposições legais existentes.

Uma outra crítica prende-se com a impropriedade da utilização do termo 'venda'. De facto, não bastando a unificação sob o mesmo conjunto de normas de dois contratos autónomos e sua denominação sob um mesmo *nomen*, eis que o legislador parece considerá-los contratos de compra e venda.

O contrato de compra e venda encontra-se definido na nossa lei civil como "o contrato pelo qual se transmite a propriedade de uma coisa, ou outro direito, mediante um preço" – art. 874.º CCiv. Ora, quer no contrato de viagem organizada, quer no de intermediação de viagem organizada, não se verifica qualquer transmissão de propriedade, não sendo o objecto do contrato uma coisa ou um bem, mas antes uma prestação de serviços, consistente, no primeiro caso, na organização da viagem e, no segundo, na procura de um contrato de viagem organizada. Não é, por tal motivo, adequada a utilização do termo 'venda' na referência a qualquer destes tipos contratuais[41].

---

[41] Também, aqui, o legislador nacional seguiu, de perto, o texto da Directiva, onde

Esta opção do legislador parece resultar de se ter pretendido introduzir no nosso direito uma regulamentação inteiramente nova sobre o contrato de organização de viagem, com o que se alcançou a sua tipificação legal definitiva e, em simultâneo, estabelecer regras especiais, nomeadamente, no que concerne à responsabilidade civil, para o contrato de intermediação de viagem organizada, o qual não possuía, até aqui, autonomia como tipo legal, sendo equiparado à generalidade dos contratos de intermediação das agências de viagens em tudo o que se referia ao regime jurídico aplicável a estes. No seguimento da Directiva, procedeu-se à regulamentação conjunta destes contratos, sob o pretexto de ambos serem celebrados pelas agências de viagens com os seus clientes e terem como objecto mediato uma viagem organizada.

Assim se explica que, com excepção daquelas normas em que se distingue agência organizadora de viagens de agência vendedora de viagens [42], a referência legal seja, indistintamente, para o termo "agência", cabendo ao intérprete indagar quando a palavra se dirige a agência organizadora, agência vendedora ou a ambas.

Todos estes factores permitem concluir que o legislador se despreocupou em saber a qualidade em que actuava a agência de viagens, numa perspectiva a que não será alheia a consciência da forma como se desenvolvem as relações jurídicas no quotidiano das contratações entre agências de viagens e clientes e, principalmente, a noção "desjurisdicionalizada" que estes têm dos contratos que celebram com aquelas. Antes, interessou-lhe construir um regime jurídico, onde são sujeitos de deveres e direitos o cliente e a agência que com ele contrata directamente, em regra, aquela (seja intermediária, seja organizadora) a que o cliente se dirigiu e com quem manteve todos os contactos com vista à sua participação na viagem organizada.

3.6. O *"NOMEN IURIS"* DO CONTRATO EM EXAME. Até agora, temos vindo a referir-nos, de modo indistinto, a contrato de organização de viagem

---

a referência a termos como "venda" e "aquisição", característicos do contrato de compra e venda, aparece várias vezes. Aliás, STEFANO ZUNARELLI, *La Direttiva CEE n.° 90/314 del 13 giugno 1990 concernente I viaggi, le vacanze ed I circuiti «tutto compreso», em La tutela del turista*, com introdução de GUSTAVO ROMANELLI, a cargo de GABRIELE SILINGARDI e VINCENZO ZENO-ZENCOVICH, Napoli, 1993, p. 28, critica o modo de redacção do texto da Directiva, referindo que este contém diversas imprecisões. O autor censura o uso de uma terminologia própria do contrato de compra e venda, com referência, ao que entende ser *"una forma contrattuale certamente non suscettibile di essere ricondotta al tipo del contratto di compravendita"*.

[42] Cfr. o art. 18.°, 3 do DL n.° 193/98 e o art. 39.°, 3 do DL n.° 209/97.

e contrato de viagem organizada, equiparando as duas denominações e distinguindo-as das de contrato de intermediação de viagem organizada – que supõe uma actividade de intermediação da agência de viagens – e contrato de venda de viagens organizadas –, denominação utilizada na nossa lei que abarca os contratos de organização de viagens e de intermediação de viagens organizadas.

Durante este trabalho, adoptaremos, na referência ao tipo legal em estudo, a denominação 'contrato de viagem organizada', por ser aquela que, em nossa opinião, melhor realça dois elementos essenciais deste contrato: por um lado, a ideia de viagem como uma prestação unitária; por outro, a referência à actividade de organização que é desenvolvida pela agência. Estes representam os principais motivos que terão conduzido à autonomização, primeiro como tipo social, depois como tipo legal, deste contrato. A acepção que enunciámos de contrato de viagem organizada tem, como se verifica, clara similitude com a de contrato de organização de viagem, que nos é fornecida pela CCV [43].

Existem, todavia, outras formas de designar este contrato, preferindo alguns autores a expressão contrato turístico [44], contrato de viagem [45], *"forfait"* [46] ou contrato de viagem turística [47].

---

[43] Não se encontram abrangidos por este estudo os contratos de intermediação de serviços autónomos nem os restantes contratos de viagens turísticas, excluindo-se também os contratos de intermediação de viagem organizada, embora, relativamente a estes últimos, façamos alguns apontamentos, ainda que dispersos, acerca do seu regime jurídico. Uma vez que, em simultâneo com a definição do regime do contrato de viagem organizada, foram produzidas normas inovadoras acerca do seu regime, estes apontamentos afigurar-se-ão, muitas vezes, necessários à boa compreensão do contrato de viagem organizada e à forma como aparece na vida quotidiana. Efectivamente, é muito frequente que os contratos de viagem organizada sejam celebrados pelos clientes através da intermediação de outra agência que não participou na elaboração da viagem. Assim sendo, a agência celebra um contrato de intermediação de viagem organizada com o cliente, sujeitando-se as partes às regras próprias deste.

[44] Adoptam esta denominação, E. WYMEERSCH, *Le contrat touristique. Étude de la convention sur le contrat de voyage*, Rapports belges au IX Congrès de droit comparé, Centro universitario di diritto comparato, Bruxelas, 1974, pp. 205 e ss., F. MARTORANO, *Le contrat touristique. Rapports nationaux italiens au IX Congrès international du droit comparé*, Milano, 1974, pp. 355-370, GUSTAVO MINERVINI, *Il contratto turistico*, cit., VINCENZO CUFFARO, *Osservazioni in tema di contratto turistico*, "Giur. Mer.", I, 1974, pp. 21--25, e *Contratto turistico*, "Dig. IV", Sez. civ, IV, 1989, pp. 294-300. Alguns autores utilizam, indistintamente, o *nomen* contrato de viagem e contrato turístico, como acontece com STANGHELLINI, *Contratto turistico e prenotazione*, cit., e *Viaggio (Contratto di)*, "Noviss. Dig. It.", VII, 1987, pp. 1127 e ss., PIERFELICI, *La qualificazione giuridica...*, cit., e GIORGIA TASSONI, *Aspetti particolari della risoluzione del contratto di viaggio*, em *La tutela del turista*, cit., pp. 209-218. Esta autora, embora utilizando a expressão contrato de

3.7. CLASSIFICAÇÃO DO CONTRATO DE VIAGEM ORGANIZADA COMO CONTRATO TURÍSTICO. O contrato em exame surge como uma das novas questões jurídicas suscitadas pelo fenómeno turístico, o qual está na origem de uma tendência, sentida nalguns países, para se começar a falar de um novo ramo de direito: o "Direito turístico" ou "Direito do turismo"[48]. Este tem sido entendido como o conjunto normativo que tem por referên-

---

viagem e contrato turístico, prefere esta última na referência ao contrato de organização de viagem previsto na CCV.

[45] Esta expressão é, fundamentalmente, aceite pelos doutrinadores alemães, que se referem a *"Reisevertrag"*. Vejam-se, entre outros, KLAUS TONNER, *Der Reisevertrag. Kommentar zu §§ 651 a-k BGB*, Neuwied, 1979, e ERBLE, *Der Reisevertrag. «Vertane Urlaubszeit»*, Stuttgart-Munchen-Hannover, 1979. No direito italiano, CARLA CARRASSI, *Il contratto di viaggio*, "Giur. sist.", em *I contratti in generale*, a cargo de ALPA e BESSONE, vol. II, t. 1, 1991, GRIGOLI, *Il contratto di viaggio*, cit., SALVATORE MONTICELLI, *Il contratto di viaggio*, em G. CIURNELLI/S. MONTICELLI/G. ZUDDAS, *Il contratto d`albergo. Il contratto di viaggio. I contratti di tempo libero*, colecção *"Il diritto privato oggi"*, a cargo de PAOLO CENDON, Varese, 1994, pp. 130 e ss., e E. MOSCATI, *La disciplina del contratto di viaggio ed il diritto privatto italiano*, "Leg. econ.", 1979, pp. 350-377.

[46] Cfr. ALFREDO ROBLES ALVAREZ DE SOTOMAYOR, *El contrato de viaje combinado (El «forfait»)*, Instituto de estudios turisticos, Cuadernos monograficos, n.º 8, Madrid, 1966, e ANTONIO PEREZ DE LA CRUZ BLANCO, *Los contratos celebrados con las agencias de viaje (Ensayo para un estudio de su régimen jurídico)*, Camara Oficial de Comercio, Industria Y Navegation, Malaga, 1973. Ambos os autores criticam, todavia, a utilização deste termo para identificar o contrato de viagem organizada. Como refere CRUZ BLANCO, a expressão *"forfait"* carece de um significado técnico-jurídico preciso, empregando-se com referência aos contratos em que o preço de uma coisa ou serviço, que há-de obter-se de um terceiro, vem fixado antecipadamente pelas partes num determinado montante, de modo a que quem recebe o bem ou serviço prestado, deve pagar a quantia fixada, ficando o outro contraente com o benefício correspondente à diferença entre o preço que recebeu e o montante que pagou ao terceiro, se este for inferior àquele, tendo de suportar o prejuízo, em caso contrário. Como conclui o mesmo autor, esta realidade não se identifica com a do contrato de viagem organizada.

[47] Cfr. L. BONARETTI, *Il contratto di viaggio turistico e le agenzie di viaggio*, Rimini, 1987.

[48] Neste sentido, veja-se, em França, BOULANGER, *Tourisme et loisirs...*, cit., p. 12, e PIERRE PY, *Droit du Tourisme*, 3.ª ed., Paris, 1993; em Espanha, APOL-LÒNIA MARTÍNEZ NADAL, *El contrato de reserva de plazas de alojamiento en regimen de contingente*, Barcelona, 1995, p. 12, e SOTOMAYOR, *El contrato de viaje combinado...*, cit., p. 41, e *El derecho turistico*, em *Estudios de derecho mercantil en homenage al professor Antonio Polo*, Madrid, 1981, pp. 930 e ss., no México, E. PEREZ BONIN, *Tratado Elemental de Derecho Turístico*, México, 1978. No nosso país, começam já a surgir algumas compilações de legislação turística, tais como, LUÍS JORGE DE NASCIMENTO FERREIRA, *Leis do Turismo*, Coimbra, 1981, e PAULA QUINTAS, *Legislação turística comentada*, Porto, 1994. Sobre o papel das codificações como o primeiro passo do processo de autonomização, veja-se JOSÉ DE OLIVEIRA ASCENSÃO, *O Direito. Introdução e teoria geral.*, Lisboa, 1977, p. 307, n.º 183.

cia a ordenação da actividade turística e as relações entre os sujeitos que nela intervêm, sendo integrado por disposições de natureza civil, comercial, administrativa e fiscal.

Sem pretendermos, aqui, abordar a problemática relacionada com a existência de um novo ramo de direito autónomo no nosso sistema jurídico[49], não podemos, todavia, ignorar que a actividade turística foi responsável por um conjunto de novos textos legais, onde se podem autonomizar dois grupos de normas.

Num primeiro grupo, vamos encontrar normas de direito público. Estas são, essencialmente, de natureza administrativa, relacionando-se, entre outros, com os requisitos mínimos de infra-estruturas dos empreendimentos turísticos, medidas de segurança e protecção contra incêndios em empreendimentos turísticos, classificação e ordenação hoteleira, publicidade de preços e facturação em estabelecimentos de hotelaria e restauração, requisitos legais exigidos para o exercício profissional das actividades turísticas, etc.[50].

Um segundo grupo contempla normas de natureza privatística, destacando-se, pela sua importância, as que se referem aos contratos turísticos. Esta noção compreende os contratos que têm como fim predominante o facto de visarem a obtenção pelo turista do produto final elaborado pela indústria turística, consistindo a mais das vezes na viagem e/ou estada para e num local distinto daquele onde habitualmente se centra a vida quotidiana do turista, pressupondo uma série de relações jurídicas em que intervêm diversos sujeitos, que estabelecem entre si relações contratuais de diversa natureza e conteúdo.

Os contratos turísticos podem ser classificados, na perspectiva do turista enquanto consumidor e em função do critério dos sujeitos intervenientes, como contratos turísticos de consumo e contratos turísticos instrumentais, de coordenação ou inter-empresariais[51].

---

[49] Sobre os ramos de direito, ensina JOÃO BATISTA MACHADO, *Introdução ao Direito e ao Discurso Legitimador*, Coimbra, 1983, p. 65, que "as normas que regulam as diferentes matérias ou se reportam às diferentes áreas institucionalizadas da vida social tendem a constituir diversos subconjuntos normativos organizados em torno de certos princípios comuns e de certas técnicas regulamentadoras que lhes conferem uma relativa especificidade". Parece, todavia, ser ainda muito precoce falar-se na autonomia de um hipotético "Direito do Turismo".

[50] Cfr. MARTÍNEZ NADAL, *El contrato de reserva...*, cit., p. 12.

[51] Esta é a classificação sugerida por COCA PAYERAS, *La contratación turística (Los contratos turísticos como contratos sometidos a condiciones generales)*, Conferência pronunciada no *Consell Insular d'Eivissa*, Fevereiro, 1993, cit. por MARTÍNEZ NADAL, *El contrato de reserva...*, cit., p. 13.

Os contratos turísticos de consumo são aqueles em que intervém o turista como destinatário final da prestação de serviços turísticos. Nesta categoria, podemos, ainda, distinguir duas modalidades diferentes. Por um lado, os contratos de consumo directo, aqueles que são celebrados directamente entre o turista e o prestador de serviços turísticos, aqui se englobando o contrato de albergaria, alojamento ou pousada[52], o contrato de cruzeiro ou de transporte de passageiros por mar[53] ou o contrato de viagem organizada, desde que celebrados directamente com o empreendimento hoteleiro, a companhia transportadora ou a agência organizadora de viagens, respectivamente. Por outro, os contratos de consumo de "mediação", quando sejam celebrados entre o turista e uma agência de viagens, actuando

---

[52] O contrato de albergaria ou pousada tinha tipicidade legal no nosso ordenamento jurídico, no âmbito do Código Civil de 1867 – arts. 1419.º a 1423.º –, sendo uma das modalidades de contrato de prestação de serviços nominados, definindo-se como o contrato que se dá "quando alguém presta a outrem albergue e alimento, ou só albergue, mediante a retribuição ajustada ou do costume". Actualmente, este é um contrato de prestação de serviços inominado, sujeito ao regime legal estatuído para o mandato, embora tenham permanecido algumas reminiscências do Código anterior, como a que resulta, por exemplo, do disposto no art. 755.º, 1 b) do actual Código Civil (CCiv). Para uma distinção do contrato de albergaria, hospedagem ou pousada face ao contrato de arrendamento, ainda no âmbito do anterior Código Civil, veja-se JOSÉ ALBERTO DOS REIS, Anotação ao Ac. STJ, 12/2/1952, "RLJ", n.º 2984, 1953, p. 174. Considerando, no âmbito do Código Civil actual, o contrato de hospedagem como um contrato misto, composto por elementos da locação, da prestação de serviços, da compra e venda e do depósito, veja-se ANTÓNIO MANUEL DA ROCHA E MENEZES CORDEIRO, Contrato de albergaria a favor de terceiro – Anotação ao Ac. STJ, 22/01/1990, "O Direito", ano 123.º, IV, 1991, pp. 678 e ss., realçando a prestação de serviços como elemento aglutinador. Neste sentido, na jurisprudência, veja-se Ac. RL, 29/10/1985, "CJ", t. IV, 1986, pp. 150 e ss., e Ac. STJ, 22/07/1986, "Tribuna da Justiça" (sumário), n.º 22, 1986, p. 19. Veja-se, ainda, numa perspectiva de caracterização do dever de guarda em vários tipos contratuais, com referência específica à hospedagem, BRANDÃO PROENÇA, Do dever de guarda do depositário e de outros detentores precários, "Revista Direito e Justiça", vol. 8, tomo 2, 1994, pp. 45-76, e vol. 9, tomo 1, 1995, pp. 47 a 102. Sobre o regime jurídico da instalação e funcionamento dos empreendimentos turísticos e as modalidades de serviço de hospedagem do turismo no espaço rural (turismo de habitação, turismo rural, agro-turismo, turismo de aldeia e casas de campo), vejam-se, respectivamente, o DL n.º 167/97 e DL n.º 169/97, ambos de 4 de Julho. Um outro contrato turístico de consumo directo é aquele que é celebrado entre o campista e a entidade exploradora do parque de campismo, que tem sido qualificado pela jurisprudência como atípico. Neste sentido, veja-se o Ac. RE, 4/11/1993, "CJ", t. IV, 1994, pp. 299 e ss. e, no plano legislativo, o decreto regulamentar n.º 33/97, de 17 de Setembro.

[53] O contrato de transporte de passageiros por mar é um contrato legalmente típico, encontrando-se regulamentado no DL n.º 349/86, de 17 de Outubro. Para um estudo crítico às disposições deste diploma, veja-se ADELINO DA PALMA CARLOS, O contrato de transporte marítimo, em Novas Perspectivas do Direito Comercial, Coimbra, 1988, pp. 12-15.

esta com funções de intermediação, aqui se incluindo os contratos de intermediação de viagens organizadas e os contratos de intermediação de serviços autónomos.

Por último, são contratos turísticos instrumentais, de coordenação ou inter-empresariais aqueles que são celebrados entre empresas prestadoras de serviços turísticos e que se destinam, em última análise, a oferecer uma prestação ao turista. Aqui se integram os contratos de fretamento ou *charter*[54], os contratos de reserva de lugares de alojamento em empreendimentos hoteleiros, os contratos de seguro celebrados entre agências de viagens e companhias seguradoras, os contratos que se estabelecem entre agências organizadoras de viagens e agências intermediárias de viagens organizadas.

4. AS VIAGENS ORGANIZADAS E A TIPICIZAÇÃO DO CONTRATO DE VIAGEM ORGANIZADA

4.1. ORIGEM E EVOLUÇÃO ECONÓMICA E SOCIAL DO FENÓMENO DAS VIAGENS ORGANIZADAS. Sociologicamente, as viagens organizadas correspondem a uma manifestação particular da actividade turística. Esta foi profundamente modificada, passando de uma actividade de elite a um fenó-

---

[54] Para uma classificação dos voos *charter*, veja-se RODRIGUEZ ARTIGAS, *El «charter» aereo: una aproximacion al estudo de su regimen juridico*, "Rev. der. merc.", n.º 134, 1974, pp. 429 e ss.. Para um estudo mais aprofundado do regime jurídico do *charter* aéreo, vejam-se DAMINO, *La responsabilità del «tour operator» nel volo «charter»*, "Dir. aer.", 1975, pp. 101 e ss., ROMANELLI, *In tema di trasporto su voli «charter»*, "Arch. Giur.", julio-octobre, 1972, fasc. 1-2, pp. 5 e ss., e "Annali dell'Istituto di Diritto Aeronáutico", vol. II, 1970-1971, Università Cattolica del Sacro Cuore, Milano, 1973, pp. 31 e ss., e *La locazione nei sistema dei contratti di utilizzazione della nave e dell'aeromobile*, "RTDPC", 1964, pp. 281 e ss., FERRARINI, *Il «charter» per trasporto di persone*, "Riv. dir. com.", I, 1965, pp. 3 e ss., LOUSTAU, *Problemática jurídica del transporte aéreo charter*, III Jornadas Iberoamericanas de Derecho Aeronáutico y del Espacio (Granada 1967), Madrid, 1968, pp. 95 e ss., e *Los vuelos charter (problemática jurídica)*, Madrid, 1972, MAPELLI, *Estudio sobre un modelo de proyecto de contrato de fletamento a la demanda o vuelo «charter»*, VII Jornadas Iberoamericanas de Derecho Aeronáutico y del Espacio (Sevilha 1973), policopiado, pp. 4 e ss., e *Cooperatión e integratión internacional en el trasporte aéreo*, Caracas, 1974, e *Incorporatión de la palabra «charter» a nuestro idioma*, "Aerocomercial", Ano 2, n.º 20, Buenos Aires, 1973, MIODRAG TRAJKOVIC, *La nature du contrat de charter dans le droit aérien*, "Annali dell'Istituto di Diritto Aeronáutico", cit., pp. 12 e ss., DU PONTAYICE/SORTAIS, *L'affrètement par charter-parties*, Paris, 1964, SCRUTTON, *Charter parties and Bill of Lading*, 17.ª ed., London, 1964, e SUNDBERG, *Air Charter (A study in legal development)*, Stockholm, 1961.

meno de massas[55]. Uma das principais manifestações desta massificação do turismo, senão a principal, foi a proliferação de viagens organizadas por operadores turísticos[56]. Este novo fenómeno acarretou consequências sensíveis, quer a nível económico, quer a nível social, conduzindo também ao surgimento de delicados problemas jurídicos.

A primeira viagem organizada para um grupo de pessoas, de que há notícia, terá ocorrido somente em meados do século XIX. A iniciativa coube a *Thomas Cook* (1808-1892), a quem é atribuída a fundação da primeira agência de viagens – a *Thomas Cook & Son, Ltd* –, que terá organizado uma excursão de 20 km entre *Leicester* e *Loughborough*, a qual teve lugar no dia 5 de Julho de 1841. O seu propósito era o de divulgar as suas convicções anti-alcoólicas, tendo, para o efeito, fretado um comboio, onde reuniu cerca de 500 excursionistas, que a troco de um xelim por pessoa, desfrutaram da viagem, orquestra, chá, sanduíches e discursos, ou seja, tudo... excepto álcool. Não obstante a pouca rentabilidade da iniciativa, *Cook* apercebeu-se do seu potencial económico, dedicando-se, a partir de 1845, à exploração comercial de viagens organizadas[57].

4.2. "Pacotes Turísticos" e "Taylor-Made Packages". Só mais recentemente estas viagens obtiveram uma maior difusão através dos denominados "pacotes turísticos". Estes vêm responder às necessidades do cliente, o "homem apressado dos nossos dias", que não dispondo do tempo, do gosto ou preparação para elaborar uma viagem, busca nas agências de

---

[55] Sobre esta evolução, vejam-se Duesenberry, *Reddito, risparmio e teoria del comportamento del consumatore*, Milano, (ed. orig. 1949), 1969, Martorano, *Le contrat touristique...*, cit., p. 351, e Alvarez de Sotomayor, *El contrato de viaje combinado...*, cit., p. 20.

[56] A expressão "operadores turísticos" é utilizada na gíria profissional para identificar as agências de viagens que desenvolvem uma actividade de organização de viagens. Do ponto de vista jurídico, é, todavia, imprecisa a sua utilização entre nós. O mesmo não sucede no direito anglo-saxónico que utiliza a expressão *"tour operator"*, o que terá influenciado o próprio legislador comunitário, que em lugar de falar em agência organizadora de viagem prefere a expressão operador (art. 2.º, 2 da Directiva).

[57] Vejam-se Fernandez Fuster, *Historia general del turismo de masas*, Madrid, 1991, pp. 88 e ss., Albert Pinolé, *Gestión y técnicas de agencias de viaje*, 2.ª ed., 1.ª reimp., Madrid, 1989, pp. 19-20, e, ainda, Couvrat, *Les agences de voyages en Droit Français*, Paris, 1967, p. 5. Este autor critica a posição de alguma doutrina (referindo-se a Herzog, *Les agents commerciaux dans la Rome antique*, "RTDC", 1965, p. 65, e Stein-Brenner, *Zum Recht der Reiseburounternehmung*, Wurzburg-Aummuhle, 1939, p. 2) que vai buscar a origem das agências de viagens a Roma, conduzindo-as à figura do *conductus nundinarum*. Embora admita que esta possa ser um remoto antecedente daquelas, Couvrat salienta a falta de um laço de continuidade.

viagens um "produto", onde todas as prestações que compõem uma viagem se encontram previstas e coordenadas, tendo o cliente apenas que pagar um preço único e global para dela poder usufruir.

Altera-se a função económico-social da agência, que assume, neste tipo de contratos, uma veste empresarial, preparando uma série de viagens idênticas, o que lhe permite oferecer o seu "produto" a um preço bastante inferior ao que teria de pagar um turista para quem a mesma viagem fosse organizada individualmente.

Os "pacotes turísticos" são, assim, "montados" para grupos de pessoas indeterminadas, por iniciativa da própria agência, que estabelece acordos com os diversos prestadores de serviços, com base em planos sazonais de exploração da actividade. São precisamente estes "contratos de massa" que chamam a atenção da doutrina e a alertam para o nascimento de um novo tipo contratual.

Sem se negar que os "pacotes turísticos" – ou viagens organizadas – são, indiscutivelmente, a mais importante manifestação dos contratos de combinação de serviços turísticos, não se considere, todavia, que estes esgotam o seu objecto. Efectivamente, há um tipo de viagens organizadas – as *"taylor-made packages"* [58] –, que se distinguem dos "pacotes turísticos" e que têm merecido a atenção especial da doutrina.

Estas viagens, não obstante serem igualmente organizadas por uma agência de viagens, são-no por iniciativa do cliente, sendo, normalmente, organizadas para pessoas individuais ou grupos restritos de pessoas, as quais, no momento em que a agência procede à organização, já se encontram perfeitamente determinadas. Distinguem-se, como tal, dos "pacotes turísticos", cuja coordenação parte de iniciativa da agência organizadora, sendo planeadas para grupos indistintos de pessoas.

O nosso legislador que, no âmbito do DL n.º 198/93 omitira uma indicação expressa a este tipo de viagens, o que, face à estrutura dualista viagens organizadas/intermediação de serviços autónomos, induzia o intérprete a integrá-las no amplo conceito de viagem organizada; vem, agora, através do DL n.º 209/97 distingui-las, claramente, das viagens organizadas e do regime legal previsto para estas, denominando-as como "viagens por medida" (art. 17.º, 3). Esta alteração legislativa levanta algumas dúvidas, as quais merecerão a nossa atenção e um tratamento mais cuidado noutro ponto deste trabalho [59].

---

[58] Esta expressão é utilizada pela doutrina britânica por oposição aos *"off-the-shelf packages"*. Vejam-se DAVID GRANT/STEPHEN MASON, *Holiday law*, London, 1995, p. 32.

[59] Veja-se, *infra*, o título 7.4.4.: "Elementos da noção de viagem organizada" e, em especial, o sub-título 7.4.4.1.: "Combinação prévia de serviços".

4.3. O SURGIMENTO DE UM NOVO TIPO CONTRATUAL. Progressivamente, a doutrina foi-se apercebendo da existência provável de um novo tipo contratual – o contrato de viagem organizada –, especialmente caracterizado por uma actividade nova da agência de viagens, isto é, a sua função organizadora.

Com a oferta dos "pacotes turísticos", a agência prometia duas prestações principais: por um lado, a idealização da viagem; por outro, a promoção da sua realização ou execução, ainda que, na maior parte dos casos, os serviços incluídos na viagem fossem prestados por terceiros.

Como observa MINERVINI, no plano da reconstrução da vontade das partes (mas especialmente na perspectiva do turista), "a idealização e a realização da viagem são parte integrante de um único contrato: o organizador vende e o cliente compra «a viagem», e não já as prestações singulares que a compõem"[60].

A constatação pela doutrina desta nova realidade ocorre, contudo, de forma lenta. Denota-se uma pouco habitual escassez de decisões jurisprudenciais, num tema que levantava uma grande quantidade de questões jurídicas, nomeadamente, relacionadas com o regime de responsabilidade civil que a agência organizadora deveria assumir perante o cliente. Tal era motivado, essencialmente, por três razões principais: *a)* o diminuto valor económico e a dificuldade de quantificação que, regra geral, caracterizavam os danos causados ao cliente resultantes do incumprimento contratual, normalmente, sob a forma de violação contratual positiva; *b)* a consciência, por parte deste, da diferença de meios técnicos e económicos entre si e a organização empresarial da agência de viagens; *c)* a relutância do cliente em recorrer à via judicial, quando confrontado com uma situação lesiva dos seus direitos, causada pelos encargos que tal acarretaria e os riscos inerentes a uma acção judicial sobre questões em que não há ainda soluções jurídicas definitivas. Poder-se-ia, ainda, aduzir como última razão, a "desinformação" do consumidor relativamente aos seus direitos e o modo de os tornar efectivos[61].

4.4. A AUSÊNCIA DE REGULAMENTAÇÃO LEGAL. Aspecto mais delicado era o da regulamentação deste fenómeno, uma vez que a perspectiva

---

[60] MINERVINI, *Il contratto turístico*, cit., pp. 280-281.

[61] A consciência de uma falta de informação genérica dos consumidores encontra-se bem demonstrada através das preocupações que conduziram à estipulação, no art. 7.º da LDC, de um dever de informação em geral – que incumbe ao Estado, Regiões Autónomas e autarquias locais –, um dos principais baluartes das normas jurídicas sobre defesa dos consumidores.

tradicional, que via a agência de viagens como mera intermediária do cliente e/ou dos prestadores de serviços, torna-se obsoleta e desajustada, para fazer face aos complexos problemas jurídicos que suscita o contrato de viagem organizada, uma vez reconhecida a sua tipicidade social.

Para além de algumas normas de carácter público, a regulamentação existente para as relações entre agência e cliente era, principalmente, de natureza corporativa, preocupando-se em tutelar os interesses dos profissionais do sector, muitas vezes em sacrifício do turista. A sua proveniência era devida a organismos internacionais, tais como a Federação Internacional de Agências de Viagens (FIAV), que tem actualmente outra designação (UFTAA), ou a Associação Internacional de Hotelaria (AIH). Em Portugal, a Associação Portuguesa de Agências de Viagens e Turismo (APAVT), que agrega a generalidade das agências de viagens que exercem actividade no nosso país, emite, ainda hoje, indicações gerais orientadoras dos seus associados. Este tipo de regulamentação era, na mais das vezes, a única fonte das cláusulas gerais que integravam os contratos de adesão pré-dispostos pelas agências de viagens, o que conduzia a uma uniformização das regras privadas para o sector, com claros prejuízos para a liberdade do cliente, que tinha, apenas, o direito de aceitar, ou não, contratos que, sendo geralmente idênticos em todas as agências de viagens, implicavam, normalmente, a alternativa entre viajar ou não.

Só a partir da 2.ª metade do século XX, e por impulso da doutrina e jurisprudência, surgiu a necessidade de adoptar regras legais aplicáveis ao contrato de viagem organizada, de modo a restabelecer o equilíbrio entre as partes e a proteger o turista contra os abusos do poderio económico das agências.

5. TIPICIDADE CONTRATUAL E NATUREZA JURÍDICA.

5.1. TIPICIDADE SOCIAL. Após o seu aparecimento como realidade económico-social, há um momento em que o contrato de viagem organizada adquire tipicidade social, sendo reconhecida, na prática comercial dos profissionais de viagens, a sua autonomia, relativamente aos demais tipos contratuais[62].

Segundo PAIS DE VASCONCELOS[63], "Não existem, nem podem ser

---

[62] O processo de tipificação social é uma realidade dinâmica e ocorre de forma progressiva, tornando difícil precisar o momento a partir do qual o contrato adquire tipicidade e deixa de ser atípico.

[63] PEDRO PAIS DE VASCONCELOS, *Contratos Atípicos*, Coimbra, 1995, pp. 60-61.

construídos, critérios firmes sobre se uma certa prática contratual constitui já um tipo social, até porque a tipicidade social é graduável". O mesmo autor ensina ser necessária a verificação de três requisitos para que exista um tipo social: "em primeiro lugar, que se verifique uma pluralidade de casos: a tipicidade não é compatível com a individualidade. Em segundo lugar, é necessário que essa pluralidade se traduza numa prática, quer dizer, que entre os casos que constituem a pluralidade haja uma relação ou ligação tal que eles se reconheçam como aparentados ou do mesmo tipo e que essa prática seja socialmente reconhecível, quer dizer, que seja, no meio social em que é praticada, reconhecida como uma prática e não apenas como uma ou mais coincidências fortuitas. Em terceiro lugar, é preciso que exista a consciência assumida, em termos tendencialmente gerais e pacíficos, da vigência e da existência dessa prática como algo de vinculativo, como modelo de referência e padrão de comparação, e como norma de comportamento, isto é, é preciso que exista o reconhecimento do carácter vinculativo dessa prática e desse modelo".

Ora, a presença destes requisitos verifica-se no tipo contratual em exame, o que levou a generalidade da doutrina a admitir a sua tipicidade social. Os primeiros alertas para esta realidade foram dados pela jurisprudência de alguns países europeus, onde a actividade de organização de viagens se desenvolveu mais cedo, como a Alemanha, a Itália, a França ou o Reino Unido. No percurso, que levou à tipificação legal do contrato nesses países foi, todavia, primordial o papel da doutrina.

Verificando-se a inexistência de regras legais específicas para a tutela das partes envolvidas no contrato de viagem organizada, no que resultava uma completa ausência de um padrão legislativo para este tipo social, a jurisprudência depressa se apercebeu estar na presença de um contrato legalmente atípico.

Efectivamente, a generalidade dos países europeus, aqui se incluindo Portugal, como resulta do art. 405.º CCiv, admite que se celebrem, dentro dos limites legais, contratos cuja tipicidade não esteja reconhecida pelo legislador. Os contratos legalmente atípicos podem ser de dois tipos: os que sejam completamente distintos dos contratos típicos – contratos atípicos *suis generis* – e os que resultem da modificação de tipos legais existentes, quer pela introdução nos mesmos de cláusulas adicionais, quer através da combinação de diferentes tipos – contratos mistos [64].

---

[64] No sentido de que os contratos mistos não constituem um *tertium genus* em relação aos contratos típicos e atípicos, antes devendo considerar-se como contratos atípicos, vejam-se Lucio Ricca, *Contratto e rapporto nella permuta atipica*, Milano, 1974,

Segundo ANTUNES VARELA[65], podemos englobar os contratos mistos em três categorias: os contratos combinados – aqueles em que uma das partes tem a seu cargo uma prestação global composta por duas ou mais prestações que correspondem a tipos contratuais distintos, obrigando-se a outra parte numa contraprestação unitária –, os contratos de tipo duplo – em que a prestação de uma parte corresponde a um certo tipo contratual e a da outra a um tipo contratual diferente –, e os contratos mistos em sentido estrito – aqueles em que a estrutura de um certo tipo contratual previsto na lei é adaptada por forma a que "o contrato sirva, ao lado da função que lhe compete, a função própria de um outro contrato"[66].

5.2. A PROBLEMÁTICA DA NATUREZA JURÍDICA DO CONTRATO DE VIAGEM ORGANIZADA. A jurisprudência e doutrina europeias, especialmente italiana e francesa, embora, maioritariamente, seguissem uma tendência de identificação do contrato de viagem organizada como contrato misto e, dentro desta categoria, como contrato combinado, dividiram-se, de início, havendo quem defendesse a qualificação do contrato em análise como um contrato atípico *suis generis*[67], identificando-o como um contrato comutativo de prestações correspectivas[68].

Os defensores da qualificação do contrato de viagem organizada como contrato misto, não obstante reconhecerem-lhe uma função económico-

---

p. 247, e LA LUMIA, *Contratti misti e contratti inominati*, "Riv. dir. com.", X, 1912, p. 723. Entre nós, MÁRIO DE FIGUEIREDO BARBOSA, *Sobre os contratos atípicos*, "Revista Forense", ano 79, 1983, p. 34, e PAIS DE VASCONCELOS, *Contratos atípicos*, cit., p. 213.

[65] JOÃO DE MATOS ANTUNES VARELA, *Das Obrigações em Geral*, vol. I, 7.ª ed., Coimbra, 1991, pp. 288 e ss., e *Contratos Mistos*, "BFDUC", XLIV, Coimbra, 1968, p. 156.

[66] Para outras classificações de contratos mistos, vejam-se INOCÊNCIO GALVÃO TELLES, *Dos Contratos em Geral*, Coimbra, 1947, p. 326, ANTÓNIO MENEZES CORDEIRO, *Direito das Obrigações*, I, reimp., Lisboa, 1986, p. 425, e ADRIANO PAIS DA SILVA VAZ SERRA, *União de contratos – Contratos mistos*, "BMJ", n.º 91, 1959, pp. 41 e ss.. Para PAIS DE VASCONCELOS, *Contratos atípicos*, cit., p. 218, estas classificações resultam de uma técnica de qualificação de natureza subsuntiva, que no entender deste autor não é a que melhor permite efectuar a distinção entre as figuras dos contratos mistos e das uniões de contratos. O mesmo autor propõe uma abordagem segundo o método tipológico, que considera ser a forma de "evitar os cortes drásticos e bruscos com que as classificações ferem o tecido jurídico".

[67] Neste sentido, em França, BOULANGER, *Tourisme et loisirs...*, cit., p. 19, e, em Espanha, JUAN GÓMEZ CALERO, *Régimen juridico del contrato de viaje combinado*, Madrid, 1997, pp. 35 e ss..

[68] CARRASSI, *Il contratto di viaggio*, cit., p. 537, faz notar que considerar o contrato de viagem organizada um contrato atípico *suis generis* constituía uma tendência anómala na jurisprudência italiana.

-social unitária, vêem na viagem organizada um conjunto de prestações diversas, às quais correspondem diversos tipos contratuais (contrato de transporte, de hospedagem ou albergaria, de prestação de serviços, de depósito, etc.), recorrendo aos critérios da absorção e prevalência com vista à delimitação de um regime aplicável ao caso concreto.

As primeiras decisões jurisprudenciais focaram a atenção na actividade de transporte, considerando-o o componente preponderante da viagem. Tendo em consideração todas as prestações que integravam a viagem, a transferência do turista de um local para outro, era aquela que assumia um papel verdadeiramente essencial, sem a qual não se poderia falar em viagem.

A solução passava, como tal, pela recondução da *fattispecie* em exame ao contrato de transporte de pessoas. A aplicação do regime deste contrato, cuja regulamentação legal estava já sedimentada pela sua tipificação nos diversos ordenamentos jurídicos, permitia responsabilizar a agência de viagens como transportadora pelas prestações ocorridas durante a execução do contrato. Durante algum tempo, esta foi a orientação que obteve maior número de adeptos, determinando muitas decisões jurisprudenciais[69].

Alguns autores criticaram, todavia, esta tese, observando que atribuir à agência que organizou a viagem a qualidade de transportadora, responsabilizando-a nos termos do contrato de transporte, não permite explicar a complexidade que envolve a organização da viagem e menospreza a actividade de planificação que incumbe à agência, negligenciando toda a actividade contratual que esta desenvolve com os diversos prestadores de serviços.

Esta tese teria, quando muito, alguma utilidade na descrição de casos particulares, nomeadamente, quando a agência assumia a obrigação de proceder ao transporte dos turistas através de meios próprios, deixando de fora as situações mais frequentes, hoje em dia, de recurso pela agência organizadora a terceiros prestadores de serviços[70].

---

[69] Vejam-se, entre outras, as decisões da *Cassazione*, de 28 de Abril de 1965, n. 752, "Giust. civ.", I, 1965, p. 1834, e "Foro amm.", I, 1, 1965, p. 286, e *Cassazione*, de 26 de Junho de 1964, n.1706, "Giur. It.", I, 1, 1965, p. 439. Na doutrina, A. MIGNOLI, *Impossibilità del creditore ed incidenza del fortuito*, "Riv. dir. com.", II, 1947, p. 287. Só para os casos em que agência desenvolvesse o transporte com recurso a meios próprios, vejam-se, entre outros, ROMANELLI, *Agenzie di viaggio e contratto avente per oggetto l'assistenza turistica*, "Riv. dir. nav.", I, 1959, p. 259, e DIEGO AMORE, *Crociera (contratto di)*, "Noviss. Dig. It.", V, 1960, p. 22. Também em França houve várias decisões jurisprudenciais que equipararam o contrato de viagem organizada ao contrato de transporte, veja-se uma ampla recolha dessa jurisprudência em ANNE CHEMEL, *Agences de Voyages. Rôle...*, cit., pp. 11--14. Veja-se, também, sobre a questão COUVRAT, *Agences de voyages*, cit., p. 5, n.os 60 e 61.

[70] Neste sentido, veja-se, na doutrina italiana, PIERFELICI, *La qualificazione giuri-*

Uma outra opinião, ainda que isolada, pretendia a recondução do contrato de viagem organizada à figura da mediação[71]. Segundo o seu único defensor, a actividade da agência consistia em colocar em contacto o turista e os diversos prestadores de serviços, sendo uma típica actividade de mediação, devendo aplicar-se o regime deste contrato, o qual isentava a agência de qualquer responsabilidade por danos ocorridos durante a execução da viagem, nem mesmo aqueles que resultassem de uma escolha negligente dos prestadores de serviços.

Acontece, porém, que a mediação supõe a imparcialidade do mediador, facto que não se verificava, na prática, uma vez que se entendia que a agência, quando negociava a participação do turista na viagem organizada, não actuava no interesse de ambas as partes, mas sim, pelo menos em linha de princípio, no do turista[72]. Por outro lado, acontecia também que o primeiro momento em que o turista contactava com os prestadores de serviços não era na fase das negociações, mas já durante a execução da viagem, só nessa altura tomando conhecimento das suas identidades, uma vez que incumbia à agência efectuar todos os contactos com aqueles durante o período de planificação da viagem. Tais motivos conduziram a que esta tese nunca tivesse logrado uma posição de relevo na doutrina e jurisprudência[73].

---

dica..., cit., p. 647, MARTORANO, *Le contrat touristique...*, cit., p. 361, e CARRASSI, *Il contratto di viaggio*, cit., p. 545. Sobre a utilização de meios de transporte próprios na realização de viagens turísticas e na recepção, transferência e assistência de turistas, veja-se o disposto no art. 14.º do DL n.º 209/97, com a nova redacção introduzida pelo DL n.º 12/99.

[71] Neste sentido, apenas, DE MARTINI, *Le attività preparatoria della «ricerca dei contratti» nell'ordinamento italiano*, "Temi rom.", 1971, pp. 16-18. Veja-se, também, a decisão do Trib. Firenze, de 20 de Janeiro de 1954, "Giur. It.", I, 2, 1959, p. 481.

[72] Neste sentido, ROMANELLI, *Agenzie di viaggio...*, cit., p. 262, E. SPASIANO, *Crociera (contratto di)*, "Enc. dir.", XI, Milano, 1962, p. 402, C. LAMBERTI, *Il contratto di crociera turistica*, "ND", 1973, p. 610, e G. VAGO, *Il contratto di crociera aerea*, "Dir. aer.", 1964, p.1.

[73] Idêntica sorte tiveram as teses que entendiam a actividade dos terceiros prestadores de serviços como sub-contratantes da agência (para uma critica a esta qualificação, veja-se JEAN NÉRET, *Le sous-contrat*, Paris, 1979, n.º 22.), ou que pretendiam reconduzir o contrato de viagem organizada à figura da cessão de contratos (de transporte, albergaria, etc.). Nesta última perspectiva, partia-se da ideia de que os contratos eram celebrados entre a agência de viagens e os prestadores de serviços por conta do cliente, mas não em seu nome, havendo um momento ulterior em que havia uma cessão dos mesmos pela agência ao cliente. Neste sentido, veja-se FIORENTINO, *Il contratto di passaggio marittimo*, Firenze, 1940, pp. 177 e ss.. Para uma crítica a esta tese, veja-se DAMINO, *La responsabilità del "tour operator"...*, cit., p. 101.

5.3. RECONDUÇÃO DO CONTRATO EM EXAME AO MANDATO. Uma das teses mais difundidas sobre a natureza jurídica do contrato de viagem organizada consistiu na sua recondução ao mandato. Segundo os defensores desta tese, o cliente assumia o papel de mandante e a agência organizadora da viagem o papel de mandatária, incumbindo a esta a prática de actos jurídicos por conta daquele, especialmente a celebração de contratos com os diversos prestadores de serviços com vista à realização da viagem[74].

A agência desenvolvia uma função de cooperação externa, constituída pela promessa de uma actividade, e não já, de um resultado, sendo uma mera intermediária do cliente, devendo, como tal, responder nos termos previstos para o contrato de mandato. A agência não deveria, assim, ser responsabilizada pelos danos ocorridos durante a execução do contrato imputáveis aos prestadores de serviços, respondendo apenas pela escolha culposa dos mesmos, nos termos previstos para a *culpa in eligendo, culpa in omissendo* ou *culpa in vigilando*, ou nos casos em que os serviços incluídos na viagem fossem prestados através de meios próprios da agência[75].

Tal configuração do contrato de viagem organizada não se compatibiliza, todavia, com uma eficaz tutela da posição do consumidor, atendendo à reconstrução da vontade das partes. Efectivamente, neste plano, o turista contrata com a agência organizadora a sua participação numa viagem, despreocupando-se com a identidade dos prestadores de serviços. Por seu lado, a obrigação assumida pela agência não é, apenas, a celebração dos contratos com os prestadores de serviços terminando nesse momento a sua actividade. A agência organizadora promete e obriga-se a mais. Ela promete a elaboração ou planificação da viagem em todos os seus detalhes – idealização da viagem – e assume-se, na prática e perante o cliente, como a única interlocutora, a única contraente que assume a obrigação de executar a viagem. De facto, como entende grande parte da doutrina, a viagem organizada não é a mera soma dos diversos serviços nela incluídos, antes constitui um todo orgânico, que corresponde à utilidade prosseguida pelo cliente na contratação[76]. Ora, os terceiros prestadores apenas assumem

---

[74] Cfr. COUVRAT, *Agences de voyages*, cit., p. 6, n.º 64, considerando que esta foi a qualificação melhor aceite pela jurisprudência francesa. Vejam-se, entre outras, as decisões da Cass. 1er civ., 5/1/1961, "JCP", éd. G, II, 1961, p. 11974, e "D.", 1961, p. 340, e Cass. 1er civ., 15/10/1974, "Bull. civ.", I, n.º 264, e "BT", 1975, p. 334.

[75] Veja-se CARRASSI, *Il contratto di viaggio*, cit., p. 541.

[76] Cfr., por exemplo, MARIA ENZA LA TORRE, *Il contratto di viaggio «tutto compreso»*, "Giust. civ.",1, 1996, p. 29.

perante a agência a obrigação de prestar transporte ou alojamento a um beneficiário – o turista – que lhes será indicado por aquela. Quem se obriga a realizar a viagem no seu todo é a agência organizadora.

Sem se aperceber deste fenómeno na sua globalidade, os defensores da tese do mandato prendem-se demasiado à função tradicional da agência como mera intermediária, considerando a organização de viagens como mais uma actividade de intermediação, negando-lhe autonomia *a se*.

Surge, todavia, uma tendência doutrinal para, sem sair da figura do mandato, reconhecer alguma especialidade ao fenómeno da organização de viagens, nomeadamente, no que toca à necessidade de tutelar a posição do turista. Pelo carácter da actividade desenvolvida, entendiam alguns autores que a agência deveria assumir uma função de garante das prestações efectuadas pelos terceiros fornecedores, aplicando-se ao contrato de viagem organizada as disposições relativas à promessa de facto de terceiro[77].

Segundo ROMANELLI e SILINGARDI, "uma tal construção, para além de corresponder ao esquema contratual configurado na prática dos operadores turísticos, tutela adequadamente a posição contratual do utente, legitimando-o ao exercício das acções [processuais] seja no confronto do fornecedor de serviços, seja (...) no confronto do organizador"[78].

A tese do mandato foi objecto de diversas críticas, sendo a principal a falta de correspondência com a concepção unitária da viagem, nomeadamente, não tomando em devida conta a obrigação de idealização assumida pela agência. Foi, ainda, apontada a falta de correspondência entre a qualidade de mandante e a posição do turista, uma vez que este não tinha o poder de dar instruções à agência organizadora sobre o modo de organizar a viagem, ou seja, executar o mandato, sendo certo que, quando o cliente aderia a um "pacote turístico", já toda a organização da viagem tinha sido previamente realizada[79].

5.4. RECONDUÇÃO DO CONTRATO EM EXAME AO "APPALTO" DE SERVIÇOS ITALIANO. A necessidade de uma adequada tutela do turista, levou a que a doutrina da recondução do contrato de viagem organizada à "*locatio*

---

[77] Neste sentido, ROMANELLI/SILINGARDI, *Contratti di viaggi...*, cit., p. 2, PIERFELICI, *La qualificazione...*, cit., p. 651, e SILINGARDI/RIGUZZI, *Intermediario e organizzatore...*, cit., pp. 69 e ss..

[78] ROMANELLI/SILINGARDI, *Contratti di viaggi...*, ult. lug. cit..

[79] Para uma crítica à tese da recondução ao mandato, veja-se MONTICELLI, *Il contratto di viaggio*, cit., pp. 163-164.

conductio operis"[80], tenha acolhido, mais recentemente, a atenção da doutrina e jurisprudência.

A figura do *"appalto"* de serviços foi, por isso, sugerida como possível qualificação para o contrato de viagem organizada. Segundo o art. 1655.º *Codice Civile*, o *"appalto"* é o "contrato através do qual uma das partes assume, pela organização dos meios necessários e por uma gestão de seu próprio risco, a obrigação de realizar uma obra ou um serviço, mediante uma contraprestação pecuniária"[81].

Ao coordenar as diversas prestações, tendo em vista a construção do "produto", quer dizer, da viagem organizada, a agência organizadora assumia o papel de "empreiteira", sendo o cliente o "dono da obra". A diferença

---

[80] A *locatio conductio*, do direito romano, tem sido relacionada com três institutos, individualizados pela doutrina: a *locatio conductio rei* que, entre nós, deu origem ao contrato de locação, definido nos termos dos arts. 1022.º e ss. CCiv, a *locatio conductio operarum*, que conduziu ao contrato de trabalho, previsto nos arts. 1152.º e 1153.º CCiv, sujeito a legislação especial, e a *locatio conductio operis*, onde se filiam o contrato de empreitada (arts. 1207.º e ss. CCiv) e o contrato de prestação de serviços (arts. 1154.º a 1156.º CCiv). Veja-se, sobre esta questão, embora a propósito do contrato de locação, JORGE HENRIQUE DA CRUZ PINTO FURTADO, *Curso de Direito dos Arrendamentos Vinculísticos*, 2.ª ed. revista e ampliada, Coimbra, 1988, pp. 15 a 19.

[81] Sobre a figura do *"appalto"*, veja-se a obra de referência de DOMENICO RUBINO, *Dell`appalto (arts. 1655.º a 1677.º)*, em *Commentario del Codice Civile*, de SCIALOJA e BRANCA, Livro IV, *Delle Obligazione*, Roma, 1963. Também em França e em Espanha esta orientação teve defensores, reconduzindo o contrato em exame às figuras da *"louage d'ouvre"* ou *"contrat d`entreprise"* francesa (art. 1779 *Code Civil*), ou do *"arrendamiento de obras ou servicios"* espanhol (art. 1.554. Código Civil espanhol). Entre nós, esta normas correspondem, em parte, ao art. 1207.º CCiv, que define o contrato de empreitada como aquele em que uma das partes se obriga em relação à outra a realizar certa obra, mediante um preço. Sobre a noção de obra, a orientação dominante na doutrina e jurisprudência portuguesas (cfr. FERNANDO ANDRADE PIRES DE LIMA/ANTUNES VARELA, *Código Civil Anotado*, vol. II, 3.ª ed. revista e actualizada, Coimbra, 1986, anot. ao art. 1207.º, p. 788, n. 3, ANTUNES VARELA, *Parecer sobre a prestação de obra intelectual*, separata da "ROA", n.º 45, 1985, pp. 159 e ss., e Ac. STJ 2/2/1988, "BMJ", n.º 374, p. 449) tem sido a de que o contrato de empreitada tem por objecto apenas as obras materiais, excluindo-se na sua noção as obras intelectuais, como a que resultaria da idealização de uma viagem organizada. Seria, pois, difícil aceitar em Portugal uma tal orientação, uma vez que uma hipotética "empreitada de serviços intelectuais" poderia apenas integrar a noção de contrato de prestação de serviços, ao qual são aplicáveis, nos termos do art. 1556.º CCiv, as disposições legais do mandato. Em sentido contrário, entendendo que o conceito de obra abrange as criações intelectuais ou artísticas, veja-se Ac. STJ 3/11/1983, "BMJ" n.º 331, pp. 489 e ss., e, na doutrina, FERRER CORREIA/HENRIQUE MESQUITA, *Anotação ao Ac. STJ 3/11/1983*, separata da "ROA", n.º 45, 1985, pp. 129 e ss., e, ao que parece, ANTÓNIO MONTEIRO FERNANDES, *Direito do Trabalho*, 1.º, 8.ª ed., Coimbra, 1992, p. 116, que considera estar-se perante uma obra na hipótese de elaboração de um parecer económico.

face à empreitada de obra material faz-se pelo carácter essencialmente intelectual do conjunto proposto.

Seguindo esta orientação, a agência organizadora não tinha uma mera obrigação de meios, antes vinculava-se à obtenção de um resultado, consistente na efectiva realização da viagem, podendo ser responsabilizada directamente pelos danos ocorridos durante a prestação de serviços pelos terceiros prestadores, como se de factos praticados pelos seus auxiliares se tratasse[82].

Esta orientação teve ampla aceitação na doutrina e jurisprudência italiana e francesa[83], correspondendo a um modelo que protegia o turista no confronto com os terceiros prestadores de serviços, sendo a que melhor se adaptava à realidade do contrato celebrado entre agência organizadora e cliente, em que aquela se apresentava como único *partner* deste, num contrato em que o que interessa é a viagem como um todo, não dando o cliente relevo de *per si* a cada uma das prestações individuais que a compõem[84].

Esta tese suscitou, porém, objecções. Não podia, efectivamente, identificar-se o cliente com um dono de obra, que comanda e dirige a organização da viagem, quando só numa fase posterior a essa organização é que o mesmo aparece a contratar com a agência de viagens[85].

5.4. RECONDUÇÃO DO CONTRATO EM EXAME À COMPRA E VENDA. Mais recentemente, houve uma tendência para, valorizando a viagem organizada como um todo unitário, identificá-la com um bem, aplicando-lhe as regras do contrato de compra e venda[86].

---

[82] Esta orientação influenciou visivelmente o direito alemão, tendo conduzido à integração das normas relativas ao *Reisevertrag*, no título 7 do livro 2 do BGB, que foi alterado para: "Do contrato de empreitada e contratos análogos".

[83] Neste sentido, na doutrina, MINERVINI, *Il contratto turistico*, cit., p. 280, MARCO ARATO, *Le condizioni generali di contratto e i viaggi turistici organizzati*, "Riv. dir. com.", I, 1982, pp. 370-371, e CIURNELLI, *Il contratto di organizzazione...*, cit., p. 684. Na jurisprudência, vejam-se *Cassazione*, 28/5/77, n. 2202, "ADCO", II, 1978, p. 354, App. Milano, 20/10/78, "AC", 1979, p. 32, e Pret. Taranto, 3/2/84, "Giur. It.", 1985, I, 2, p. 34. Sobre esta questão, em França, PIERRE PY, *Droit du Tourisme*, cit., p. 289, RODIÈRE, *Droit des transports*, 1977, n.° 688, e COUVRAT, *Agences de voyages*, cit., p. 6, n.° 66, onde se citam diversas decisões jurisprudenciais.

[84] GRIGOLI, *Il contratto di viaggio*, cit., p. 808.

[85] Cfr. BOULANGER, *Tourisme et loisirs...*, cit., p. 18.

[86] Entre os defensores desta tese, contam-se LAMBERTI, *Il contratto di crociera...*, cit., p. 616, e LA TORRE, *Il contratto di viaggio...*, cit., p. 30, que parece também inclinar-se para este entendimento ou, pelo menos, aceitar com naturalidade a terminologia '*ven-*

É que, em certa medida, a elaboração do "pacote turístico" apresenta muitas semelhanças com o sistema de fabricação ou produção em série, com as devidas matizes resultantes das peculiaridades de que se reveste o "produto" turístico, o que poderá apresentar certas analogias com a compra e venda.

A doutrina demonstrou, todavia, muita relutância na aceitação desta teoria, tendo a mesmo sido criticada por diversos autores, reclamando que o objecto do contrato de viagem organizada não pode identificar-se com um bem, sendo, em vez disso, constituído por uma prestação de serviços complexa [87].

5.5. CONCLUSÃO. A TIPICIDADE LEGAL DO CONTRATO DE VIAGEM ORGANIZADA. A problemática da natureza jurídica do contrato de viagem organizada, na ausência de uma regulamentação legal sobre a matéria, que motivou as diversas propostas de qualificação a que nos referimos, foi, essencialmente, causada, por um lado, pela dificuldade de reconduzir a um mesmo tipo contratual o duplo perfil de idealização e realização da viagem a que a agência organizadora se comprometia e, por outro, pelo facto de as prestações que constituíam a realização ou execução da viagem serem, na maior parte das vezes, efectuadas por terceiros fornecedores de serviços.

A recondução ao mandato, com ou sem promessa de facto de terceiro, privilegiava este segundo aspecto, enquanto que a recondução ao "*appalto*" de serviços, punha o acento tónico na obrigação de idealização ou planeamento da viagem, assumida pela agência organizadora. Na recondução ao mandato a agência assumia uma obrigação de meios, relativamente a cada uma das prestações individuais incluídas na viagem, enquanto que no "*appalto*" sobre ela recaía uma obrigação de resultado, relativamente à viagem organizada.

Sempre orientada na perspectiva de tutela do cliente, a discussão, a certa altura, focou-se na opção entre a recondução ao mandato ou ao

---

dita' e '*venditore*', empregue pelo legislador italiano. Na jurisprudência francesa, veja-se CA Paris, 21/9/1990, "Juris-Data", n.° 026120. Esta parece, até, ser a orientação do nosso legislador que se refere, por exemplo, no art. 22.°, 1 do DL n.° 209/97, a "contratos de venda de viagens organizadas" e a "agência vendedora".

[87] Neste sentido, vejam-se as críticas de ZUNARELLI, *La Direttiva CEE...*, cit., p. 28, n. 2, A. BATTEUR, *De la responsabilité des agences de voyages organisés. Vers un cas autonome de la responsabilité contractuelle du fait d'autrui?*, "JCP", éd. E, I, n.° 131, 1992, p. 130, BOULANGER, *Tourisme et loisirs...*, cit., p. 19, ALICIA DE LEÓN ARCE, *Contratos de consumo intracomunitarios (adquisición de vivienda y viajes combinados)*, com prólogo de LUIS DÍEZ-PICAZO, Madrid, 1995, pp. 243 e ss., e CALERO, *Régimen jurídico...*, cit., p. 36. Sobre a nossa posição nesta matéria, veja-se *supra* p. 47.

"*appalto*", não tendo o legislador comunitário ignorado estas tendências e inclinando-se, na formação do regime legal do contrato de viagem organizada, para a última[88].

Essa é, pelo menos, a conclusão que pode retirar-se pela análise da solução dada ao problema da responsabilidade civil, prevista no art. 5.º, 1 da Directiva, onde o operador (agência organizadora) e/ou a agência (agência intermediária) respondem directamente pela correcta execução das obrigações decorrentes do contrato, mesmo que sejam executadas por terceiros prestadores de serviços[89]. Parece, pois, vislumbrar-se uma promessa da agência consistente na obtenção de um resultado, a viagem organizada, o que, implicitamente, rejeita a tese da actuação da agência como mera intermediária dos prestadores de serviços[90].

Perante o nosso direito, o contrato de viagem organizada aparece, no DL n.º 198/93 e, posteriormente, com o DL n.º 209/97, como uma inovação legislativa, constituindo uma modalidade *suis generis* de contrato de prestação de serviços, onde a agência se obriga numa prestação de carácter intelectual e material que é, simultaneamente, uma obrigação de resultado. Está, assim, afastada a aplicabilidade das regras do mandato, nos termos do art. 1156.º CCiv, bem como da disciplina do contrato de empreitada, uma vez que o conceito de obra aí constante não abrange as criações intelectuais[91]. Encontramo-nos, por isso, na presença de um novo tipo legal, objecto de uma regulamentação específica[92].

6. EVOLUÇÃO LEGISLATIVA.

6.1. RAZÃO DE ORDEM. Após uma breve análise da discussão sobre a natureza jurídica do contrato de viagem organizada, num momento em

---

[88] Neste sentido, AURIOLES MARTIN, *La Directiva...*, cit., p. 847.

[89] Sobre a opção deixada pelo legislador comunitário, veja-se, *infra*, título 10.7.5.: "Relações entre a agência organizadora e a agência intermediária de viagens".

[90] MONTICELLI, *Il contratto di viaggio*, cit., p. 164.

[91] Note-se, porém, que esta asserção é válida considerando o pensamento dominante nesta matéria, que parece excluir do conceito de empreitada a prestação de obra intelectual, valorizando o resultado material. De qualquer modo, mesmo para os adeptos do conceito mais amplo de obra, o contrato de viagem organizada deverá qualificar-se como um contrato atípico, considerando as críticas tecidas no título 5.4.. Ainda sobre esta questão, veja-se, *supra*, a nota 81.

[92] O contrato de viagem organizada tem sido caracterizado, por alguma doutrina, como um contrato típico, de adesão, bilateral ou sinalagmático, oneroso, comutativo, de duração e de resultado. Neste sentido, veja-se CALERO, *Régimen jurídico...*, cit., pp. 30-33, e LEÓN ARCE, *Contratos de consumo intracomunitarios...*, cit., p. 277.

que não existia ainda regulamentação legal para este novo tipo contratual, que consideramos indispensável para uma boa compreensão das opções legislativas tomadas pelo legislador comunitário, faremos, em seguida, um sucinto apontamento sobre as principais intervenções legislativas nesta matéria.

Em primeiro lugar, a nossa atenção dirige-se às intervenções de carácter supra-nacional – a CCV e a Directiva 90/314/CEE –, após o que teceremos algumas notas sobre a evolução legislativa ocorrida em alguns Estados europeus, terminando com uma referência ao caso português.

6.2. TEXTOS LEGAIS SUPRA-NACIONAIS: A) A CONVENÇÃO DE BRUXELAS DE 1970, SOBRE O CONTRATO DE VIAGEM. A CCV foi elaborada sob os auspícios do Instituto Internacional para a Unificação do Direito – UNIDROIT – e subscrita em Bruxelas em 23 de Abril de 1970, sendo o primeiro texto legal que deu uma regulamentação específica ao contrato de viagem. De facto, não era do contrato de viagem que se tratava, mas antes *dos* contratos de viagem, expressão que abrangia os contratos de organização e intermediação de viagem organizada, bem como os contratos de intermediação de serviços avulsos ou autónomos, efectuados entre agências de viagens e clientes.

Participando na sua elaboração cerca de quarenta países, apenas nove procederam à sua ratificação e, destes, apenas dois países europeus: a Bélgica – país promotor do evento – e a Itália.

A Convenção foi celebrada num momento em que era sentida, pela maioria dos países, a necessidade de uma efectiva protecção do turista//consumidor, o qual era, com frequência, confrontado com dificuldades ocorridas durante a realização da viagem organizada, sem que tivesse o direito a uma real tutela da sua posição contratual, dado não existir uma regulamentação legal na matéria, sendo as relações entre a agência de viagens e clientes definidas por cláusulas contratuais gerais pré-dispostas unilateralmente por aquela.

A CCV aparece, pois, como a primeira tentativa de restabelecer o equilíbrio contratual entre as partes, tentando proceder à harmonização internacional das regras sobre estes contratos, o que só poderia contribuir para o aumento da qualidade dos serviços prestados e, consequentemente, para o desenvolvimento económico da actividade. Tais objectivos não foram, todavia, atingidos, já que o texto aprovado em Bruxelas foi objecto de várias críticas.

Entendia-se que, na definição do regime jurídico dos contratos de viagem, nomeadamente do contrato de organização de viagem, haviam prevalecido os interesses dos operadores económicos sobre os dos consumidores, ao extremo da CCV estabelecer, em sede de responsabilidade civil, um tratamento mais favorável às agências de viagens do que aquele que lhes adviria da aplicação das regras gerais [93].

Um dos principais defeitos consistia na facilidade com que o organizador da viagem a podia "anular", sem ter de indemnizar o cliente, quando, em contrapartida, sobre este pesava o dever de indemnizar a agência no caso de desistência da viagem [94]. Previam-se, além do mais, prazos de prescrição, considerados demasiado curtos, para o exercício do direito de exigir indemnizações por parte do cliente nos casos de incumprimento da agência.

A CCV admitia, ainda, amplas possibilidades de limitação contratual da responsabilidade do organizador e intermediário de viagens organizadas, nomeadamente, no que respeita a danos corporais, bem como restringia a responsabilidade do organizador, pelos serviços prestados por terceiros, aos danos que lhe fossem imputáveis nos termos da culpa *in eligendo*. Neste aspecto, a CCV estava ainda demasiado presa à responsabilidade com base na culpa, a qual se revelou inadequada para o contrato de viagem organizada.

Por estes motivos, foi a sua redacção considerada prematura [95], revelando-se um insucesso como o demonstra o restrito número de Estados que aderiu à Convenção. No entanto, e apesar de todas as críticas, conseguiu-se, pela primeira vez, autonomizar, num texto legal, os contratos celebrados pelas agências de viagens com os seus clientes, estabelecendo-se regimes jurídicos distintos para cada um deles.

A CCV significou, além do mais, o ponto de partida para que diversos países europeus legislassem internamente, de *motu proprio,* sobre o contrato de viagem organizada, representando um verdadeiro instrumento de consciencialização dos Estados, *maxime*, europeus, sobre a necessidade de dotar de regras específicas este tipo de contrato.

6.3. (CONT.): B) A DIRECTIVA COMUNITÁRIA 90/314/CEE, SOBRE VIAGENS ORGANIZADAS. A Directiva do Conselho das Comunidades Europeias 90/314/CEE, de 13 de Junho de 1990, sobre viagens, férias e circuitos organizados, publicada no JOCE n.° L 158, de 23 de Junho de 1990, foi a primeira iniciativa comunitária no domínio das viagens organizadas.

---

[93] Neste sentido, AURIOLES MARTIN, *La Directiva...*, cit., p. 833, ARATO, *Le condizione generali...*, cit., pp. 376-377, e MINERVINI, *Il contratto turistico*, cit., p. 282.

[94] Cfr. MINERVINI, *Il contratto turistico*, ult. lug. cit..

[95] Veja-se BOULANGER, *Tourisme et loisirs...*, cit., p. 8.

Como acontecia na CCV, também a Directiva veio estabelecer regras aplicáveis ao contrato de viagem organizada e ao contrato de intermediação de viagens organizadas, sendo particularmente inovadora quanto a este último.

Os motivos que levaram o legislador comunitário a produzir as disposições legais constantes da Directiva encontram-se referidos no seu preâmbulo, consistindo, sumariamente, numa intenção de harmonizar os diferentes regimes jurídicos que vigoravam no direito interno de cada Estado-membro, procurando definir um conjunto de regras, comuns a todos os Estados, onde se garantisse uma protecção mínima do consumidor[96]. Alcançados estes objectivos, fortalecia-se a confiança do utente das viagens organizadas, o que potenciava o desenvolvimento qualitativo desta actividade, contribuindo para aumentar a produtividade económica do sector turístico[97].

Entre as notas mais salientes do texto da Directiva, assume relevo a delimitação do seu campo de aplicação às viagens "vendidas ou oferecidas para venda em território da Comunidade". Não se estabelecem restrições à aplicação da Directiva em razão do destino, visando-se desta forma estimular os consumidores, cidadãos comunitários ou não, a adquirirem as suas viagens num Estado-membro, numa opção claramente proteccionista

---

[96] Sobre a necessidade de unificação ou, pelo menos, de uniformização legislativa dos contratos de consumo intra-comunitários, onde se inclui o contrato de viagem organizada, como única garantia de protecção dos direitos dos contraentes mais débeis, veja-se LEÓN ARCE, *Contratos de consumo intracomunitarios...*, cit., pp. 33-41 e 345.

[97] Sobre a atenção dada pelo legislador comunitário à actividade turística e processo de aprovação da Directiva no seio da Comunidade Europeia, veja-se AURIOLES MARTIN, *La Directiva...*, cit., pp. 830-831, e CALERO, *Régimen jurídico...*, cit., pp. 13-24. Para um estudo mais aprofundado das disposições comunitárias, veja-se, ainda, ALEXANDRA SUBREMON, *Harmonization des législations en Europe: la directive "voyages à forfait"*, "Révue Tourisprudence", n.° 2, 1990, pp. 7 e ss., L. CARTOU, *Directive n.° 90-314 du Conseil de la CEE (13 juin 1990: JOCE L. 158, 23 juin 1990) précisant les obligations et les droits des organisateurs de voyages à forfait*, "Petites affiches", 28 sept. 1990, pp. 15 e ss., TONNER, *La directive europeènne sur les voyages à forfait*, "Rev. europ. dr. cons.", 2, 1990, pp. 98 e ss., ZUNARELLI, *La Direttiva CEE...*, cit., pp. 27 e ss., COSIMO NOTARSTEFANO, *Lineamenti giuridici dei rapporti turistici*, "Riv. dir. com.", I, 1993, pp. 597-602, MARINA DEMARCHI, *La Direttiva n. 314/90, del 13 giugno 1990, sui viaggi e vacanze 'tutto compreso' e la recezione nel nostro ordinamento mediante il d.lg. 17 Marzo 1995, n. 111*, em *I contratti di viaggio e turismo*, cit., pp. 11-28, e SILINGARDI/F. MORANDI, *La «vendita di pacchetti turistici». La direttiva 13 giugno 1990, n. 90/314/CEE, ed il d.lg. 17 Marzo 1995, n.° 111*, em *Legislazione/Oggi*, colecção dirigida por PAOLO CENDON, Torino, 1996.

das actividades desenvolvidas pelas agências de viagens comunitárias face à concorrência extra-comunitária[98].
Um outro aspecto de relevo resulta do art. 8.º da Directiva, em que se observa o seu carácter de "directiva de mínimos", estabelecendo-se a aplicabilidade das suas regras aos Estados-membros, sem prejuízo da adopção por parte destes de normas mais favoráveis ao consumidor.

Os Estados-membros dispunham de um prazo, com limite a 31 de Dezembro de 1992, para adoptarem no direito interno as prescrições da Directiva. Se não o fizessem dentro deste prazo, o que aconteceu, por exemplo, no nosso país, em que o texto da Directiva apenas teve acolhimento em Maio de 1993, levantava-se a questão de saber se as suas disposições poderiam aplicar-se directamente às relações provenientes de um contrato de viagem organizada celebrado num Estado-membro.

Por outro lado, a adopção da Directiva pelos Estados-membros poderia fazer-se em termos diversos dos que constam no seu normativo, sendo admissível que a tutela dada ao consumidor pela Directiva fosse maior do que a que lhe era dada pelo direito interno. Se assim acontecesse, levantava-se a questão de saber se poderia o turista pugnar pela aplicação directa das normas comunitárias.

Em ambas as questões o problema que se coloca reporta-se à *vexata quaestio* de saber se as disposições legais de uma directiva, neste caso concreto, a Directiva 90/314/CEE, sobre viagens, férias e circuitos organizados, se poderão aplicar, directamente, na esfera jurídica de um Estado--membro.

Como é sabido, as directivas comunitárias são concebidas como meios de orientação legislativa, como mecanismos de legislação indirecta ou mediata, cabendo aos Estados-membros escolher a forma e os meios de traduzir no direito interno os princípios traçados pelas directivas. Estas não são, por isso, e em princípio, de aplicação directa pelos tribunais nacionais, enquanto não se der a sua incorporação no direito interno, independentemente dos Estados-membros – os seus destinatários – se encontrarem obrigados a proceder à mesma.

A esta questão está associada a distinção entre efeito directo vertical – possibilidade de invocar as normas de directivas perante os tribunais nacionais face ao Estado não cumpridor, seja por particulares, seja por outros Estados-membros – e efeito directo horizontal – possibilidade de invocação das normas de directivas perante os tribunais nacionais nas relações entre particulares.

---

[98] Neste sentido, AURIOLES MARTIN, *La Directiva*..., cit., pp. 829-830.

O efeito directo horizontal das normas de uma directiva tem sido, tradicionalmente, recusado pelo TJC, embora mais recentemente se tenha vindo a registar uma tendência para admitir a sua invocação entre particulares[99].

O efeito directo vertical, por seu lado, tem sido aceite pelo TJC, que se pronunciou, em diversas decisões, pelo carácter vinculativo, para os Estados-membros, das regras constantes de directivas, quando não sejam incorporadas no direito interno de cada Estado, dentro do prazo previsto ou de forma correcta[100]. Para que isto aconteça, as normas comunitárias deverão, todavia, ser claras, precisas e incondicionais[101].

Ora, as normas constantes da Directiva 90/314/CEE são consideradas, na sua generalidade, e muito embora a análise sobre o seu "efeito directo"[102] deva fazer-se casuisticamente, como suficientemente claras e precisas, de modo a autorizar a sua directa invocação pelos particulares, em tribunais nacionais, perante os Estados não cumpridores[103].

Muito recentemente, numa sentença de 8 de Outubro de 1996, relativa aos processos reunidos C-178/94, C-179/94, C-188/94, C-189/94 e C-190/94[104], o TJC pronunciou-se sobre esta questão, admitindo o efeito directo de uma norma da Directiva, criando, desta forma, um precedente digno de registo.

A intervenção do TJC foi suscitada pelo *Landgericht de Bonn*, que colocou algumas questões prejudiciais sobre a interpretação a dar a algumas normas da Directiva 90/314/CEE.

---

[99] Neste sentido, AURIOLES MARTIN, *La Directiva...*, cit., p. 829, n. 18. Em sentido contrário, veja-se A. R. LEITÃO, *L`effect directe des directives: une mythification ?*, "Rev. trim. dr. europ.", 3.°, 1981, p. 437.

[100] Cfr. o art. 5.° do Tratado de Roma.

[101] Neste sentido, vejam-se PIERRE PESCATORE, *L`effet des directives communautaires: une tentative de dèmythification*, "Recueil Dalloz-Sirey", 1980, p. 176, e TREVOR C. HARTLEY, *The foundations of European comunity law*, 3.ª ed., Oxford/New York, 1994, pp. 195-206.

[102] Sobre a impropriedade da expressão 'efeito directo', PIERRE PESCATORE, *L`effet des directives...*, ult. lug. cit..

[103] Neste sentido, ENZO ROPPO, *Contratti turistici e clausole vessatorie*, em *La tutela del turista*, cit., p. 98, num comentário à Directiva 90/314/CEE, refere que *"quasi tutti i contenuti della direttiva stessa potrebbero ritenersi applicabili in virtù del loro carattere di norme sufficientemente puntuali e circostanziate, tali quindi da consentire, in base ad una giurisprudenza ormai consolidata, l`immediata attuazione ex se, anche a prescindere da un atto formale di recezione"*. Sobre esta questão, veja-se, também, NOTARSTEFANO, *Lineamenti giuridici...*, cit., pp. 599-601.

[104] O teor desta sentença pode ser encontrado na "Riv. dir. int. priv. proc.", n.° 2, 1997, pp. 485-497.

As questões tiveram origem em vários processos judiciais, intentados por sete cidadãos alemães contra a República Federal da Alemanha, em que aqueles pretendiam ser ressarcidos dos danos sofridos em virtude da demora na adopção, pelo direito alemão, das disposições comunitárias, a qual só veio a acontecer a 24 de Junho de 1994 [105].

No caso, os autores celebraram diversos contratos de viagem organizada mas, na sequência da falência, ocorrida em 1993, das agências de viagens com quem contrataram, alguns não chegaram a partir para os destinos previstos e outros tiveram de suportar as despesas de regresso ao local de partida, sem que tenham tido sucesso nas diversas tentativas de obter o reembolso das somas versadas a título de pagamento ou das despesas efectuadas.

Sustentavam os autores que, se o art. 7.º da Directiva 90/314/CEE tivesse sido recebido no ordenamento alemão dentro do prazo previsto na Directiva, isto é, até 31 de Dezembro de 1992, eles estariam protegidos contra aquela eventualidade.

Esta norma dispõe que: "O operador e/ou a agência que sejam partes no contrato devem comprovar possuir meios de garantia suficientes para assegurar, em caso de insolvência ou falência, o reembolso dos fundos depositados e o repatriamento do consumidor".

A argumentação dos autores baseava-se numa sentença do TJC – sentença *Francovich* –, de 19 de Novembro de 1991, segundo a qual, quando um Estado-membro viole uma obrigação de tomar todas as medidas necessárias a alcançar o resultado previsto numa directiva, a plena eficácia desta norma de direito comunitário exige que se reconheça um direito de ressarcimento, sempre que o resultado nela prescrito implique, a favor dos particulares, a atribuição de direitos, cujo conteúdo possa ser individualizado, na base das disposições da directiva, e exista um nexo de causalidade entre a violação da obrigação a cargo do Estado e o dano sofrido pelos lesados.

O Governo alemão rejeitou a argumentação, o que conduziu a que *o Landgericht de Bonn* tenha decidido suspender a instância, submetendo ao TJC doze questões prejudiciais.

O TJC, após responder às questões suscitadas, veio declarar que o facto de um Estado-membro não tomar as medidas necessárias à adopção de uma directiva, com vista a alcançar o resultado prescrito por esta dentro da data-limite estipulada, constitui, por si só, uma violação grave e

---

[105] Esta lei entrou em vigor em 1 de Julho de 1994, aplicando-se aos contratos celebrados após tal data e às viagens que se iniciassem após 31 de Outubro de 1994.

manifesta do direito comunitário, fazendo surgir um direito de ressarcimento a favor dos particulares lesados, sempre que o resultado prescrito na directiva implique a atribuição, a favor destes, de direitos cujo conteúdo possa ser individualizado e exista um nexo de causalidade entre a violação da obrigação a cargo do Estado e o dano sofrido.

Acrescenta o TJC que o resultado prescrito no art. 7.º da Directiva 90/314/CEE implica a atribuição, ao adquirente de uma viagem organizada, do direito à garantia do seu repatriamento, bem como das importâncias por si entregues, em caso de insolvência ou falência da agência organizadora da viagem e/ou da agência intermediária da viagem organizada.

Assim, para respeitar o disposto no art. 9.º da Directiva, a República Federal Alemã deveria ter adoptado, dentro da data-limite prevista, todas as medidas necessárias para garantir aos particulares, a partir de 1 de Janeiro de 1993, uma protecção efectiva contra os riscos de insolvência e falência das agências de viagens.

6.4. EVOLUÇÃO LEGISLATIVA NALGUNS ESTADOS EUROPEUS. No que toca às iniciativas legislativas em alguns Estados europeus, a Itália foi um dos primeiros países a adoptar uma regulamentação específica para o contrato de viagem organizada, tendo recebido a CCV através de uma lei de 21 de Dezembro de 1977, ratificada em 4 de Julho de 1979 e entrada em vigor a 4 de Outubro de 1979. Foi, por isso, um dos países onde, desde muito cedo, tiveram lugar as maiores discussões doutrinais sobre este tipo contratual.

Posteriormente, através do Decreto legislativo de 17 de Março de 1995, n. 111, a Itália adoptou o texto da Directiva comunitária, debatendo-se na doutrina o problema de compatibilização entre as fontes internas e a CCV, que permanece ainda hoje em vigor, embora derrogada em alguns aspectos [106].

Em França, a evolução legislativa teve traços bastante distintos [107]. Este país começou por publicar, em 1982, um texto regulamentar conjunto dos Ministros da Economia e do Turismo, de 14 de Junho – o *arrêté du 14 juin 1982* –, onde apenas nove artigos, de uma redacção bastante ambígua [108], fixavam as condições gerais de contratação entre as agências de

---

[106] Sobre esta questão, veja-se MONTICELLI, *Il contratto di viaggio*, cit., pp. 145 e ss..

[107] AURIOLES MARTIN, *La Directiva...*, cit., p. 832, considera as leis francesa e alemã como legislações autóctones, salientando a especial sensibilidade dos legisladores destes países aos interesses dos turistas.

[108] Para uma análise deste texto legal, veja-se BOULANGER, *Les relations juridiques entre les agences de voyages et leur clientele après l'arrêté du 14 juin 1982*, "JCP", I,

viagens e seus clientes, estabelecendo um regime que responsabilizava directamente a agência organizadora, perante o turista, pela correcta execução da viagem[109].

A França adoptou a Directiva comunitária em 1992, através da Lei n.º 92-645, de 13 de Julho, a qual foi completada por um decreto regulamentar de 15 de Junho de 1994.

A Alemanha, em matéria de contrato de viagem organizada, teve um percurso legislativo ímpar. Apesar de ter participado nos trabalhos que conduziram à elaboração da CCV, a Alemanha recusou aderir ao seu texto definitivo, considerado como pouco eficaz na tutela do consumidor. Optou, em vez disso, por elaborar um regime que visava, em primeira análise, combater as "cláusulas de intermediação", através das quais as agências de viagens excluíam a sua responsabilidade, procurando definir regras de protecção ao turista.

Após um primeiro projecto de 1973, a que se seguiu um segundo projecto de 1975, somente através de uma lei de 4 de Maio de 1979, foram, finalmente, aprovadas normas específicas sobre viagens organizadas, as quais foram introduzidas no BGB, sob os § 651a a §651k, do título 7 do livro 2: *"Werkvertrag"* (Empreitada), o que acarretou a alteração do mesmo, sendo acrescentada a expressão "e contratos análogos"[110].

A Alemanha foi, assim, o primeiro país a reconhecer tipicidade *ex codice* ao contrato de viagem. O *Reisevertrag* refere-se, apenas, às viagens organizadas para grupos de pessoas, por iniciativa da agência de viagens – as *Pauschalreisen* –, excluindo outros tipos de viagens combinadas, bem como os contratos de intermediação de viagens organizadas[111].

O panorama britânico, pela própria natureza do sistema jurídico da *Common Law*, apresenta algumas particularidades. No Reino Unido, as regras sobre o contrato de viagem organizada foram sempre deixadas à auto-regulamentação das partes interessadas.

A principal responsável pelo desenvolvimento de um conjunto de normas, de proveniência privada, foi a *Association of British Travel*

1983, pp. 3117 e ss., onde se critica o facto das regras sobre as relações entre o cliente e a agência de viagens não terem merecido uma maior atenção do legislador francês, que as formulou através de uma fonte menor de direito.

[109] Para um estudo da evolução legislativa e jurisprudencial em França, veja-se MUSSO, *Evoluzione legislativa...*, cit., pp. 475 e ss..

[110] Cfr. PARDOLESI, *Turismo organizzato...*, cit., p. 57.

[111] Para uma análise dos § 651a – 651k BGB, vejam-se TONNER, *Kommentar...*, cit., PARDOLESI, *Turismo organizzato...*, cit., pp. 55 e ss., e MUSSO, *Evoluzione legislativa...*, cit., pp. 494 e ss..

Agents (ABTA), que elaborou regras que constituíram uma espécie de "Código Deontológico"[112] da actividade, cuja última versão é de Julho de 1989, onde se estabelecia o relacionamento entre as agências de viagens e os consumidores em matéria de serviços, preços e outros aspectos.

Previa-se, igualmente, um mecanismo de garantia financeira, para a hipótese de insolvência ou falência de agências de viagens, bem como um regulamento de arbitragem, de estrutura processual simples e pouco onerosa, para resolução de conflitos entre clientes e membros da ABTA[113].

Com a Directiva comunitária, o panorama alterou-se através da publicação, pelo *Department of Trade and Industry* (DTI), de um conjunto de providências: *The Package Travel, Package Holiday and Package Tour Regulations 1992 («The Regulations»)*, que obtiveram aprovação em 23 de Dezembro de 1992, aplicando-se a viagens contratadas a partir de 1 de Janeiro de 1993. Diversos textos orientadores da aplicação das *Regulations* foram posteriormente difundidos.

O DTI publicou, ainda em 1992, um guia de aplicação destas disposições – *Guidance Notes* –, sem qualquer valor normativo, de modo a facilitar a compreensão e interpretação das regras previstas nas "*Regulations*".

Em Abril de 1993, dá-se a publicação do *Tour Operators` Code of Conduct*, pela ABTA, elaborado para regular a actividade dos organizadores de viagens "*between themselves and members of the public, between themselves and their travel agents; and between themselves*"[114].

Na mesma altura, foram também publicadas as *ABTA Standards on Surcharges*, um conjunto de regras que limitam as situações e as condições em que, após a confirmação da viagem pelo operador, podem ser pedidas ao cliente quantias suplementares, que envolvam aumento do preço da viagem estipulado *ab initio*.

O regime legal espanhol sobre o contrato de viagem organizada tem

---

[112] Cfr. MARIA LAURA SODANO, *Conflittualità e contrattualistica: Il panorama europeo*, em *Il contratto di viaggio e turismo*, cit., p. 516.

[113] A ABTA representa a maior associação de agências de viagens britânica. Esta associação emite regras que se tornam obrigatórias para os seus membros, sendo que o seu desrespeito pode acarretar a expulsão da agência incumpridora. Observa-se, a par disto, um processo de selecção muito rigoroso de quem pode ser membro da ABTA. Para maiores desenvolvimentos, vejam-se GRANT/MASON, *Holiday Law*, cit., pp. 8 e ss., e J. NELSON--JONES/P. STUART, *A pratical guide to Package HolidayLaw and Contracts*, third ed., Croydon, 1993, pp. 194 e ss..

[114] No Reino Unido, faz-se uma clara distinção, do ponto de vista legislativo, entre "*tour operators*" ou "*organisers*" e "*travel agents*" ou "*retailers*". Os primeiros correspondem às agências organizadoras de viagens e os segundos às agências intermediárias de viagens.

algumas parecenças com o nosso processo legislativo nesta matéria, uma vez que, tradicionalmente, as poucas referências às viagens para grupos de pessoas se encontravam em fontes legislativas em que se previa o regime geral da actividade das agências de viagens.

O primeiro passo legislativo, em Espanha, é dado através de um Decreto de 19 de Fevereiro de 1942, seguido de um outro de 29 de Março de 1962 e um terceiro de 7 de Julho de 1973[115], sendo dispersas as indicações sobre *viajes combinados*.

Mais recentemente, foi publicado o Real decreto 271/1988, de 25 de Março, dedicado ao exercício das actividades próprias de agências de viagens, que vigora ainda hoje[116].

A recepção da Directiva comunitária deu-se através de um texto legal próprio, a Lei 21/1995, de 6 de Julho, "*reguladora de los viajes combinados*", definindo-se, no art. 2.º, 1, *viajes combinados,* nos exactos termos constantes da noção de viagem organizada prevista na Directiva.

O contrato de viagem organizada foi, ainda, objecto de regulamentação noutros países. Assim aconteceu, na Bélgica, o primeiro país europeu em que este contrato assumiu tipicidade legal, em virtude da sua adesão à CCV, através de uma Lei de 30 de Março de 1973, que entrou em vigor a 25 de Fevereiro de 1976.

Actualmente, vigora na Bélgica uma lei de 16 de Fevereiro de 1994 – *Loi régissant le contrat d'organisation de voyages et le contrat d'intermédiaire de voyages* –, que incorporou no seu direito interno a directiva comunitária.

A Holanda aderiu também ao texto da Directiva através da uma Lei de 24 de Dezembro de 1992, que se refere apenas ao contrato de viagem organizada, omitindo uma referência ao contrato de intermediação. Como aconteceu no direito alemão, também na Holanda o contrato de viagem organizada tem tipicidade *ex codice* tendo sido integrado no título 7A, inserido no Livro 7 do código civil holandês.

A Dinamarca acolheu o texto da Directiva através de uma lei de 30 de Junho de 1993[117] e, também, a Suíça, apesar de não pertencer à Comu-

---

[115] Cfr. F. BAYON MARINÉ, *Legislación de agencias de viaje*, Madrid, 1992, pp. 23 e ss..

[116] Veja-se, para maiores desenvolvimentos, AURIOLES MARTIN, *La Directiva...*, cit., pp. 823-828.

[117] Um estudo da lei dinamarquesa sobre viagens organizadas, na perspectiva da tutela do consumidor, é realizado por SUSANNE STORM, *La protección des consommateurs dans les voyages à forfait; la loi danoise relative aux voyages à forfait*, "Rev. europ. dr. cons.", 3, 1994, pp. 166-175.

nidade Europeia, aprovou uma lei federal de 18 de Junho de 1993, muito próxima do texto da Directiva [118].

6.5. EVOLUÇÃO LEGISLATIVA EM PORTUGAL. A evolução legislativa em Portugal, contemplando a combinação profissional de serviços turísticos, iniciou-se com o Decreto n.º 16:433, de 29/01/1929, que, tendo por objectivo principal regularizar o serviço dos guias-intérpretes, intérpretes e guias, de modo a evitar "atritos" e "favoritismos" no exercício da profissão, continha normas sobre "organização de excursões de turistas no continente e ilhas adjacentes". Este tipo de excursões só era permitido a determinadas sociedades, agências ou empresas, registadas no Tribunal do Comércio e possuidoras de alvará de licença, passado pelo respectivo governo civil (art. 1.º do Decreto 16:433), estando as mesmas obrigadas a indemnizar os excursionistas por quaisquer prejuízos ou danos ocasionados pela excursão (art. 5.º do Decreto 16:433).

Com o Decreto n.º 28:643, de 11 de Maio de 1938, veio o legislador determinar quais as entidades que podiam organizar excursões em transportes colectivos no continente e as responsabilidades em que incorriam os organizadores. Só podiam organizar excursões em transportes colectivos (ferroviários, fluviais e veículos automóveis), as sociedades, empresas e agências registadas no Tribunal do Comércio, possuidoras de alvará de licença para tais fins, passado pelo governo civil, o qual só poderia ser concedido mediante garantia bancária ou fiança de pessoa idónea, que caucionassem quaisquer prejuízos ou danos sofridos pelos excursionistas. Sobre os organizadores recaía, ainda, o dever de indemnizar o excursionista nos casos em que o transporte, alojamento ou refeições não correspondessem ao anunciado no programa de excursão (art. 3.º do Decreto n.º 28:643).

Até aqui não se encontrava, porém, uma referência legislativa a agências de viagens, o que só veio a acontecer com o Decreto n.º 36:942, de 28 de Junho de 1948, que dá a noção de agências de viagens no seu art. 1.º e define um conjunto de actividades que podem ser desenvolvidas por estas, onde se inclui "a organização e preparação de viagens no País e no estrangeiro".

Entre a produção legislativa desta época, vamos encontrar a referência a uma modalidade de combinação de serviços turísticos, a qual daria o principal impulso para a definição de regras especiais nesta matéria: os circuitos turísticos. Estes foram pela, primeira vez, definidos, no art. 56.º do

---

[118] Cfr. BOULANGER, *Tourisme et loisirs...*, cit., p. 10.

Decreto n.° 37:272, de 31 de Dezembro de 1948, denominado "Regulamento de transportes em automóveis", como "o transporte de excursionistas em automóveis, intra ou extramuros das localidades, realizado periódica e regularmente, segundo horários, itinerários e tarifas" aprovados pelo organismo público competente. No § único do art. 60.° deste diploma, dispunha-se que "a cada excursionista só poderá ser cobrado num circuito turístico um preço único correspondente à totalidade da excursão".

Só em 1957 aparece o primeiro texto legal destinado a dar uma regulamentação completa à actividade das agências de viagens. Revogando toda a legislação dispersa, o DL n.° 41 248, de 31 de Agosto de 1957, dispõe sobre os requisitos de licenciamento exigíveis para a constituição das agências de viagens, indicando, entre as actividades que estas podiam desenvolver, "a organização de cruzeiros e de viagens e excursões individuais ou colectivas no País ou no estrangeiro, com ou sem inclusão de serviços acessórios, por sua iniciativa ou de outrem, utilizando meios de transporte próprios ou alheios" – art. 1.°, 7 do DL n.° 41 248.

Em função do tipo de actividades exercidas, as agências podiam classificar-se como agências de classe A ou agências de classe B (art. 5.° do DL n.° 41 248), só as primeiras podendo praticar as actividades referidas no art. 1.°, 7 citado. Este diploma foi regulamentado pelo Decreto n.° 41 307, de 3 de Outubro de 1957, onde se definiram regras específicas sobre a obtenção dos alvarás, bem como sobre a organização de circuitos turísticos. Relativamente a estes, havia disposições destinadas a regulamentar, em concreto, determinados aspectos das relações entre a agência de viagens e os clientes, nomeadamente, prevendo-se os casos (ausência total de excursionistas, mau tempo, autorização dos serviços de turismo) em que o circuito podia não ter lugar na data marcada (art. 15.° do Decreto 41 307), a punição através de multa para as alterações injustificadas do percurso, horário, condições de instalação e serviços acessórios (art. 15.° § 3 do Decreto 41 307), as condições de desistência do excursionista e encargos em que incorria (art. 16.° § 1 e 2 do Decreto 41 307), a suspensão da realização do circuito durante a sua execução (art. 16.° § 3 do Decreto 41 307) e estipulando-se regras sobre o preço único (art 18.° Decreto 41 307). Previam-se, ainda, normas sobre excursões colectivas para fora do país, as quais dependiam de um especial processo de aprovação pelos serviços de turismo.

Segue-se, na evolução legislativa sobre a actividade das agências de viagens, o DL n.° 478/72, de 28 de Novembro [119], onde se prevê o princí-

---

[119] O DL n.° 478/72 foi regulamentado pelo Decreto n.° 363/73, de 18 de Julho.

pio da exclusividade das agências de viagens e turismo, no que respeita à "planificação, organização e realização de viagens turísticas". Entre os arts. 32.º a 37.º aparecem, pela primeira vez, um conjunto de normas destinadas a regular as relações entre as agências de viagens e os clientes. Assumem especial interesse as referências à necessidade de, na organização de viagens turísticas ou colectivas, estar a agência obrigada a pôr à disposição dos clientes programas devidamente pormenorizados, ao facto de se preverem regras para os casos de desistência do cliente (art. 36.º) e à possibilidade deste se fazer substituir por outra pessoa, quando tal não estivesse vedado contratualmente (art. 37.º).

No capítulo VI, entre os arts. 43.º a 51.º do DL n.º 478/72, de 28 de Novembro, definiam-se regras sobre viagens turísticas. Estas podiam ser individuais ou colectivas, encontrando-se a noção de viagem turística no art. 43.º, 1, sendo entendida como "toda a deslocação de pessoas, individualmente ou em grupo, quer para seu aprazimento, em razão do itinerário ou do local do destino, quer para participar em manifestações culturais (arte, educação, religião, ciência), profissionais ou desportivas".

O DL n.º 359/79, de 31 de Agosto, que revoga a anterior legislação, preocupa-se também com o fenómeno da organização de viagens. No seu art. 2.º, 1 f) referia-se estar atribuído às agências de viagens o exercício exclusivo das actividades de "planificação, organização e realização de serviços e viagens turísticas". O legislador definia, no art. 48.º, 1 do mesmo diploma, viagem turística como "toda a deslocação de pessoas, individualmente ou em grupo, quer para seu aprazimento, em razão do itinerário ou do local do destino, quer para participar em manifestações culturais, profissionais ou desportivas".

Não se contemplava, todavia, um regime legal específico para os contratos que tivessem como objecto as viagens turísticas, sujeitando-os ao regime geral da actividade de mera intermediação da agência de viagens, a função com que, tradicionalmente, era identificada a actividade desta. Em sede de responsabilidade estranha-se, todavia, o disposto no art. 20.º, 1 do DL n.º 359/79, onde se dispunha que "as agências de viagens e turismo são responsáveis pela prestação correcta dos serviços que vendem, sem prejuízo do direito de regresso relativamente às empresas prestadoras dos mesmos". Previa-se, ao que parece, um regime de responsabilidade directa da agência vendedora pelos serviços vendidos, ainda que a prestação fosse efectuada por terceiros.

Posteriormente, entrou em vigor o DL n.º 480/82, de 24 de Dezembro, que veio introduzir algumas alterações ao DL n.º 359/79, essencialmente, em sede de requisitos de acesso à actividade e prestação de garantias, sem que alterasse o regime legal previsto para as viagens turísticas, não resultando ainda, no nosso panorama legal, o reconhecimento da tipicidade do contrato de viagem organizada.

Com o DL n.º 264/86, de 3 de Setembro, que revogou a legislação anteriormente em vigor, parece, finalmente, ter-se reconhecido a diversidade de funções que podia assumir uma agência de viagens, estabelecendo-se diferentes regimes, em sede de responsabilidade. O art. 27.º deste diploma, embora mantendo no n.º 1 a redacção do art. 20.º, 1 do DL n.º 359/79, previa, no seu n.º 3, um diferente tipo de responsabilidade para as situações em que a agência actuasse como mera intermediária[120].

Não se autonomizava, todavia, a viagem organizada, apenas considerada na noção mais abrangente de viagem turística, pelo que não tinha igualmente autonomia um contrato de viagem organizada, embora se pudesse vislumbrar um esboço vago e confuso de um contrato cujo tipo legal estaria ainda em formação. Nesta altura, o contrato tinha apenas tipicidade social no nosso país.

A verdadeira tipificação legal do contrato de viagem organizada só ocorreu com o DL n.º 198/93, de 27 de Maio. As leis anteriores, apesar de reconhecerem o fenómeno das viagens turísticas, nunca lhe atribuíram uma autonomia efectiva do ponto de vista da regulamentação.

Portugal foi, até agora, o único país da Europa em que a recepção da Directiva comunitária se deu a dois tempos. Primeiro, através do DL n.º 198/93, estipulou-se, já após o prazo dado pelo Conselho para adopção do texto comunitário, um regime jurídico para as viagens organizadas pautado por um forte pendor proteccionista do turista/cliente. Destacaremos alguns aspectos: *a*) uma noção ampla de viagem organizada, o que alargava o número de viagens sujeitas à regulamentação específica daquele contrato

---

[120] O art. 27.º do DL n.º 264/86 dispunha o seguinte: "1 – As agências de viagens e turismo são responsáveis pela prestação correcta dos serviços que vendem, sem prejuízo do direito de regresso relativamente às empresas prestadoras de serviços. 2 – Sempre que na prestação de qualquer serviço intervierem várias agências, todas elas serão solidariamente responsáveis, sem prejuízo do direito de regresso contra a agência organizadora da viagem ou do serviço, ou contra a agência faltosa, conforme o caso. 3 – O disposto no n.º 1 deste artigo não é aplicável quando a agência se delimitar, como mero intermediário, à venda de bilhetes, à reserva de lugares em qualquer meio de transporte, ao aluguer de automóveis, bem como à reserva de alojamento, refeições ou outros serviços em estabelecimentos hoteleiros e similares e meios complementares de alojamento turístico, casos em que são responsáveis apenas as empresas prestadoras dos serviços, nos termos da respectiva legislação, sem prejuízo da eventual responsabilidade da agência resultante de negligência ou omissão quanto ao serviço vendido". O DL n.º 264/86 foi regulamentado pelo Decreto Regulamentar n.º 28/87, de 19/02.

(art. 3.º do DL 198/93), *b)* a ausência de regras limitativas da responsabilidade das agências de viagens pelos danos ocorridos durante a execução da viagem, *c)* uma exigência clara de formalização por escrito de todos os contratos de viagem de duração superior a 24 horas ou que incluíssem uma dormida (art. 23.º, 3 do DL n.º 198/93).

Esta lei sofreu uma viva oposição das agências de viagens, as quais criticavam o texto legal, considerando que o mesmo fazia incidir sobre elas uma pesada responsabilidade, acarretando elevados prejuízos, o que restringia e "intimidava" o desenvolvimento das actividades de organização de viagens.

O legislador nacional, reagindo às exigências manifestadas, veio dar uma reviravolta, considerando que "o regime estabelecido no mencionado diploma [o DL 198/93] foi além do que era exigido pela Directiva n.º 90/314/CEE, com sérios prejuízos para as agências de viagens portuguesas"[121], definindo um novo regime através do DL n.º 209/97, de 13 de Agosto.

Numa primeira abordagem, parece poder concluir-se que o regime legal vigente estabelece um maior equilíbrio entre as partes do contrato de viagem organizada, regredindo, todavia, na tutela do cliente, a qual, se na forma como estava prevista no DL n.º 198/93 se poderia considerar excessiva, agora parece ser insuficiente.

Assiste-se, assim, a uma clara influência dos interesses económicos das agências de viagens na redacção definitiva do DL n.º 209/97, os quais terão conduzido a um considerável recuo na defesa dos interesses do turista, o qual, perante o regime ora vigente, terá ficado em segundo plano, situando-se o fiel da balança do lado do prato das agências de viagens, mais do que no dos viajantes.

7. DELIMITAÇÃO SUBJECTIVA E OBJECTIVA DO CONTRATO.

7.1. RAZÃO DE ORDEM. Previamente ao estudo do regime legal aplicável ao contrato de viagem organizada, focar-se-ão algumas questões necessárias à sua caracterização subjectiva e objectiva. A primeira referência é para as partes do contrato, isto é, os sujeitos dos direitos e obrigações que resultam do vínculo negocial assumido com o contrato em estudo. De um lado, encontramos a agência de viagens, que oferece ao público uma viagem por si idealizada e planificada em todos os seus detalhes, do outro aparece o turista/viajante interessado em efectuar essa viagem nos moldes em que ela foi anunciada.

---

[121] Cfr. o preâmbulo do DL n.º 209/97, de 13 de Agosto.

A agência de viagens, no contrato que celebra com o cliente, assume duas obrigações fundamentais: *a)* a obrigação de organização da viagem, que é composta por uma fase de carácter puramente intelectual, em que se escolhe o destino e o itinerário, se definem os horários, as condições e modalidades de transporte e alojamento, as actividades de carácter lúdico e cultural e, por outra, em que o organizador terá que desenvolver toda uma actividade tendente à concretização do plano traçado, consubstanciada a mais das vezes na prática de actos materiais e jurídicos, com especial relevo para a celebração de contratos com os prestadores de serviços por si escolhidos para a execução da viagem; *b)* a obrigação de executar a viagem, que, como sabemos, é uma obrigação própria da agência de viagens e distinta daquela a que estão vinculados, individualmente, cada um dos terceiros prestadores relativamente aos serviços por si executados.

Daqui resulta que o contrato de viagem tem apenas dois contraentes, o cliente e a agência organizadora da viagem, não obstante reconhecer-se que a sua estrutura complexa potencia relações "triangulares" entre agência de viagens, cliente e terceiros prestadores de serviços, nomeadamente, em sede de responsabilidade civil.

Para além deste aspecto, acontece, também, com frequência, que a agência que organiza a viagem não a oferece directamente ao público, não estando, por assim dizer, vocacionada para a "comercialização" de viagens. Socorre-se, para o efeito, de outras agências de viagens, que, não participando na organização da viagem, têm apenas a função de a oferecer ao público e celebrar os contratos com os clientes. Estes contratos denominam-se contratos de intermediação de viagem organizada, dando origem a uma relação jurídica que se estabelece entre o cliente e a agência intermediária, que se reconduz à figura do mandato, embora contendo algumas especialidades em sede de responsabilidade civil[122].

---

[122] Existe uma substancial convergência de opiniões, na doutrina e jurisprudência, relativamente à recondução do contrato de intermediação de viagem organizada à figura do mandato. Neste sentido, vejam-se, entre outros, ENZO ROPPO, *Commentario...*, cit., p. 1787, ARATO, *Le condizioni generali...*, cit., p. 363, ROMANELLI/SILINGARDI, *Contratti di viaggi...*, cit., p. 1, CUFFARO, *Contratto turistico*, cit., p. 296, CIURNELLI, *Il contratto di organizzazione...*, cit., p. 683, e MONTICELLI, *Il contratto di viaggio*, cit., p. 154. A discussão incidiu, a certa altura, na opção entre mandato com ou sem representação, sendo dominante a orientação que via, no contrato de intermediação de viagem organizada, um mandato com representação. Neste sentido, ENZO ROPPO, *Commentario...*, ult. lug. cit., MOSCATI, *La disciplina del contratto...*, cit., p. 352, GRIGOLI, *Il contratto di viaggio*, cit., p. 808, e, contra, G. FOSSATI, *Clausola di intermediazione e responsabilità dell'agente di viaggi*, "Giur. it.", I, 2, 1988, p. 185.

Para além dos contratos de viagem organizada e de intermediação de viagem organizada – unificados numa única designação 'contratos de venda de viagens organizadas' –, o DL n.º 209/97 refere-se, também, a outras modalidades de contratos de viagem turística, que podem identificar-se em duas categorias: os contratos de viagem turística *stricto sensu* e os contratos de viagem por medida. Os primeiros referem-se a todos os contratos que tenham por objecto uma combinação de determinados serviços turísticos, nos termos do art. 17.º, 1, desde que não possam ser qualificados como contratos de viagem por medida ou de "venda de viagem organizada". Os contratos de viagem por medida, por sua vez, têm por objecto uma viagem turística, cuja preparação depende de iniciativa do cliente. Nada impede que um contrato de viagem turística *latu sensu* ou de viagem por medida possa ser objecto de um contrato de intermediação [123].

A nossa lei não distingue, do ponto de vista do objecto da agência de viagens, as agências intermediárias das agências organizadoras, sendo que a diferença, entre umas e outras, resultará da actividade que, em concreto, seja exercida.

Questão diversa é saber se entidades diferentes das agências de viagens poderão celebrar contratos de viagem organizada. Interessam, a este propósito, duas questões fundamentais: por um lado, saber se o nosso legislador consagrou ou não o requisito de profissionalismo para o exercício desta actividade; por outro, se a resposta àquela questão for negativa, saber qual o regime legal aplicável às entidades distintas das agências de viagens que organizem viagens turísticas.

Importa fazer uma segunda referência que visa alertar para a complexa rede de contratos que gira em torno da agência organizadora de viagens. Se, de um lado, ela terá outra agência de viagens, que actuará como sua intermediária na "comercialização" da viagem, ou o turista que, directamente, contrata a sua participação, do outro, encontram-se os diversos prestadores de serviços (transportadores, hoteleiros, empresas de espectáculos, etc.) com quem celebrou vários contratos com vista a materializar a viagem idealizada. Atente-se, todavia, que estes contratos são externos à relação entre a agência organizadora e o turista e, embora sendo fundamentais para a realização da viagem, são acessórios do contrato de viagem organizada, inscrevendo-se no âmbito da actuação da agência de viagens e obrigações por esta assumidas face aos terceiros prestadores de serviços.

---

[123] No entanto, só em casos raros um contrato de viagem por medida será objecto de um contrato de intermediação, já que, por regra, é a própria agência, que é contactada pelo cliente, quem prepara a viagem solicitada por este.

O problema que aqui se coloca é, em suma, o de saber qual o vínculo que liga as partes no contrato de viagem organizada aos prestadores de serviços, que não são partes neste contrato, muito embora sejam essenciais à concretização do seu objecto.

A terceira e última referência é para o objecto mediato deste contrato: as viagens organizadas. A principal questão a resolver é a de definir o que é e o que não é uma viagem organizada, para efeitos de aplicação do regime especial traçado para o contrato que a tem por objecto. Será, pois, fundamental analisar quais os requisitos necessários para que exista uma viagem organizada. Numa primeira análise, tal tarefa encontra-se simplificada pelo facto de o legislador ter definido expressamente "viagens organizadas" no art. 17.º, 2 do DL n.º 209/97 [124].

7.2. DELIMITAÇÃO SUBJECTIVA. No contrato de viagem organizada são partes, unicamente, o cliente e a agência organizadora de viagens. Como já tivemos ocasião de referir, a noção de contrato constante do art. 2.º, 5 da Directiva engloba dois contratos distintos: aquele que é celebrado entre o consumidor e a agência – que se equipara ao contrato de intermediação de viagem organizada, definido no art. 1.º, 3 da CCV – e o que é celebrado entre o consumidor e o operador – que corresponde ao contrato de organização de viagem, definido no art. 1.º, 2 da CCV, e que representa o objecto do presente estudo. Daqui se retira que a "agência", na forma como é definida no art. 2.º, 3 da Directiva – a agência intermediária – não é parte neste contrato.

Pode acontecer que a execução da viagem preparada pela agência organizadora seja realizada com recurso a meios próprios, o que ocorrerá, principalmente, nas agências pertencentes a grandes grupos económicos, titulares de participações no capital de estabelecimentos hoteleiros ou companhias aéreas [125], embora a situação mais frequente seja a do recurso pelas agências organizadoras a terceiros fornecedores dos diversos serviços (transporte, alojamento e outros serviços turísticos) incluídos na viagem.

Estes não são, porém, partes no contrato, tendo relações negociais apenas com a agência organizadora, numa fase prévia à execução da viagem. Não existe, como tal, uma relação jurídica directa entre os fornecedores de

---

[124] Anteriormente, tal noção constava do art. 3.º do DL n.º 198/93. Sem dúvida, que o legislador reconsiderou a inserção sistemática desta definição, que se encontrava deslocada no referido diploma, uma vez que todo o regime legal relativo às viagens organizadas, englobando os contratos de viagem organizada e intermediação de viagem organizada, se localizava entre os arts. 18.º e 32.º do DL n.º 198/93.

[125] Cfr. NADAL, *El contrato de reserva...*, cit., p. 54.

serviços e o cliente. O momento em que contactam pela primeira vez será, em regra, o da prestação efectiva dos serviços, sendo o cliente alheio aos compromissos assumidos pela agência organizadora face aos terceiros prestadores e por estes em relação àquela [126].

7.2.1. *A agência de viagens e turismo.*

Enquanto que na Directiva deparamos com a distinção entre "operador" – "a pessoa que organiza viagens organizadas de forma não ocasional e as vende ou propõe para venda, directamente ou através de um intermediário – e "agência" – "a entidade que vende ou propõe para venda a viagem organizada elaborada pelo operador" –, na lei portuguesa não encontramos tais noções [127]. Nem parece que tal seja exigível do legislador.

Todavia, e não sendo pacífico o entendimento doutrinal sobre o valor jurídico das noções legais [128], é-lhes, pelo menos, reconhecido o seu valor orientador do intérprete. As definições legais ajudam a compreender o pensamento legislativo e não é em vão que, muitas vezes, se incorporam definições nos textos legais.

O legislador refere-se, genericamente, a agências de viagens e turismo, sem precisar a distinção entre organizadores e intermediários de viagens. Nos arts. 22.º, 1 *a*) e *b*) e 39.º, 3 do DL n.º 209/97, aparece, no entanto, uma referência a agência organizadora e a agência vendedora (expressão que é utilizada para identificar a agência intermediária).

Tal distinção não tem, contudo, expressão jurídica, não equivalendo a categorias diferentes de agências de viagens, do ponto de vista legal. Embora, no passado, o nosso ordenamento jurídico distinguisse entre vários tipos de agências de viagens [129], não existe, hoje, qualquer classificação das

---

[126] Neste sentido, AURIOLES MARTIN, *La Directiva...*, cit., p. 838.

[127] No presente estudo utilizaremos, indistintamente, as expressões agência organizadora, agência e agência de viagens com referência à agência enquanto organizadora de uma viagem organizada.

[128] Sobre este aspecto, veja-se OLIVEIRA ASCENSÃO, *O Direito...*, cit., p. 523. Este autor ensina que as definições legais constituem simples elementos de orientação, que deverão ceder quando em contradição com normas do instituto jurídico a que se referem, reconhecendo, todavia, que a definição que, nos seus próprios termos, contenha uma "disciplina directa da situação" terá "natureza imperativa e vinculativa, não podendo o intérprete considerá-la incorrecta". Sobre esta questão, vejam-se, ainda, BATISTA MACHADO, *Introdução ao Direito...*, cit., pp. 111 e ss., MENEZES CORDEIRO, *Direito das Obrigações*, cit., p. 531, PAIS DE VASCONCELOS, *Contratos atípicos*, cit., pp. 168-179, e GIORGIO DE NOVA, *Il tipo contrattuale*, Padova, 1974, pp. 131 e ss..

[129] O DL n.º 42 248, de 31 de Agosto de 1957, classificou, pela primeira vez, as agências de viagens em função do tipo de actividades que exerciam, distinguindo entre

agências de viagens em função do tipo de actividades a que se dediquem. Em Portugal, qualquer agência de viagens e turismo, legalmente constituída como tal, pode apenas organizar, ou apenas oferecer viagens organizadas por outras agências, ou organizar e oferecer viagens, bem como exercer todas as actividades próprias e acessórias, previstas no art. 2.º, 1 do DL n.º 209/97.

A distinção entre agência organizadora e agência vendedora (intermediária) não depende, por isso, de qualquer modo específico de constituição, nem de montantes mínimos de capital social ou de garantias exigíveis[130]. Ela baseia-se tão só na função que, relativamente a cada viagem organizada, uma determinada agência de viagens exerce em concreto. Se ela organiza a viagem é uma agência organizadora. Se, simplesmente, oferece ao público uma viagem organizada por outra agência, então é uma agência intermediária. Pode, inclusivé, suceder que a mesma agência aja,

---

agências de classe A – as que exerciam a generalidade das actividades previstas no art. 1.º desse diploma – e *agências de classe B* – as que exercem apenas algumas dessas actividades. Posteriormente, o DL n.º 359/79, de 31 de Agosto, com base nas actividades exercidas e no âmbito territorial da sua acção, distinguia entre *grossistas* (art. 7.º) – as agências de viagens que, sem qualquer limite territorial, planificam, organizam e realizam viagens turísticas e serviços turísticos combinados para oferta a outras agências de viagens, não podendo em caso algum oferecer ou vender os seus serviços ou viagens directamente ao público –, *operadores* (art. 8.º) – as agências de viagens dotadas dos meios necessários para exercerem todas as actividades próprias das agências, sem qualquer limite territorial, vendendo directamente ao público serviços ou viagens, mas não lhes sendo permitido colocar à disposição de outros operadores e retalhistas as viagens turísticas colectivas que organizem e realizem – e *retalhistas* (art. 9.º) – as agências de viagens cujo âmbito de acção está limitado ao território nacional, vendendo directamente ao público serviços e viagens. Em Espanha, subsiste, ainda hoje, uma distinção entre agências *mayoristas, mayoristas-minoristas* e *minoristas,* decorrente do Real Decreto 271/1988, de 25 de Março, ainda em vigor. Tal distinção, segundo alguma doutrina espanhola (veja-se M. NÉLIDA TUR FAÚNDEZ, *El contrato de viaje combinado: notas sobre la ley 21/1995, de 6 Julio, de regulacion de los viajes combinados*, "Aran. civ.", 1996, pp. 14-15), perdeu hoje o sentido, uma vez que, por força do art. 2.º, 2 da Directiva, todas as agências de viagens podem organizar viagens e oferecê-las directamente ao público. Tornam-se, assim, obsoletas as categorias das agências *mayoristas* e *mayoristas-mynoristas,* deixando de ter razão de ser este tipo de classificação. No sentido de que a compatibilização é ainda possível, veja-se MIGUEL RUIZ MUÑOZ, *Guía explicativa de la ley de viajes combinados*, "EC", n.º 37, 1997, p. 105. Para uma análise comparativa entre a classificação espanhola de agências de viagens e a distinção comunitária entre operador e agência, veja-se LEÓN ARCE, *Contratos de consumo intracomunitarios...,* cit., pp. 253 e ss..

[130] Ao contrário do que sucede no nosso país, no Reino Unido, a distinção entre "*organisers*" e "*retailers*" é muito clara, do ponto de vista jurídico, determinando diferentes formas de constituição jurídica das agências de viagens, mais onerosas e exigentes para o exercício da actividade de organização de viagens do que para a de intermediação.

simultaneamente, como intermediária na oferta de determinados "pacotes turísticos" e como organizadora em relação a outros [131].

Se age como intermediária na oferta de viagens organizadas, então o contrato que celebra com o cliente é o de intermediação. Se actua como organizadora, celebra com aquele um contrato de viagem organizada.

A nossa lei define, no art. 1.º, 1 do DL n.º 209/97, agências de viagens e turismo como "as empresas cujo objecto compreende o exercício das actividades previstas no n.º 1 do art. 2.º do presente diploma e se encontrem licenciadas como tal" [132]. O n.º 2 daquele artigo completa a noção legal dispondo que "a noção de empresa compreende o estabelecimento individual de responsabilidade limitada, a cooperativa e a sociedade comercial que tenham por objecto o exercício das actividades referidas no número anterior" [133]. Resultam desta noção os três requisitos necessários para que exista uma agência de viagens.

O primeiro refere-se ao modo de constituição. Observa-se, em relação à noção de agências de viagens e turismo, prevista no art. 1.º do DL n.º 198/93 [134], um sensível alargamento dos modelos jurídicos que pode adoptar uma agência de viagens e turismo. Efectivamente, no âmbito da legislação anterior, as agências de viagens deveriam revestir, obrigatoriamente, a forma de sociedades comerciais, nas modalidades previstas no

---

[131] O que não pode suceder, por impossibilidade natural, é a mesma agência de viagens ser organizadora e intermediária relativamente à mesma viagem organizada.

[132] Uma das novidades legislativas introduzidas pelo DL n.º 209/97 foi a distinção entre actividades próprias das agências de viagens – aquelas que constituem o núcleo essencial do seu objecto –, previstas no art. 2.º 1 do mencionado diploma legal, e actividades acessórias, previstas no art. 2.º, 2 do DL n.º 209/97 – aquelas que, não fazendo parte das funções essenciais da agência, são, tradicionalmente, por esta exercidas e se relacionam, através de um nexo de acessoriedade, com as actividades próprias.

[133] Para uma noção económica de empresa, veja-se JORGE MANUEL COUTINHO DE ABREU, *Definição de empresa pública*, Suplemento do vol. XXXIV do "BFDUC", Coimbra, 1991, pp. 304-326, concluindo perante a diversidade das noções propostas pela doutrina, que "para quase todas elas a empresa vem a ser 1) *uma organização de factores produtivos* 2) *que produz bens* [conceito que abarca bens materiais, imateriais e serviços] 3) *destinados à troca* 4) *com vista à obtenção de um lucro*".

[134] Dispunha o art. 1.º do DL n.º 198/93 que: "São agências de viagens e turismo as sociedades comerciais que tenham por objecto, nomeadamente, o exercício das actividades previstas no presente diploma e se encontrem como tal licenciadas". Em contrapartida, na redacção inicial do art. 1.º, 2, uma agência de viagens e turismo poderia assumir a natureza jurídica de comerciante em nome individual, a qual deixou de ser possível a partir do DL n.º 12/99, definindo, o art. 3.º, 3 e 4 desse diploma, o processo de transição para uma das modalidades de empresa, agora previstas, dos comerciantes em nome individual que tiverem sido licenciados como agências de viagens, ao abrigo da legislação anterior.

art. 1.º, 2 do DL n.º 262/86, de 2 de Setembro – Código das sociedades comerciais. Ao dar maior liberdade de escolha da forma jurídica das agências de viagens, consegue vislumbrar-se um claro impulso do legislador ao incremento da actividade, potenciando a criação de novas agências de viagens e ampliando o leque de escolhas dos interessados. Por outro lado, e diversamente do que acontecia na anterior legislação, as agências de viagens não têm, agora, que ser pessoas colectivas.

O segundo requisito, também de carácter formal, refere-se à necessidade de obtenção de uma licença, constante de alvará, a conceder pela Direcção-Geral do Turismo, que autorize o exercício da actividade[135]. A licença só pode ser concedida mediante a observância dos requisitos previstos no art. 5.º, não podendo ser objecto de negócios jurídicos, devendo o pedido de licença ser instruído nos termos do art. 6.º. Entre esses requisitos, destaca-se a necessidade de prestação das garantias legalmente exigidas (art. 5.º, 2 b)), dispondo o art. 41.º que a garantia da responsabilidade da agência perante os clientes, emergente das actividades previstas no art. 2.º, deve ser assegurada por uma caução e um seguro de responsabilidade civil[136].

A caução deverá, pelo menos, garantir o reembolso dos montantes entregues pelos clientes e das despesas suplementares suportadas por estes em consequência da não prestação dos serviços ou da sua prestação defeituosa. Definem-se, entre os arts. 43.º e 49.º, as regras relativas à caução, cujo valor deve ser encontrado por referência ao volume de venda de viagens organizadas, não podendo ser inferior a cinco milhões de escudos, nem tendo de ser superior a cinquenta milhões de escudos.

O seguro de responsabilidade civil é também uma garantia obrigatória, devendo garantir o ressarcimento dos danos patrimoniais e não patrimoniais causados a clientes ou a terceiros por acção ou omissão da agência ou dos seus representantes e, como risco acessório, o repatriamento dos clientes e sua assistência quando não possam terminar a viagem

---

[135] O funcionamento de uma agência de viagens antes de emitido o respectivo alvará foi considerado acto de concorrência desleal, no Parecer da Procuradoria Geral da República n.º 118/85, de 4/6/1987, "BMJ", n.º 375, p. 29, ainda no âmbito da vigência do DL n.º 264/86, de 3 de Setembro.

[136] Sobre as garantias da responsabilidade civil das agências de viagens no direito espanhol, veja-se CALERO, *Régimen jurídico...*, cit., pp. 140-144. Para um estudo da mesma questão no Reino Unido, após a Directiva n.º 90/314/CEE, veja-se LAURA DI LIDO, *L`attuazione della direttiva C.E. n.º 314/90 nel Regno Unito: obblighi assicurativi e tutela del viaggiatore*, em *I contratti di viaggio e turismo*, cit., pp. 455 e ss., e, em Itália, LA TORRE, *Il contratto di viaggio...*, cit., pp. 39-41.

por motivo que não lhes seja imputável, nos termos do art. 31.º, assim como a assistência médica e medicamentos necessários em caso de acidente ou doença. O montante mínimo de cobertura é de quinze milhões de escudos.

Note-se que, embora estas garantias se refiram à generalidade das actividades exercidas pela agência de viagens, é visível, na sua configuração, a influência do regime das viagens organizadas, na forma como foi definido pelo legislador comunitário. Efectivamente, dispõe o art. 7.º da Directiva, que "o operador e/ou a agência que sejam partes no contrato devem comprovar possuir meios de garantia suficientes para assegurar, em caso de insolvência ou de falência, o reembolso dos fundos depositados e o repatriamento do consumidor".

O terceiro requisito, de natureza substancial, respeita às actividades desempenhadas pelas agências de viagens. O DL n.º 209/97 distingue entre actividades próprias e actividades acessórias. O elenco das actividades acessórias encontra-se previsto no art. 2.º, 2, não sendo o seu exercício exclusivo das agências de viagens. Relativamente às actividades próprias, consideram-se como tal as previstas no art. 2.º, 1, ou seja, a organização e venda de viagens turísticas, a reserva de serviços em empreendimentos turísticos, em casas e empreendimentos de turismo no espaço rural, nas casas de natureza e nos estabelecimentos, iniciativas ou projectos declarados de interesse para o turismo, a bilheteria e reserva de lugares em qualquer meio de transporte, a representação de outras agências de viagens e turismo, nacionais ou estrangeiras, ou de operadores turísticos estrangeiros, bem como a intermediação na venda dos respectivos produtos e a recepção, transferência e assistência a turistas [137].

O exercício destas actividades pelas agências de viagens tem um carácter tendencialmente exclusivo. Conforme dispõe o art. 3.º, 1 do DL n.º 209/97, "apenas as empresas licenciadas como agências de viagens e turismo podem exercer as actividades previstas no n.º 1 do art. 2.º (...)". Esta atribuição de exclusividade não é, todavia, absoluta, prevendo a nossa lei algumas situações excepcionais em que determinados profissionais do turismo podem exercer actividades próprias das agências de viagens [138].

---

[137] No Ac. RP, de 26/5/1993, "CJ", t. 3, 1993, pp. 249 e ss., considerou-se que: "A agência de viagens e turismo que se limitou a efectuar um transporte em regime de aluguer, exerceu actividade que não é própria dessas agências".

[138] São, nomeadamente, os casos previstos no art. 3.º, 2, que respeitam à "comercialização directa dos seus serviços pelos empreendimentos turísticos, pelas casas e empreendimentos de turismo no espaço rural, pelas casas de natureza, pelos estabelecimentos, iniciativas ou projectos declarados de interesse para o turismo e pelas empresas

A exigência do requisito de profissionalismo presente, não apenas na regra da exclusividade do exercício das actividades, na redacção inicial do art. 2.º, 1 do DL n.º 209/97, pelas agências de viagens, como também nas excepções consagradas ao seu exercício, em certas situações, por outros profissionais do turismo, conduz a que esteja vedado a quaisquer outras entidades o exercício de tais actividades, com fim lucrativo. Nestes casos, a lei considera existir uma contra-ordenação punível com coima de três milhões a seis milhões de escudos, nos termos do art. 57.º, 1 *a*) e 2.

No que respeita ao aspecto particular da organização de viagens turísticas *latu sensu*, em que se incluem as viagens organizadas, não obstante o seu exercício com fim lucrativo estar também abrangido pelo exclusivo das agências de viagens, a prática desta actividade por outras entidades e sem fins lucrativos encontra-se regulamentada nos n.os 4 e 5 do art. 3.º [139].

O legislador veio, pois, admitir que entidades diversas das agências de viagens pudessem exercer algumas actividades próprias daquelas, entre as quais se inclui a organização de viagens turísticas, naquilo a que a doutrina espanhola, sugestivamente, denominou como *"intrusismo profesional"* [140].

---

transportadoras", "o transporte de clientes pelos empreendimentos turísticos, casas e empreendimentos de turismo no espaço rural, casas de natureza, pelos estabelecimentos, iniciativas ou projectos de interesse para o turismo, com veículos que lhes pertençam" e "a venda de serviços de empresas transportadoras feita pelos seus agentes ou por outras empresas transportadoras com as quais tenham serviços combinados". No art. 3.º, 3 prevê--se, ainda, uma segunda excepção ao exercício, com fim lucrativo, de actividades próprias das agências de viagens e turismo, nos casos de "comercialização de serviços pelos empreendimentos turísticos, casas e empreendimentos de turismo no espaço rural, casas de natureza, pelos estabelecimentos, iniciativas ou projectos de interesse para o turismo ou empresas transportadoras, que não constituam viagens organizadas, quando feitas através de meios telemáticos".

[139] Esta matéria não havia sido objecto de regulamentação no DL n.º 198/93, o que criava muita incerteza sobre o regime jurídico que se deveria aplicar à prática, difundida no plano social, consistente na organização de viagens por determinados grupos de interesses (por exemplo, as viagens organizadas por associações de estudantes, grupos recreativos ou associações desportivas), não constituídos sob a forma de agências de viagens. Os n.os 4 e 5 do art. 3.º do DL n.º 209/97 foram alterados pelo DL n.º 12/99.

[140] Veja-se, AURIOLES MARTIN, *La Directiva...*, cit., p. 839. Este autor refere a importância que, nesta questão em particular, teve o Comité Económico e Social (CES), no parecer 89/C 102/17 sobre a proposta de Directiva relativa às viagens organizadas, apresentada pela Comissão, em que foi manifestado o descontentamento pela exclusão dos organizadores não profissionais do âmbito da Directiva. Pode ler-se, nas observações na especialidade ao art. 2.º da Directiva, ponto 2.2. do parecer do CSE, que: "O Comité não considera satisfatória a definição de «operador», dado que não abrange organizadores não profissionais como os clubes privados, como se depreende da frase que, na definição, diz

O regime legal previsto para a organização de viagens turísticas por entidades distintas das agências de viagens, que não tenham um fim lucrativo, não é, todavia, uniforme para todos os casos, antes distinguindo-se em atenção ao carácter regular, ou não, do exercício de tais actividades por essas entidades.

Efectivamente, a nossa lei, no art. 3.º do DL n.º 209/97, refere-se às entidades que exercem as actividades previstas no n.º 1 do art. 2.º desse diploma, sem fim lucrativo mas com regularidade, incluindo-se, neste âmbito, as associações, misericórdias, mutualidades, instituições privadas de solidariedade social, institutos públicos, cooperativas que não sejam agências de viagens e turismo e as entidades análogas, cujo objecto abranja essas actividades, desde que sejam exercidas para os associados, beneficiários e cooperadores. A organização de viagens por estas entidades é, como tal, admitida, desde que o viajante "pertença" à entidade organizadora [141].

Estas entidades, que o legislador identifica no art. 52.º como "instituições de economia social", quando organizam viagens turísticas *latu sensu*, conceito que, como sabemos, abrange viagens organizadas, viagens por medida e viagens turísticas *stricto sensu*, apenas podem divulgar as viagens aos membros dessas instituições, e não ao público em geral. Tal imposição, que resulta do referido art. 52.º, parece-nos, contudo, dispen-

---

que é «... a pessoa que, no exercício da sua actividade profissional, organiza a viagem, férias ou circuitos...». O facto de esta ser a definição usada na Convenção de Bruxelas de 1970 é contrabalançado pelo facto de a Convenção só ter sido ratificada por dois Estados-membros (Bélgica e Itália), sendo referida como «inadequada» nas primeiras Directrizes da Comissão para o Turismo. O Comité gostaria que esta definição fosse de novo apreciada". Esta sugestão foi, efectivamente, acolhida na redacção definitiva da noção de 'operador', de onde foi retirado o requisito de profissionalismo, substituído pelo da regularidade, isto é, a organização de viagens de "forma não ocasional".

[141] Poderá questionar-se qual a sanção que resulta para a hipótese de, nestas viagens, participarem pessoas que não sejam associados, cooperantes ou beneficiários da entidade organizadora. Tal situação será, porventura, frequente quando na viagem participe todo o agregado familiar, pertencendo apenas um dos membros à instituição que organiza a viagem. Por hipótese, numa viagem organizada por uma cooperativa, tudo leva a crer que apenas os cooperantes podem participar, estando as restantes pessoas, que não sejam cooperantes, excluídas. Pode, por isso, suceder que numa viagem efectuada por um casal, em que o marido seja cooperante, mas não a esposa, e a viagem organizada pela cooperativa X, só relativamente àquele seja aplicável o regime estatuído nos arts. 52.º e 53.º, por remissão do art. 3.º, 4. Relativamente à esposa, estaríamos perante um caso não contemplado no DL n.º 209/97, que teria que se resolver de acordo com as regras gerais do direito. De facto, tal situação configura uma intromissão profissional não admitida por lei, violando o disposto no art. 3.º, 4, mas não o disposto no art. 3.º, 1, desde que a viagem não tenha fim lucrativo, o que não constitui, sequer, um ilícito contra-ordenacional.

sável, dado que nenhum interesse existe por parte daquelas entidades na divulgação da viagem a pessoas estranhas à instituição, uma vez que nela não poderão participar. Esta norma tem uma clara intenção pedagógica, como o comprova o facto de nenhuma sanção, nomeadamente de carácter contra-ordenacional, ter sido prevista para o seu desrespeito.

A instituição organizadora da viagem deverá, tal como sucede com as agências de viagens, prestar uma caução, cujo valor mínimo é de um milhão de escudos, e efectuar um seguro de responsabilidade civil no montante mínimo de quinze milhões de escudos, nos termos do art. 53.º,1.

Por fim, nos termos do art. 53.º, 2, as viagens organizadas por estas instituições estão sujeitas ao regime legal previsto nos arts. 17.º a 51.º, onde se integram, nomeadamente, as disposições sobre viagens turísticas e as normas sobre responsabilidade civil e garantias financeiras, que serão aplicáveis com as necessárias adaptações.

Tal implica que, se uma instituição de economia social, planificar e oferecer aos seus membros uma viagem organizada, deverá sujeitar-se ao regime legal estabelecido para o contrato de viagem organizada, sendo, em especial, responsável pelos danos causados aos turistas, da mesma forma que o seria uma agência de viagens e turismo.

No art. 3.º, 5 do DL n.º 209/97, estabelece-se a segunda modalidade de *"intrusismo profesional"* admitido por lei, que se refere apenas à organização de viagens turísticas para terceiros e, não já, a todas as actividades próprias das agências de viagens, quando tal não constitua uma actividade regular e não tenha um fim lucrativo.

Estas viagens, que podem ser organizadas por quaisquer pessoas, singulares ou colectivas, desde que tenham um número mínimo de nove participantes, encontram-se sujeitas a um regime legal próprio, do qual se destacam alguns aspectos.

Em primeiro lugar, a obrigatoriedade, nos termos do art. 54.º, de proceder, para cada viagem turística que organize, à celebração de um seguro de responsabilidade civil para garantia do ressarcimento dos danos patrimoniais e não patrimoniais causados a clientes ou a terceiros, por acções ou omissões da agência ou dos seus representantes, garantia de repatriamento de clientes e sua assistência, nos casos de interrupção da viagem, e garantia de assistência médica e medicamentos, em caso de acidente ou doença. Tal seguro é, todavia, dispensável sempre que o repatriamento e a assistência estejam assegurados pela companhia transportadora ou pela agência de viagens, no que respeita às duas últimas garantias mencionadas.

Em segundo lugar, a redacção inicial do art. 3.º, 5, previa a aplicabilidade em matéria de responsabilidade civil das normas do DL n.º 209/97 directamente tuteladoras dos interesses dos utilizadores, sempre que estabelecessem um regime mais gravoso do que o geral. A aplicação destas normas encontrava-se exceptuada nos casos em que os serviços contratados fossem prestados por terceiros, nomeadamente, agências de viagens e empresas transportadoras, em cuja regulamentação da actividade se encontrassem normas que tutelassem directamente os interesses do turista, situação em que seriam estas as aplicáveis. Com a redacção do DL n.º 12/99, deixou de vigorar este regime de responsabilidade que era, em certa medida, excessivamente oneroso para este tipo de organização ocasional de viagens, por entidades não profissionais.

A lei não se pronuncia sobre os casos de viagens turísticas organizadas para menos de nove pessoas, pelo que o seu regime legal há-de ser encontrado fora do disposto no DL n.º 209/97, com recurso às normas gerais.

O exercício por uma entidade distinta da agência de viagens de actividades próprias destas, em especial a preparação de viagens organizadas, representa uma novidade legislativa introduzida pelo DL n.º 209/97, que vem colmatar uma lacuna, uma vez que tais actividades – a que corresponde uma prática social difundida – não eram contempladas no DL n.º 198/93.

Questão distinta é saber se o contrato celebrado entre uma cooperativa ou associação com os seus membros, ou o contrato celebrado entre uma pessoa singular e vários turistas, que tenha por objecto a organização de uma viagem, são contratos de viagem organizada ou figuras contratuais distintas, embora com regimes legais, pelo menos em parte, coincidentes.

Se em relação às hipóteses previstas no art. 3.º, 5, em que não se aplica o regime legal estabelecido para o contrato de viagem organizada, nomeadamente, o previsto entre os arts. 20.º a 31.º, parece poder afastar-se, com alguma segurança, a identificação com este tipo contratual; já relativamente às hipóteses previstas no art. 3.º, 4, a distinção não é, todavia, muito fácil, uma vez que, por força do art. 52.º, 3, se faz uma remissão para todo o regime legal do contrato de viagem organizada.

Não consideramos, todavia, que tal signifique que os contratos do art. 3.º, 4 sejam contratos de viagem organizada, caso em que seria desnecessária a remissão do art. 53.º, 2 e a aplicação das regras do contrato de viagem organizada devidamente adaptadas.

Com efeito, entendemos que, na configuração do tipo de contratual em estudo, assume essencialidade a qualidade do sujeito: a agência de viagens e turismo. A exigência do carácter profissional da organização da viagem e a estrutura empresarial e lucrativa do contrato faz com que a qualidade da agência de viagens sempre tenha estado, historicamente, ligada a este tipo contratual, constituindo uma parte integrante deste[142], só dessa forma se justificando muitas das soluções legais previstas na lei[143].

Acresce, ainda, que a contraparte no contrato de viagem organizada não está restrita a um número limitado de pessoas, cuja determinação é possível antes até de ser organizada a viagem[144]. Pelo contrário, no momento da organização da viagem pela agência, não é possível determinar o universo dos seus destinatários, que, potencialmente, poderá ser qualquer pessoa, uma vez que a viagem será oferecida ao público em geral[145].

Assim, os contratos celebrados nos termos do art. 3.°, 4 e 5, devem considerar-se contratos tipicamente distintos do de viagem organizada, não sendo possível aplicar-lhes directamente as regras do contrato de viagem organizada.

7.2.2. O cliente.

O art. 2.°, 4 da Directiva define consumidor como "a pessoa que adquire ou se compromete a adquirir a viagem organizada («o contratante principal») ou qualquer pessoa em nome da qual o contratante principal se compromete a adquirir a viagem organizada («os outros beneficiários») ou qualquer pessoa a quem o contratante principal ou um dos beneficiários cede a viagem organizada («o cessionário»).

O legislador português não adoptou a palavra 'consumidor', preferindo antes a referência a 'cliente', como decorre, entre outros, dos arts. 18.°, 1, 19.°, 1 e 22.°, 2[146].

---

[142] Veja-se PAIS DE VASCONCELOS, *Contratos atípicos*, cit., pp. 153-155.

[143] Designadamente, as que se referem às obrigações de informação e ao regime de responsabilidade civil, que serão objecto de desenvolvimento noutros pontos deste trabalho.

[144] Como sucede para as viagens organizadas por cooperativas ou associações, em que os possíveis viajantes deverão ser, necessariamente, membros dessas entidades e, como tal, perfeitamente determináveis.

[145] SOTOMAYOR, *El contrato de viaje...*, cit., pp. 65-66, distingue a este propósito, entre *"forfait comercial"*, que corresponde à exploração com fim lucrativo da actividade de organização de viagens, exercida pelas agências de viagens, e *"forfait civil"*, em que as viagens são organizadas por sujeitos distintos das agências de viagens e que não têm um escopo lucrativo. Sobre a natureza mercantil ou comercial do contrato de viagem organizada, pronunciou-se CALERO, *Régimen jurídico...*, cit., pp. 33-35.

[146] Nas diversas denominações dadas à contraparte no contrato de viagem organizada, embora sem grande rigor do ponto de vista técnico, é vulgar o emprego das expressões turista, viajante, consumidor, utilizador ou usuário. Algumas leis europeias referem-se a consumidor, como sucede na lei italiana – *"consumatore"* –, na lei espanhola – *"consumidor o usuario"* – ou na lei holandesa. A lei belga prefere a expressão viajante – *"voyageur"* – e a lei britânica refere-se a *"the other party to the contract"*. A lei francesa, por sua vez, opta pela expressão comprador – *"acheteur"*.

O art. 39.º, 7 do DL n.º 209/97 dispõe: "Consideram-se clientes, para os efeitos previstos no presente artigo, todos os beneficiários da prestação de serviços, ainda que não tenham sido partes no contrato"[147].

O termo 'cliente' é uma expressão que não se identifica com a de mero consumidor, usuário ou utilizador dos serviços englobados na viagem organizada. A noção de consumidor encontra-se prevista no DL n.º 24/96, de 31 de Julho (LDC), que estabelece o regime legal aplicável à defesa dos consumidores. No art. 2.º, 1 LDC, considera-se "consumidor todo aquele a quem sejam fornecidos bens, prestados serviços ou transmitidos quaisquer direitos, destinados ao uso não profissional, por pessoa que exerça com carácter profissional uma actividade económica que vise a obtenção de benefícios".

Conforme ensina FERREIRA DE ALMEIDA[148], este conceito resulta da composição de três elementos: um de carácter subjectivo (a pessoa individual ou colectiva), outro de carácter teleológico (a utilização não profissional do bem, serviço ou direito[149]) e, por último, o elemento relacional que deriva do facto de o bem ou serviço serem fornecidos por um profissional (pessoa individual ou colectiva) que visa a obtenção de benefícios, não se especificando a natureza dos mesmos – que será, normalmente, económica, mas que poderá ser de outro tipo[150].

A noção de cliente, embora tendo no seu núcleo fundamental a figura do consumidor, é, todavia, mais lata, abrangendo três categorias de sujeitos.

Em primeiro lugar, o contratante principal, ou seja, a pessoa que contratou a viagem com a agência organizadora, que poderá, ou não, ser um dos participantes nessa viagem. Quando participe na viagem, o contratante principal é a pessoa a quem são prestados os serviços, sendo, como tal, um

---

[147] O art. 19.º do DL n.º 198/93, norma que foi suprimida pela actual lei vigente, estipulava que: "Os beneficiários da prestação de serviços que não sejam parte no contrato gozam dos direitos atribuídos por este diploma aos clientes das agências". Somos da opinião, que deverá fazer-se uma interpretação extensiva do artigo 39.º, 7 do DL n.º 209/97, de modo a englobar os beneficiários na noção de clientes, não apenas para efeitos deste artigo, mas para todo o regime legal estipulado para o contrato de viagem organizada. Este alargamento sofrerá, todavia, algumas restrições, por exemplo, no que toca à obrigação de pagamento do preço da viagem.

[148] FERREIRA DE ALMEIDA, *Negócio jurídico do consumo*, "BMJ", n.º 347, 1985, p. 12.

[149] A redacção da Lei n.º 29/81, no seu art. 2.º, era mais restritiva, referindo-se a bens ou serviços destinados ao uso privado do consumidor. A opção legislativa actual é mais abrangente e deriva de uma formulação negativa, abarcando toda a utilização do bem, desde que não seja profissionalmente.

[150] Para uma reflexão problematizada sobre o conceito de consumidor, veja-se CALVÃO DA SILVA, *Responsabilidade...*, cit., pp. 58 e ss..

consumidor. Nos casos em que não participe na viagem, apesar de ser cliente, já não se pode considerar um consumidor, uma vez que não é o beneficiário da prestação dos serviços incluídos na viagem organizada.

São, também, consideradas clientes as pessoas que, sem contratarem directamente com a agência organizadora a sua participação na viagem, sejam beneficiárias da mesma. Está aqui presente uma manifestação particular do contrato a favor de terceiro, que existe nos casos em que a viagem é contratada por uma pessoa, tendo como beneficiários terceiros.

Por último, um terceiro tipo de clientes serão os cessionários da posição jurídica do contratante principal ou dos beneficiários da viagem, isto é, aquelas pessoas a quem o contratante principal ou os beneficiários cedem a sua posição, nos termos do art. 24.º.

Podemos, então, concluir que nem sempre um cliente é parte no contrato de viagem organizada. De facto, os meros beneficiários ou os cessionários destes não são partes no contrato de viagem organizada, uma vez que o beneficiário ocupa uma posição de terceiro no contrato celebrado entre o contratante principal e a agência de viagens[151].

Em suma, partes no contrato serão, apenas, o contratante principal, independentemente de vir a participar ou não na viagem, ou aquele que assumir a sua posição contratual, nos termos do art. 24.º do DL n.º 209/97[152].

Por último, uma referência para a utilização pelo DL n.º 209/97 da expressão 'turista', por exemplo, no art. 25.º, a qual tem um sentido mais restrito do que cliente, representando a pessoa que efectivamente benefi-

---

[151] Neste sentido, SOTOMAYOR, *El contrato de viaje...*, cit., pp. 66-68, e FAÚNDEZ, *El contrato...*, cit, p. 15. DIOGO LEITE DE CAMPOS, *Contrato a favor de terceiro*, Coimbra, 1980, p. 13, ensina que: "O terceiro, ou beneficiário, é estranho ao contrato celebrado a seu favor. Se puder, em qualquer circunstância, ser qualificado de parte, desaparece a figura de contrato a favor de terceiro para surgir, por ex., a de contrato plurilateral". No contrato de viagem organizada, poderíamos identificar uma relação de cobertura entre o contratante principal e a agência de viagens, em que aquele é o promissário – assumindo a obrigação de pagar o preço da viagem – e esta o promitente – assumindo a obrigação de organização e execução da mesma, em benefício de um terceiro. Em caso de incumprimento ou cumprimento defeituoso, fica o promissário em posição de exigir responsabilidade à agência.

Por outro lado, poderemos observar uma relação de valuta existente entre o contraente principal e o beneficiário. Com a celebração deste contrato, surge na esfera jurídica do terceiro um direito autónomo, que este poderá rejeitar ou aceitar. Em caso de aceitação, seja ela expressa ou tácita, pode o beneficiário, como titular do direito às diversas prestações incluídas na viagem, exercitá-lo, não só contra os prestadores de serviços, como também face à agência de viagens, de modo autónomo e independente do contratante principal.

[152] A cessão da posição contratual no contrato de viagem organizada será analisada com detalhe no título 10.4.1.: "Cessão da posição contratual do cliente".

cia da prestação de serviços, isto é, o consumidor, seja ou não parte contratante.

7.3. OS TERCEIROS PRESTADORES DE SERVIÇOS. Uma das peculiaridades do contrato de viagem organizada, e que levou a que alguns autores se referissem às relações "triangulares"[153] que o envolvem, resulta do facto de, na fase de execução do contrato, isto é, na realização da viagem através das diversas prestações de serviços singulares que a compõem, participarem, frequentemente, entidades distintas da agência organizadora de viagens, que são, genericamente, designadas como terceiros prestadores ou fornecedores de serviços turísticos. São eles: as companhias transportadoras (aéreas, marítimas ou terrestres), os empreendimentos turísticos (hotéis e similares), os restaurantes, os guias turísticos, as empresas de aluguer de veículos, as empresas de espectáculos, etc. .

Apesar de serem estes sujeitos a concretizar cada uma das prestações singulares que integram a viagem organizada, tendo, por isso, um papel essencial na fase de execução do contrato de viagem organizada, os terceiros prestadores de serviços não são partes no contrato.

Efectivamente, cada um dos prestadores de serviços é alheio às restantes prestações incluídas na viagem e, em consequência, à própria coordenação dos vários serviços efectuada pela agência organizadora, ou seja, à unidade da viagem organizada.

Os prestadores de serviços são, em vez disso, partes nos contratos de coordenação, inter-empresariais ou de colaboração, em que a contraparte é a agência organizadora. Esta, numa fase anterior à da divulgação das viagens organizadas, celebra determinados contratos com os diversos prestadores, a que correspondem tipos contratuais conhecidos do tráfico comercial, como o contrato de transporte, de albergaria ou pousada ou outras modalidades de contratos de prestação de serviços, os quais terão como beneficiários os turistas participantes na viagem. Estes não estão, à data da contratação, ainda determinados, sendo essa determinação feita *a posteriori*, através da sua identificação junto dos prestadores de serviços, o que confere aos contratos de coordenação alguma especificidade.

Estes contratos desenvolvem-se, normalmente, em duas fases sucessivas. Numa primeira fase, estipula-se o contrato entre as agências de viagens e as empresas prestadoras, reservando, aquelas, lugares nos meios de transporte ou nos empreendimentos hoteleiros, sem concretizar quem são os beneficiários. Depois, em função de cada viagem em concreto, a agência

---

[153] BOULANGER, *Tourisme et loisirs...*, cit., p. 19.

organizadora concretiza essa reserva, comunicando aos prestadores a identificação dos participantes, estando aqueles vinculados à aceitação destes, desde que a comunicação respeite os termos consignados no contrato [154].

Estes contratos têm a natureza jurídica de contratos a favor de terceiro, em que é promissária a agência de viagens e promitente a companhia transportadora [155] ou o empreendimento hoteleiro [156], sendo o turista o terceiro beneficiário [157].

Este adquire o direito, sem necessidade de aceitação, podendo reclamar directamente da empresa prestadora o serviço a que esta se obrigou, perante a agência, a prestar em seu favor, recaindo sobre o promitente uma responsabilidade directa, em caso de incumprimento ou cumprimento defeituoso.

O momento de aquisição do direito pelo beneficiário ocorre na data da comunicação da sua identificação ao prestador do serviço. Posteriormente, a declaração de aceitação pelo turista, que pode ser expressa ou tácita [158], tem apenas o efeito de consolidar o direito na sua esfera jurídica [159].

---

[154] Os contratos de coordenação revestem algumas especialidades, resultantes da sua relação com os contratos de viagem organizada. A exploração racional e sistemática dos "pacotes turísticos" organizados por agências de viagens conduz a que os contratos de coordenação sejam celebrados por períodos de tempo mais ou menos longos, dando agilidade à gestão empresarial. Sobre esta questão, veja-se SOTOMAYOR, *El contrato de viaje...*, cit., pp. 29 e ss..

[155] Em sede de transportes aéreos, tradicionalmente, as agências de viagens detêm e emitem bilhetes de avião. Para que possam exercer tal actividade, estão sujeitas ao procedimento de "acreditação", definido pela Conferência da IATA (*Internacional Air Transport Association*), actuando como mandatárias das companhias aéreas, sendo remuneradas através de uma comissão, em regra, de 9% sobre o preço do bilhete. Idênticos acordos poderão existir com outro tipo de transportadores, embora procedentes de acordos individuais entre estes e as agências.

[156] Os contratos celebrados entre agências de viagens e hoteleiros, que têm a designação de contratos de reserva de hotel ou contratos de contingente, têm regras definidas por acordos celebrados entre a UFTAA (*Universal Federation of Travel Agents Association*) e a AIH (Associação Internacional de Hotelaria). Para uma análise desenvolvida do conteúdo destes contratos, veja-se NADAL, *El contrato de reserva...*, cit., pp. 65 e ss.. O DL n.º 209/97 dispõe de algumas normas – os arts. 32.º a 38.º – que regulam as relações entre agências de viagens e empreendimentos turísticos.

[157] Neste sentido, SOTOMAYOR, *El contrato de viaje...*, cit., p. 36.

[158] SOTOMAYOR, *El contrato de viaje...*, cit., p. 34, ensina que a aceitação tácita do contrato deverá resultar de factos concludentes, tais como a concentração no local de partida nas viagens de grupo ou a presença no hotel, no espectáculo, etc., na data e hora aprazadas. Outro modo de aceitação, seria a solicitação à agência de viagens para tratar das formalidades relacionadas com os vistos exigíveis para a viagem a realizar.

[159] LEITE DE CAMPOS, *Contrato a favor...*, cit., p. 119, considera que a adesão, para

O direito que surge na esfera jurídica do participante na viagem não tem, todavia, autonomia, estando antes integrado no complexo de direitos que para ele resultam da viagem organizada, no que estará impedido de dele dispor nos termos comuns a qualquer credor, dada a sua conexão aos restantes serviços, pelo que a única maneira de o fazer será no âmbito da cessão integral da sua posição contratual no contrato de viagem organizada. Pela sua ligação intrínseca à viagem organizada, o beneficiário só terá direito à prestação do serviço singular no âmbito e segundo o plano traçado para a viagem organizada, aquando da sua realização.

7.4. DELIMITAÇÃO OBJECTIVA: A VIAGEM ORGANIZADA

7.4.1. Noção legal. O objecto do contrato de viagem organizada é a viagem organizada [160]. Importa, por isso, distinguir as viagens organizadas de outras viagens que não tenham as mesmas características, delimitando a aplicação do regime legal previsto para este contrato.

A Directiva comunitária, no art. 2.º, 1, define viagem organizada como "a combinação prévia de pelo menos dois dos elementos seguintes, quando seja vendida ou proposta para venda a um preço com tudo incluído e quando essa prestação exceda vinte e quatro horas ou inclua uma dormida: *a)* Transporte; *b)* Alojamento; *c)* Outros serviços turísticos não subsidiários do transporte ou do alojamento que representem uma parte significativa da viagem organizada".

Por sua vez, o legislador português veio também dar uma noção de viagem organizada, embora de diferentes configurações. Primeiro, através

---

além de impedir a revogação da promessa pelo promissário, tem ainda como efeito o facto de obstar a que o terceiro possa vir posteriormente a rejeitar o benefício. Neste sentido, veja-se também, VAZ SERRA, *Contrato para pessoa a nomear*, "BMJ" n.º 79, 1958, p. 163. Em sentido contrário, entendendo que o único efeito da adesão é a impossibilidade de, a partir desse momento, o promissário revogar a promessa, veja-se G. MIRABELLI, *Dei contratti in generale*, 1958, p. 346, cit. por LEITE DE CAMPOS, *Contrato a favor...*, cit., p. 119, n. 2.

[160] Referimo-nos ao objecto mediato do contrato, na forma como tem sido entendido pela doutrina portuguesa. JOÃO DE CASTRO MENDES, *Direito Civil (Teoria geral)*, II, policopiado, Lisboa, 1979, pp. 163-164, ensina que "o objecto mediato duma relação jurídica é o bem ou valor apto directa ou indirectamente à satisfação de necessidades humanas, e sobre o qual incide o interesse que o direito subjectivo, integrado na relação, permite prosseguir", acrescentando que "Os dois mais importantes tipos de objectos mediato da relação jurídica são as coisas (...) e as prestações (...). A bipartição coisas-prestações corresponde, no campo da Economia Política, à distinção entre bens e serviços".

do art. 3.º, 1 do DL n.º 198/93, viagens organizadas eram "as que, combinando previamente dois dos serviços seguintes, sejam vendidas ou propostas para venda a um preço global, que inclui a totalidade das despesas efectuadas pelo cliente...", terminando com a indicação dos serviços, por alíneas, nos mesmos termos da noção constante da Directiva.

Este conceito foi, todavia, considerado pelo legislador, que expressamente o refere no preâmbulo do DL n.º 209/97, como demasiado amplo, o que "levou à sujeição de inúmeras viagens a tal regime, as quais, de acordo com a directiva, estariam excluídas".

Assim, no art. 17.º, 2 deste diploma, o conceito de viagem organizada aparece remodelado: "São viagens organizadas as viagens turísticas que, combinando previamente dois dos serviços seguintes, sejam vendidas ou propostas para venda a um preço com tudo incluído, quando excedam vinte e quatro horas ou incluam uma dormida: *a*) Transporte; *b*) Alojamento; *c*) Serviços turísticos não subsidiários do transporte, nomeadamente os relacionados com eventos desportivos, religiosos e culturais, desde que representem uma parte significativa da viagem".

Entre esta noção e a constante do DL n.º 198/93 denotam-se algumas diferenças substanciais. A clara redução do conceito de viagem organizada, pela introdução do requisito da duração mínima da viagem, faz com que estejam excluídas da noção todas as viagens de duração inferior a vinte e quatro horas, que não incluam uma dormida [161]. Por outro lado, denota-se uma alteração dos serviços turísticos que podem considerar-se como elementos da noção de viagem organizada. A alínea *c*) do art. 17.º, 2 é mais clara e mais ampla do que a sua antecedente, já porque exemplifica a natureza que poderão revestir estes serviços (desportiva, religiosa ou cultural), já porque aceita como "outros serviços turísticos" aqueles que, embora subsidiários do alojamento, representam uma parte significativa da viagem [162].

---

[161] No âmbito da lei anterior, estas eram consideradas viagens organizadas e, como tal, estavam sujeitas ao regime legal especial criado pelo legislador comunitário. Tal conduzia a que o excursionista estivesse melhor protegido no nosso país do que, por exemplo, no Reino Unido, onde as excursões estão excluídas do conceito de viagem organizada. Tal implicava uma maior exigência de responsabilidade às agências de viagens portuguesas, que tinha como contrapartida uma maior segurança para o turista-excursionista. A noção de excursão é hoje, apenas utilizada, na prática do sector, para designar um tipo de deslocações turísticas, de organização mais simples, onde, por regra, se utiliza o transporte por via terrestre. Na ausência de uma noção legal de excursão, deverão as mesmas ser incluídas na noção ampla de viagem turística, prevista no art. 17.º, 1.

[162] Os serviços subsidiários do alojamento que constituam uma parte significativa da viagem não têm autonomia como "outros serviços turísticos", para efeito do art. 2.º, 1 da Directiva.

7.4.2. Viagens turísticas em sentido amplo: viagens organizadas, viagens por medida e viagens turísticas propriamente ditas. Outra novidade trazida pelo DL n.º 209/97 foi a introdução de uma classificação das viagens, criando a categoria das viagens turísticas e identificando, de forma expressa, duas modalidades destas: as viagens por medida e as viagens organizadas [163]. Esta classificação não existia no DL n.º 198/93, onde a distinção se fazia apenas entre viagens organizadas e as demais – as quais tinham uma natureza residual, isto é, englobavam-se nesta categoria todas as viagens que não pudessem classificar-se como viagens organizadas.

Segundo o art. 17.º, 1 do DL n.º 209/97, viagens turísticas são "as que combinem dois dos serviços seguintes: *a)* Transporte; *b)* Alojamento; *c)* Serviços turísticos não subsidiários do transporte". Para que estejamos na presença de uma viagem turística basta, por isso, que haja combinação de, pelo menos, dois daqueles serviços [164]. Esta categoria ampla de viagens poderá designar-se por categoria das viagens turísticas em sentido amplo ou *latu sensu*.

Considera o nosso legislador que as viagens turísticas em sentido amplo ou *latu sensu* podem ser de três tipos: as viagens organizadas, as viagens por medida e as que não se incluam nem num tipo nem noutro, que podemos denominar como viagens turísticas propriamente ditas ou *stricto sensu*.

As viagens por medida encontram-se definidas no art. 17.º, 3 como "as viagens turísticas preparadas a pedido do cliente para satisfação das solicitações por este definidas" [165]. No preâmbulo do DL n.º 209/97, o le-

---

[163] No capítulo V do DL n.º 359/79, sob a epígrafe "Das viagens turísticas", dispunha o art. 48.º: "1 – Por viagens turísticas entende-se toda a deslocação de pessoas, individualmente ou em grupo, quer para seu aprazimento, em razão do itinerário ou do local de destino, quer para participar em manifestações culturais, profissionais ou desportivas". Em seguida, distinguiam-se as viagens turísticas individuais – "as organizadas pelas agências de viagens e turismo no cumprimento de contratos celebrados com determinada pessoa ou pessoas para satisfação das necessidades ou de programas por elas definidos" – e as viagens turísticas colectivas – "as organizadas pelas agências de viagens e turismo para grupos de pessoas, mediante adesão posterior destas aos planos e aos preços individuais previamente fixados". O DL n.º 209/97 recuperou esta classificação, fazendo coincidir as viagens turísticas individuais com as viagens por medida e as viagens turísticas colectivas com as viagens organizadas.

[164] As excursões (no sentido prático do termo) de duração inferior a 24 horas, que não incluam dormida, devem, por isso, considerar-se viagens turísticas, embora não sendo viagens organizadas. Quando a iniciativa da organização da excursão pertença ao cliente, será uma viagem por medida; quando a organização dependa de iniciativa da agência de viagens, será uma viagem turística *stricto sensu*.

[165] Esta definição equivale à expressão anglo-saxónica *"taylor-made packages"*,

gislador faz notar que o conceito de viagem por medida não existia no DL n.º 198/93, "o que se traduzia numa lacuna que urgia colmatar".

Para além das viagens por medida, que partem de iniciativa do cliente e são, tendencialmente, elaboradas para uma pessoa ou grupos restritos de pessoas determinadas, e das viagens organizadas, cuja iniciativa de organização parte da agência de viagens e são elaboradas para grupos indeterminados de pessoas, existe uma categoria residual de viagens turísticas – as viagens turísticas propriamente ditas ou *stricto sensu*. Aqui se englobam todas as viagens que, preparadas por iniciativa das agências de viagens, combinem diversos serviços nos termos do art. 17.º, 1, mas não contenham todos os elementos essenciais de uma viagem organizada, não podendo ser qualificadas como tal.

Após este breve apontamento, onde se procurou dar notícia de algumas alterações introduzidas pelo DL n.º 209/97, far-se-á, em seguida, uma análise mais detalhada dos elementos que compõem uma viagem organizada, tendo fundamentalmente em consideração as motivações do legislador comunitário na formação deste conceito.

7.4.3. *Viagens, férias e circuitos organizados. Distinção.* O preâmbulo da Directiva refere-se às viagens organizadas, férias organizadas e circuitos organizados, distinção a que não foi dado relevo na regulamentação legal comunitária e nacional.

De facto, estas três modalidades de viagem são simples manifestações acolhidas pela prática do quotidiano e pelos próprios profissionais do turismo e, ainda que, juridicamente, tenham o mesmo tratamento, convém fazer a sua distinção para dissipar algumas dúvidas que existam ou se possam suscitar pela leitura de textos doutrinais sobre o tema.

Na noção que dá de viagem organizada, o legislador comunitário, implicitamente, abrange as restantes modalidades (férias e circuitos organizados), uma vez que as diferenças entre elas advêm de um maior ou menor pendor atribuído ao transporte ou ao alojamento.

Quando se refere a férias organizadas, estará o legislador comunitário a apontar para as viagens em que predomina o alojamento (o turismo sedentário) sobre o transporte. A referência a férias é, todavia, discutível, já que o motivo da viagem pode não ser o gozo de férias, mas ter uma natureza diversa – académica, profissional ou religiosa.

---

categoria de viagens que tem suscitado discussões, naquele país, sobre se está, ou não, abrangida pela noção de "package" presente nas *"Regulations"*.

Por seu lado, a referência a circuitos organizados [166], representa uma acepção mais dinâmica de viagem, tendo como predominante o transporte sobre o alojamento, servindo para definir os casos de "turismo itinerante". AURIOLES MARTIN [167] faz notar, ainda, que a prevalência do transporte sobre o alojamento é também elemento comum às viagens organizadas, diferindo estas dos circuitos organizados pelo facto de, nestes, o transporte se fazer preferencialmente por vias terrestres (estradas ou caminhos de ferro), enquanto que as vias marítimas ou aéreas caracterizariam aquelas.

7.4.4. Elementos da noção de viagem organizada.

O conceito de viagem organizada supõe que, perante uma viagem em concreto, se verifiquem determinados requisitos. A sua concretização não é, todavia, uma tarefa simples. Para além disso, de entre os elementos que compõem o conceito de viagem organizada, nem todos têm uma natureza verdadeiramente essencial.

O art. 17.º, 2 define viagem organizada com referência a vários elementos: *a)* combinação prévia de serviços; *b)* contratação a um preço com tudo incluído; *c)* período mínimo de duração; *d)* natureza dos serviços combinados.

A nossa proposta consiste em proceder à análise do conceito legal de viagem organizada, decompondo-o em cada um destes elementos, de forma a individualizar, de entre eles, os que são essenciais, ou seja, aqueles cuja verificação é necessária e suficiente para se poder afirmar que existe uma viagem organizada e cuja falta de verificação determina a exclusão deste conceito; os que são naturais, ou seja, os que, estando normalmente presentes no conceito, podem todavia não se verificar em certos casos concretos, sem que isso afecte a qualificação como viagem organizada; e, por fim, os que são acidentais, isto é, aqueles que podem ou não estar presentes no conceito, dependendo de factores conjunturais que determinaram a opção legislativa de os incluir ou não no conceito legal [168].

---

[166] O art. 56.º do Decreto n.º 37 272, de 31 de Dezembro de 1948, referia-se a "circuitos turísticos", identificando-os com deslocações de excursionistas através de automóvel.

[167] AURIOLES MARTIN, *La Directiva...*, cit., p. 835.

[168] De certo modo, este processo de análise do conceito, tem afinidades com a teoria dos elementos do contrato, que distingue, tradicionalmente, entre os *essentialia*, os *naturalia* e os *accidentalia*. Para uma análise desta doutrina, vejam-se ROBERT JOSEPH POTHIER, *Traité des Obligations*, Ouvres, I, Bruxelles, 1831, pp. 3, ANDREAS VON TUHR, *Tratado de las Obligationes*, I, Madrid, 1934, p. 112, e ARRIGO DERNBURG, *Pandette*, I, Torino, 1906, p. 276. Entre nós, a classificação tripartida dos elementos do contrato foi acolhida por JOSÉ

7.4.4.1. *Combinação prévia de serviços*

O primeiro elemento a considerar na caracterização do objecto do contrato de viagem organizada é a necessidade de esta conter a *combinação prévia* de certos serviços. As primeiras questões que terão de se colocar é o que deverá entender-se por combinação e em relação a que momento é que deve a mesma ser prévia.

Em relação à palavra 'combinação', parece que o seu significado será o de organização, planificação ou coordenação (dos serviços incluídos na viagem). Não é, todavia, uma planificação apenas numa perspectiva ideal, se quisermos, "no papel", mas também uma concretização dessa planificação na realização efectiva da viagem. A agência organizadora não só traça o itinerário da viagem, os horários e locais de partida e destino, como também escolhe os prestadores de serviços e faz as respectivas marcações de lugares nos meios de transporte ou reservas nos empreendimentos hoteleiros, tudo promovendo com vista à execução da viagem.

Daqui resulta a estrutura peculiar do contrato de viagem organizada, onde, para além da organização da mesma, a agência se obriga directamente à sua realização ou execução [169], a isso não obstante o facto dos serviços singulares serem prestados por terceiros prestadores estranhos à agência de viagens.

A lei, no entanto, indica que esta combinação deve ocorrer previamente [170], isto é, tem de ser antecedente a alguma coisa, não identificando, todavia, o momento ou o facto em relação ao qual se refere esta antecedência.

TAVARES, *Os Princípios Fundamentais do Direito Civil*, I, Coimbra, 1928, pp. 488-489, LUÍS DA CUNHA GONÇALVES, *Tratado de Direito Civil em Comentário ao Código Civil Português*, IV, Coimbra, 1929, pp. 307-309, e MANUEL A. DOMINGOS DE ANDRADE, *Teoria Geral da Relação Jurídica*, II, Coimbra, 1972, pp. 33 e ss.. Pronunciaram-se, também, sobre esta doutrina, CASTRO MENDES, *Teoria geral de Direito civil*, II, ed. revista e actualizada, Lisboa (1979), 1985, OLIVEIRA ASCENSÃO, *Teoria Geral do Direito Civil*, III, Lisboa, 1992, p. 59, e CARLOS ALBERTO DA MOTA PINTO, *Teoria Geral do Direito Civil*, 3.ª ed. actualizada, Coimbra, 1991, pp. 383 e ss.. Para uma visão abrangente da evolução do pensamento jurídico nesta matéria, veja-se PAIS DE VASCONCELOS, *Contratos atípicos*, cit., pp. 70 e ss..

[169] Como salienta MINERVINI, *Il contratto turistico*, cit., p. 279, as agências organizadoras de viagens *"forniscono non solo l'ideazione dell'organizzazione del viaggio, ma anche la sua realizzazione"*. Sobre a peculiar estrutura do contrato de viagem organizada e as dificuldades sentidas na determinação da sua natureza jurídica, veja-se, por todos, MONTICELLI, *Il contratto di viaggio*, cit., pp. 159 e ss..

[170] O art. 17.º, 2 dispõe que: "São viagens organizadas as viagens turísticas que, combinando previamente dois dos serviços seguintes (...)".

Numa viagem organizada podemos individualizar, pelo menos, três momentos fundamentais: *a)* o momento em que o cliente toma conhecimento da existência da viagem [171]; *b)* o momento da celebração do contrato de viagem organizada; *c)* o momento em que se inicia a execução da viagem.

Se entendermos que a expressão "previamente" deve ser entendida como referindo-se ao momento anterior à divulgação da viagem junto do público, tal entendimento leva a excluir todos os casos em que a organização resulta de um pedido expresso do cliente ou de um grupo restrito de clientes, partindo da iniciativa destes, ou seja, as *"taylor-made packages"* ou viagens por medida. Se, por outro lado, a expressão "previamente" se associar aos momentos da celebração do contrato ou da execução da viagem, então não haverá razões para não englobar as *"taylor-made packages"* no conceito de viagem organizada.

O nosso legislador, na redacção dada aos n.ºs 2 e 3 do art. 17.° do DL n.° 209/97, adopta, ao que parece, a primeira orientação, distinguindo viagens organizadas e viagens por medida. Embora, possam existir viagens por medida, que não contenham algum ou alguns dos elementos da noção de viagem organizada [172], essencialmente, a diferença entre ambas é uma questão de iniciativa contratual. Quando a proposta já exista e seja divulgada pela agência de viagens, limitando-se o cliente a aderir à mesma, estaremos perante uma viagem organizada, no sentido do art. 17.°, 2, desde que se verifiquem os demais requisitos. Quando a iniciativa for do cliente, que apresente à agência um projecto, por muito vago que seja [173], para que

---

[171] Numa perspectiva factual, este identifica-se, em regra, com o momento em que o cliente entra nas instalações da agência de viagens, onde se encontram dispostos ao público brochuras e programas de viagens, ou o momento em que toma conhecimento, através de meios publicitários, da realização de uma determinada viagem por uma certa agência de viagens.

[172] Podemos conceber uma viagem combinada a pedido do cliente de duração inferior a vinte e quatro horas, sem inclusão de dormida, caso em que a distinção face às viagens organizadas é clara. Mas, podemos, igualmente, conceber que alguém solicite a uma agência de viagens a organização de uma viagem, de duração superior a vinte e quatro horas, que inclua, por exemplo, transporte e alojamento, sendo vendida a um preço global. Relativamente a esta última hipótese, a única diferença entre a viagem por medida e a viagem organizada recairia sobre a pessoa do sujeito que tomou a iniciativa da organização, num caso, o cliente, no outro, a própria agência de viagens.

[173] Só haverá, da parte da agência de viagens, uma actividade de organização quando o projecto apresentado pelo cliente não identifique com precisão algum ou alguns dos elementos da viagem, tais como o itinerário, datas de partida e regresso, companhias transportadoras que escolhe, hotéis pretendidos, etc. Se assim não for e o plano apresentado pelo cliente seja completo, consistindo a tarefa da agência na mera reserva de bilhetes nos

esta lhe organize uma viagem, então, ainda que em tudo o resto esta viagem seja idêntica à de um "pacote turístico" já existente, quer dizer, elaborado por iniciativa da agência organizadora, ela não será considerada uma viagem organizada, não estando, como tal, sujeita ao regime jurídico aplicável aos contratos de viagem organizada [174].

Nos diversos Estados-membros que adoptaram a Directiva não existe acordo acerca de qual terá sido o pensamento do legislador comunitário, sendo diversas as noções adoptadas para viagem organizada e, muitas vezes, com uma noção idêntica, porque quase decalcada do texto comunitário, encontram-se diferentes entendimentos doutrinais sobre o seu alcance.

Face ao art. 2.º, 1 da Directiva, são possíveis três interpretações: *a)* o legislador comunitário não quis incluir no conceito de viagem organizada as viagens por medida; *b)* o legislador comunitário quis incluir no conceito de viagem organizada as viagens por medida; *c)* o legislador comunitário não quis ou não se lembrou de se pronunciar sobre esta questão, pelo que estamos perante uma lacuna, o que deixa em aberto a possibilidade de cada Estado-membro optar por uma noção mais ampla ou mais restrita de viagem organizada.

No sentido da primeira orientação – a de que as viagens cuja organização partisse de iniciativa do cliente estariam expressamente excluídas do conceito de viagem organizada –, podemos agrupar os seguintes argumentos.

O motivo principal que levou o legislador a intervir no âmbito das viagens organizadas foi a consciência da proliferação dos "pacotes turísticos", pré-dispostos unilateralmente pelas agências de viagens, e toda a envolvente de contratação em massa que os rodeiam, nomeadamente, através da utilização de contratos de adesão que provocam um desequilíbrio contratual entre a agência e o cliente, em prejuízo deste último.

Por outro lado, uma vez que a organização destas viagens antecede, cronologicamente, o momento do contacto do cliente com a agência de

---

meios de transporte ou reservas de lugares nos hotéis, isto é, uma mera actividade de intermediação, então não estaremos já perante uma viagem por medida, nem sequer uma viagem turística nos termos do art. 17.º mas, antes, perante a situação prevista no art. 17.º, 4. Na prática, não será, por vezes, muito fácil distinguir quando estamos perante uma viagem turística e uma actividade de mera intermediação, o que só será possível perante uma análise cuidada do caso concreto.

[174] GRANT/MASON, *Holiday Law*, cit., p. 34, destacam uma importante diferença entre as viagens por medida e as viagens organizadas. Enquanto que naquelas nunca existiria qualquer meio de divulgação, relativamente a estas últimas, existiria a publicação por parte da agência organizadora de um programa ou brochura. Concluem, todavia, os autores pela natureza formal do argumento: *"It would be just as package as it was before, it would merely appear more so"*.

viagens, elas são preparadas para grupos indeterminados de pessoas. Por tal motivo, as viagens *"prêts-à-partir"*[175] não atendem às especificidades próprias de cada participante, sendo planeadas em função do tipo médio, o que poderá implicar, em certos casos, uma situação de risco para o turista que se afaste daquele tipo por ter determinadas particularidades, por exemplo, relativas à sua constituição física ou aos seus gostos particulares.

É, essencialmente, o fenómeno das deslocações em grupo, que já chamara a atenção da doutrina e jurisprudência internacionais, originando a Convenção de Bruxelas e as intervenções legislativas avulsas promovidas por alguns Estados europeus, que vem, agora, apelar à intervenção do legislador comunitário.

A planificação arrojada de viagens para grupos de pessoas vem permitir que o participante "adquira" cada viagem individual a um preço significativamente mais baixo do que custaria a planificação individual da viagem. Em contrapartida, esta produção em série envolve uma multiplicação de riscos do turista, pela complexidade associada à coordenação dos vários serviços para as várias pessoas, fazendo com que surja uma especial necessidade de tutelar a sua posição neste tipo de contratos.

A Directiva comunitária teria, assim, como único objectivo elaborar um regime legal especial para as viagens preparadas por iniciativa da agência organizadora e podemos, até, encontrar, nos trabalhos preparatórios que conduziram à redacção do texto definitivo, alguns indícios desta orientação.

Na proposta inicial da Comissão[176], a noção de operador identifica-o com "a pessoa que (...) organiza a viagem, férias ou circuitos e os oferece (...) ao *público em geral*"[177]. Estas viagens, seriam, por natureza, aquelas em que a organização partisse da própria agência, estando, *a contrario,* excluídas aquelas em que a organização partisse de iniciativa do cliente.

Esta noção foi, todavia, objecto de crítica pelo CES, que entendeu que a expressão "«...ao público em geral» deveria suprimir-se, porque

---

[175] Esta expressão é atribuída a COUVRAT, cit. por MINERVINI, *Il contratto turistico,* cit., p. 276. De forma sugestiva, consegue-se concretizar a ideia de produção em série dos pacotes turísticos, com base numa viagem-padrão, ou viagem-*standard*, que serve de modelo a todas as outras.

[176] Cfr. *Proposta de directiva do Conselho relativa às viagens organizadas, incluindo férias organizadas e circuitos organizados,* COM (88) 41 final, apresentada pela Comissão ao Conselho, em 23 de Março de 1988, (88/C 96/06), "JOCE", n.° C 96, de 12.4.1988, p. 5.

[177] O itálico é nosso.

exclui do âmbito da directiva viagens organizadas e vendidas a grupos específicos, etários ou de interesses"[178].

Não obstante a redacção final ter, efectivamente, suprimido a citada expressão, não parece que tal tenha acontecido com fundamento na intenção de alargar o conceito de viagem organizada às viagens cuja organização parte de iniciativa do cliente, mas tão só visando abranger no conceito as viagens planificadas para determinados grupos etários ou de interesses (por exemplo, viagens para a *terceira idade*, viagens para praticantes de certas modalidades desportivas, viagens gastronómicas, etc.).

Por outro lado, observa-se que determinadas regras do regime legal só poderão ter aplicação para as viagens preparadas por iniciativa das agências de viagens. Tal sucede com as disposições relativas às exigências de divulgação do programa de viagem (art. 20.°, 1), natureza vinculativa do mesmo (art. 21.°), a obrigação de informação prévia obrigatória (art. 20.°, 2), as quais só têm sentido quando a viagem seja organizada num momento anterior à sua oferta ao público.

Uma segunda orientação, no sentido de que foi intenção do legislador comunitário a inclusão no conceito de viagem organizada das viagens combinadas a pedido do cliente, é todavia, sustentável, com base noutro tipo de argumentação.

Na verdade, apesar de ter sido o fenómeno das viagens de grupo que chamou a atenção do legislador comunitário, a construção de um regime legal para o contrato de viagem organizada, prende-se mais com a peculiaridade da função de organização desenvolvida pela agência e menos com o facto de a viagem ser planeada para grupos de pessoas, ou do sujeito a quem coube a iniciativa dessa organização.

A actividade de organização da viagem, independentemente de ser para pessoas indeterminadas ou a pedido específico de um ou alguns clientes, comporta um conjunto de riscos que lhe são inerentes, existindo quem considere que o risco é, até, maior na planificação de viagens individuais do que nas viagens para grupos, uma vez que o organizador não conhecerá, muitas vezes, o itinerário pretendido pelo cliente, nem os prestadores de serviços, com quem contratará, nalguns casos, pela primeira vez[179].

---

[178] Cfr. *Parecer sobre a proposta de directiva do Conselho relativa às viagens organizadas, incluindo férias organizadas e circuitos organizados* (89/C 102/17), "JOCE", n.° C 102, de 24.4.1989, p. 27.

[179] Neste sentido, SOTOMAYOR, *El contrato de viaje...*, cit., p. 16, considerando que, nos casos de viagens a pedido do cliente, que, tendencialmente, são individuais ou para grupos restritos de pessoas, é exigível uma tutela acrescida do turista.

Assim, dado que um dos fundamentos da Directiva é a protecção ao consumidor, só através da inclusão das viagens por medida no conceito de viagem organizada, se conseguiria uma tutela efectiva do turista individual, que, por maioria de razão, era exigível.

A letra da lei não exclui esta possibilidade interpretativa e podemos, até, encontrar nos trabalhos preparatórios alguns indícios desta orientação. Por um lado, a exclusão da noção de 'operador' da expressão 'público em geral', pode querer significar a intenção do legislador de não restringir o conceito de viagem organizada às viagens organizadas por iniciativa da agência organizadora.

Para além disso, na proposta da Comissão para elaboração da Directiva do Conselho sobre viagens, férias e circuitos organizados, podia ler-se que "organizado: significa que se estabeleceu previamente uma combinação de, pelo menos, dois dos seguintes elementos [transporte, alojamento e outros serviços turísticos não subsidiários destes] quando organizados por um preço global e *comercializados* como tal". Posteriormente, o art. 2.º, 1 da Directiva define viagem organizada como a "combinação prévia de (....) *vendida ou proposta para venda*".

Ora, esta mudança de redacção pode indiciar a intenção de englobar as viagens por medida no conceito de viagens organizadas. De facto, é inteiramente plausível aceitar que, quando o legislador separa viagem "vendida" de viagem "proposta para venda", esteja a incluir na segunda referência apenas as viagens organizadas e propostas para venda pela agência organizadora, enquanto que a primeira referência é feita a viagens que não foram propostas por esta, partindo a iniciativa do cliente, mas, efectivamente, vendidas depois de organizadas por aquela.

A opção por este entendimento é a mais consentânea com a evolução histórica da figura das viagens organizadas e com o motivo fundamental que levou à necessidade de uma regulamentação específica do fenómeno, ou seja, a constatação de uma mudança nas funções das agências de viagens, nomeadamente, pela assunção por parte destas da obrigação de planificação de uma viagem em todos os seus detalhes. Para além do mais, é o que confere uma tutela mais ampla ao consumidor/turista, assim se prosseguindo um dos objectivos principais que o Conselho teve em vista na definição do regime legal das viagens organizadas.

Como terceira alternativa, poder-se-á, também, defender que o legislador comunitário foi omisso na abordagem desta questão, não se tendo pronunciado pela sujeição ou não das viagens por medida no conceito de viagem organizada. Neste caso, existiria uma lacuna, que os legisladores de cada Estado-membro teriam a faculdade de integrar, ou não, através da definição, em concreto, de um regime jurídico aplicável àquelas viagens. No sentido desta argumentação, veja-se a ausência de qualquer referência expressa nos trabalhos preparatórios da Directiva a este problema.

O compreensão do pensamento do legislador comunitário tem, por isso, gerado muitas dúvidas e conduzido a diferentes entendimentos da noção de viagem organizada nos diversos Estados-membros [180].

Vejamos três realidades distintas. Em Espanha, a doutrina parece incluir no conceito de viagem organizada, cuja redacção é idêntica à constante da Directiva, as viagens por medida [181]. No Reino Unido, onde a questão tem sido debatida, assistiu-se, de início, a uma tendência para não abranger estas no conceito de viagem organizada, seguida de uma posterior inversão desta tendência [182]. Na Holanda, em contrapartida, parece distinguir-se uma clara intenção de restringir o conceito de viagem organizada aos "pacotes turísticos" elaborados por iniciativa das agências organizadoras, como resulta do art. 1.º a. do título 7.º-A do Código Civil holandês, em que se define organizador como a pessoa que oferece viagens organizadas ao público em geral ou a grupos de pessoas. Parece, assim, neste país, excluir-se, do regime legal consagrado para as viagens organizadas, os contratos que tenham por objecto viagens por medida.

Em Portugal, no âmbito do DL n.º 198/93, podia legitimamente duvidar-se sobre qual o alcance atribuído pelo legislador ao conceito de viagem organizada. Conferindo aquele diploma uma ampla tutela ao consumidor/turista, era viável o entendimento de que as viagens por medida se encontravam abrangidas pelo art. 3.º, 1 do DL n.º 198/93. Aliás, ainda

---

[180] As dúvidas persistem, de tal modo que podemos encontrar, em ordenamentos jurídicos distintos, uma noção idêntica de viagem organizada, entendendo-se, perante um ordenamento que aí se incluem as viagens por medida, o que não é admitido noutros.

[181] Neste sentido, FAÚNDEZ, *El contrato...*, cit., p. 13.

[182] Dispõe a *Reg.* 2(1)(c)(ii) da lei inglesa sobre viagens organizadas que: "*the fact that a combination is arranged at the request of the consumer and in accordance with his specific instructions (whether modified or not) shall not of itself cause it to be treated as other than 'pre-arranged'*". Esta norma, porém, não veio clarificar qual o entendimento que deve existir sobre esta questão. O DTI veio guiar a interpretação do conceito "*pre-arranged*" em sentidos diversos. Inicialmente, excluía do conceito de viagem organizada as viagens que eram preparadas antes de serem oferecidas ao público, onde se integravam as viagens por medida. Em Dezembro de 1992, publica as *Guidelines to the Regulations*, onde considera: "*In the opinion of the Department 'pre-arranged' does not mean only packages which can be bought off-the-shelf but includes all packages put together before the conclusion of the contract*", o que representa uma clara mudança de opinião. A questão não parece, contudo, estar ainda decidida. Vejam-se GRANT/MASON, *Holiday Law*, cit., pp. 34 e ss..

que não fosse muito clara a intenção do legislador comunitário, o direito interno sempre poderia incluir estas viagens, dado o carácter de "directiva de mínimos" que resulta do art. 8.º da Directiva.

Poderia contribuir para esta interpretação o disposto no art. 3.º, 3 daquele texto legal, em que se delimitava negativamente o conceito de viagem organizada, não se considerando como tal aquelas viagens em que a agência interviesse como mera intermediária em vendas ou reservas de serviços autónomos solicitados especificadamente pelo cliente. Esta norma não constava do texto da Directiva e poderia indiciar a intenção do legislador de dar um conceito amplo de viagem organizada. Tudo indicava que o legislador traçara a fronteira entre viagens organizadas e os restantes serviços, com recurso à distinção entre organização e mera intermediação de serviços singulares.

Assim sendo, englobar-se-iam no conceito de viagens organizadas todas as que resultassem de uma combinação de serviços efectuada pela agência num momento prévio à data da celebração do contrato, incluindo-se, como tal, as *"taylor-made packages"* ou viagens por medida, desde que verificados os restantes requisitos da noção. Esta seria, pois, uma interpretação possível face ao dispositivo anterior, se o legislador não viesse considerar, de forma expressa, no preâmbulo do DL n.º 209/97, que as viagens por medida não estavam abrangidas pelo DL n.º 198/93.

Com a nova redacção introduzida pelo art. 17.º da lei vigente, e a correspondente classificação das viagens turísticas, parece poder concluir-se pela adopção da acepção restrita de viagem organizada, que acarreta a exclusão das viagens cuja organização depende de iniciativa dos clientes, estipulando-se para estas um regime legal próprio.

Não nos parece, contudo, feliz esta opção legislativa[183], contrária a uma eficaz tutela do turista individual, denotando-se uma clara concessão aos interesses económicos das agências de viagens, em prejuízo da clientela.

De facto, na enumeração das particularidades da viagem organizada e do próprio regime jurídico para o contrato de viagem organizada e, até,

---

[183] A sua admissibilidade, como opção do legislador, só poderá fazer-se quando se entenda existir uma lacuna no texto da Directiva sobre esta questão, ou quando se entenda que foi intenção do legislador comunitário excluir estas viagens do conceito de viagem organizada. Se, pelo contrário, se entender que o pensamento do legislador comunitário não pretendeu excluir estas viagens, então haverá uma desconformidade evidente entre o texto legal português (e holandês) e o da Directiva comunitária, pelo que se poderá levantar a questão do efeito directo desta, aplicando-se o regime das viagens organizadas, indistintamente, para todos os casos em que a agência de viagens actue como organizadora, independentemente da iniciativa da organização partir de si ou dos clientes.

pela evolução da discussão sobre a sua natureza jurídica, salientava-se o facto de a agência organizadora se obrigar a organizar em todos os seus pormenores ideais e materiais uma viagem. Ela obrigava-se na própria execução dessa viagem. Ora, quando o cliente se dirige à agência de viagens e lhe solicita a organização de uma viagem, não se encontra esta, de facto, obrigada a emitir e divulgar um programa, ou a ter de respeitar regras relacionada com a informação prévia constante do art. 20.º, 2 do DL n.º 209/97. Estas são regras que encontram o seu campo de aplicação nas viagens planeadas pelas agências para grupos de pessoas, sendo um meio de divulgação da viagem e o modo de a oferecer ao público.

Contudo, a obrigação que é exigida pelo cliente à agência organizadora é, em substância, a mesma que esta tem de cumprir quando organiza, por própria iniciativa, um "pacote turístico" para grupos de pessoas. Trata-se de idealizar e promover a execução de uma viagem, constituída pela combinação de diversos serviços particulares que, inseridos no todo, perdem o seu valor individual. Não há, como tal, motivos para que as regras relativas à forma do contrato, à rescisão pelo cliente e à responsabilidade civil da agência em caso de não cumprimento ou cumprimento defeituoso, devam ser diferentes para as viagens por medida.

A diferença entre estas e as viagens organizadas será, unicamente, uma questão de iniciativa, uma vez que em ambas a agência não age como mera intermediária, mas antes como organizadora.

Assim, muito embora para determinados efeitos se possa distinguir viagens organizadas e viagens por medida, não se compreende a razão que levou o legislador a consagrar para estas um regime de responsabilidade civil, que equipara a actuação da agência à de mandatária, como resulta do disposto no art. 39.º, 5. Por força desta disposição, em caso de incumprimento das obrigações numa viagem por medida, a agência organizadora será, apenas, responsável pela correcta emissão dos títulos de alojamento e transporte e, ainda, pela escolha culposa dos prestadores de serviços, quando estes não tenham sido sugeridos pelos clientes.

Em nosso entender, tinha o legislador duas soluções mais aceitáveis: *a)* considerar as viagens por medida abrangidas pelo conceito de viagens organizadas, orientação que parecia resultar do DL n.º 198/93; *b)* considerar as viagens por medida como objecto de um contrato distinto do contrato de viagem organizada, nomeadamente, por não se verificarem determinadas exigências em sede de informação e programa de viagem. Neste caso, não poderia, todavia, afastar-se do regime de responsabilidade civil estabelecido para as viagens organizadas, uma vez que é a natureza unitária da viagem e a obrigação de conjunto assumida pela agência organizadora, que justificam a opção por um regime de responsabilidade mais exigente do que o que decorre da actividade de mera intermediação da agência de viagens.

Não adoptou, porém, nem uma nem outra orientação, criando um regime legal, para as viagens por medida em que estejam presentes os restantes elementos essenciais das viagens organizadas, incoerente com a natureza das obrigações assumidas pela agência, aquando da sua organização. É como se não se tivesse apreendido o motivo que levou a que as primeiras vozes da doutrina e jurisprudência se tenham pronunciado sobre a necessidade de um regime legal específico para os casos em que a agência actuava como "arquitecta da viagem", quer dizer, como principal responsável pela criação de um produto novo, distinto da soma das várias prestações individuais que o compunham [184].

7.4.4.2. Preço com tudo incluído

O segundo requisito da noção de viagem organizada é que a mesma seja vendida ou proposta para venda a um preço com tudo incluído [185]. Esta expressão não significa que o preço pago seja contrapartida do acesso pelo turista a todo o tipo de serviços que seria previsível esperar-se numa qualquer viagem. A expressão 'preço com tudo incluído' quer dizer, apenas, que, através de um único preço, o cliente terá direito a utilizar todos os serviços incluídos na viagem organizada [186].

Na verdade, qualquer que seja a viagem adquirida pelo cliente, ele irá pagar sempre um preço global, correspondente à soma dos preços de cada

---

[184] É, por conseguinte, perfeitamente concebível que dois turistas, participando em duas viagens idênticas, estejam sujeitos a regimes legais distintos, pelo simples facto de um deles ter solicitado à agência a organização da viagem e o outro ter, simplesmente, aderido a um "pacote turístico", organizado por iniciativa da agência organizadora. O primeiro estará, segundo a nossa lei, em franca desvantagem relativamente ao segundo no que toca à protecção legal que lhe é conferida, sem que haja, a nosso ver, um fundamento substancial que justifique a diferença de regulamentação.

[185] A expressão 'preço com tudo incluído' é utilizada na redacção definitiva da Directiva, no seu art. 2.º, 1. O DL n.º 198/93 utilizava a expressão 'preço global', a qual fora já utilizada na proposta da Comissão e, posteriormente, abandonada na redacção final. Não parece, todavia, que existam diferenças substanciais no emprego de uma ou outra expressão.

[186] Sobre a impropriedade na utilização do termo 'preço', embora reconhecendo que o mesmo não é privativo do contrato de compra e venda, CALERO, *Régimen jurídico...*, cit., p. 64, considera ser mais apropriada a expressão 'retribuição' ou 'remuneração pecuniária', porquanto a mesma representa a contrapartida dos serviços contratados entre o cliente e a agência de viagens.

um dos serviços singulares que contratou com a agência de viagens. Nesta perspectiva, parece não haver grande diferença entre uma viagem organizada ou outro tipo de viagem, deixando a expressão 'preço com tudo incluído' de ser uma característica apenas das viagens organizadas.

É, no entanto, possível fazer uma interpretação de 'preço com tudo incluído' mais consentânea com a noção de viagem organizada, elegendo--o a característica particular deste tipo de viagens. Assim, pode entender-se que significa que, no momento em que a viagem é oferecida ao cliente, o preço total é o que está estipulado no programa de viagem ou nas brochuras de divulgação, sendo aquele de que o cliente toma conhecimento no contacto com a agência. Esse preço é único e engloba os preços individuais de cada uma das prestações singulares que integram a viagem.

A diferença manifestar-se-ia, essencialmente, em relação aos casos em que, não havendo qualquer elemento de organização, a agência de viagens se limitasse a reservar ou vender serviços autónomos devidamente especificados pelo cliente, uma vez que cada um desses serviços seria contabilizado e pago individualmente [187].

Uma outra forma de abordar a questão é tentar definir as situações concretas que nos permitem indiciar se estamos, ou não, perante um 'preço com tudo incluído'. Uma primeira hipótese seria atentar no programa de viagem ou nas brochuras de divulgação da viagem, quando existam. Em regra, nas viagens planeadas para grupos e oferecidas pela agência organizadora ao público em geral, vem referenciado, no meio utilizado para a divulgação da viagem, um único preço, não se indicando os custos individuais de cada serviço. Este preço que, não obstante, resultará, inevitavelmente, da soma dos custos individuais de cada serviço e da margem de lucro da agência organizadora, os quais são resguardados do cliente, corresponderia ao 'preço com tudo incluído' a que se refere o legislador. Quando, num programa de viagem, aparecessem discriminados os custos individuais de cada serviço, seríamos, pelo contrário, levados a concluir pela inexistência de um preço com tudo incluído.

Este critério poderá, só por si, ser insuficiente para determinar se existe ou não um preço global, uma vez que bastava as agências de via-

---

[187] Seria, no entanto, mesmo assim possível falar em 'preço global' ou 'preço com tudo incluído', o qual corresponderia à soma dos diversos preços individuais de cada serviço. GRANT/MASON, *Holiday Law*, cit., p. 36, adiantam uma possível interpretação de '*inclusive price*' – expressão paralela utilizada na lei inglesa. Esta significaria aquele preço que constitui o preço global da viagem, onde os preços individuais de cada serviço não se encontram discriminados, o mesmo é dizer, "(...) *where the prices of individual elements are disguised from the client*".

gens alterarem a forma de anúncio do preço da viagem, passando a discriminar os custos de cada serviço incluído na viagem, para que deixasse de haver uma referência a um único preço com tudo incluído.

Um segundo meio possível de determinar se, numa dada viagem em concreto, se verifica o requisito da existência de um preço global, seria através da análise da factura/recibo entregue ao cliente aquando do pagamento do preço. Perante um recibo que não individualizasse os serviços compreendidos na viagem, tudo indicava que estaríamos perante uma viagem organizada, quando verificados os demais requisitos. Se o recibo discriminasse, separadamente, o preço pago por cada um dos serviços, tal indiciaria que não estaríamos perante uma viagem organizada, por faltar o requisito do preço global.

Este poderia, até, ser um critério válido, não fosse o legislador comunitário, e na sua sequência o legislador português, no art. 17.º, 5 do DL n.º 209/97, ter ressalvado que a facturação separada dos diversos serviços de uma viagem organizada não prejudica a sua qualificação legal nem a aplicação do respectivo regime. O mesmo é dizer que, perante uma facturação discriminada de serviços, podemos, ainda assim, estar perante uma viagem organizada.

Esta norma, que consta do art. 2.º, 1 §2 da Directiva, tem um objectivo claro de obstar à fraude por parte das agências de viagens que, para escapar à alçada da regulamentação específica das viagens organizadas, podiam sentir-se tentadas a facturar, separadamente, os vários serviços incluídos numa viagem, argumentando que, por este facto, não havia um preço global, logo não se verificando um dos requisitos da existência de uma viagem organizada[188].

Outros modos de aferir quando há e quando não há um preço com tudo incluído são sugeridos pela doutrina. Uma possibilidade seria averiguar se os diversos serviços componentes da viagem foram adquiridos e pagos em tempos diferentes ou se o cliente reservou os serviços em ocasiões separadas ou, ainda, se, quando se dirige à agência, o cliente toma consciência, nomeadamente, através do acompanhamento do processo de contabilização dos custos da viagem, do preço individual de cada serviço que a compõe. A verificação de alguma destas situações, pode indiciar a inexistência de um preço global, logo faltando um dos requisitos da viagem organizada.

---

[188] Cfr. GRANT/MASON, *Holiday Law*, ult. lug. cit.: *"Clearly that prevents an operator from breaking up an acknowledged package and submitting separate invoices and claiming it is not a package because it is not sold at an inclusive price".*

Na sequência das propostas aqui apresentadas, retém-se a ideia de que os vários critérios sugeridos não têm por si só, nem mesmo quando combinados, um valor absoluto, tendo uma natureza tendencial ou indiciária. De certo modo, a existência de um preço global apresenta-se como um requisito destituído de valor jurídico. Este elemento tem o carácter, eminentemente prático, de permitir indiciar a existência de uma viagem organizada, uma vez que, regra geral, estas viagens são anunciadas por um único preço global. Foi, talvez, influenciado por este factor, que resulta da prática profissional, que o legislador reteve a ideia de que a viagem organizada deve ter um preço com tudo incluído.

O preço com tudo incluído não é, como tal, mais do que um índice da existência do elemento "combinação", ou organização, da viagem e, em consequência, da sua natureza unitária. Permitir que o preço global fosse uma característica essencial do conceito de viagem organizada, seria dar a possibilidade às agências de viagem de alterarem a forma de publicitação, facturação ou negociação das viagens e, em lugar de um único preço, estabelecerem os preços individuais dos vários serviços, alegando que não existia um preço com tudo incluído e, logo, não estando a viagem sujeita ao regime especial das viagens organizadas.

Entendemos, pois, que, ainda que não seja vendida a um preço global, fazendo o cliente o pagamento individual dos diversos serviços, poderemos estar na presença de uma viagem organizada, desde que verificados os restantes requisitos essenciais da sua existência[189].

7.4.4.3. *Natureza dos serviços*

A viagem organizada, nos termos definidos pelo nosso legislador, resulta da combinação de dois dos seguintes serviços: transporte, aloja-

---

[189] No sentido da relevância menor atribuída ao preço como elemento do conceito de viagem organizada, veja-se AURIOLES MARTIN, *La Directiva...*, cit., p. 837. O mesmo autor observa que a fixação em termos globais do preço se utiliza para aludir aos contratos *a forfait*. Estes são caracterizados pelo facto do preço de um bem ou serviço ser fixado previamente entre as partes, numa determinada quantia, normalmente inferior àquela que deveria pagar o comprador ou adquirente do serviço se o contratasse por sua própria conta. O preço estipulado incluiria, naturalmente, o custo efectivo do serviço, acrescido da remuneração do outro contraente, sendo invariável. Acrescenta, porém, o mesmo autor, que nos contratos de viagens organizadas a invariabilidade do preço não é elemento fundamental, uma vez que se admite a sua modificação pela agência de viagens em determinadas situações. CALERO, *Régimen juridico...*, cit., p. 65, considera o preço global como um dado relevante e característico das viagens organizadas, embora não lhe reconhecendo essencialidade. No sentido contrário, considerando o preço como elemento essencial do conceito de viagem organizada, BOULANGER, *Tourisme et loisirs...*, cit., p. 20.

mento e outros serviços turísticos não subsidiários daquele, desde que representem uma parte significativa da viagem[190].

Estes serviços representam a materialização do projecto elaborado pela agência. A sua prestação combinada constitui a última fase do desenvolvimento do contrato de viagem organizada, ou seja, a realização ou execução da viagem. É, como tal, essencial à sua existência, representando o fim último ou o resultado pretendido pelo cliente aquando da contratação da mesma.

A função de organização ou coordenação da viagem assumida pela agência é a sua obrigação principal, a qual só se concretizará em pleno se forem prestados todos os serviços que integram a viagem. Não pode, porém, a combinação referir-se a quaisquer serviços, mas, tão só, aos que estão especificados pelo legislador. Entre estes, assumem um destaque especial, devendo considerar-se os serviços turísticos por excelência, o transporte e o alojamento. Como realça AURIOLES MARTIN, segundo esta regra *"el turismo es, al cabo, camino e posada"*[191].

Assim, não restam dúvidas que uma viagem organizada poderá combinar transporte e alojamento, transporte e outros serviços turísticos, ou alojamento e outros serviços turísticos. A combinação de mais de dois destes serviços (por exemplo, transporte, alojamento e aluguer de um veículo sem condutor) numa mesma viagem permitirá também a sua qualificação como viagem organizada[192].

---

[190] Relativamente à noção constante do art. 2.º, 1 da Directiva denotam-se duas alterações. Este texto legal refere que a combinação deve ser de, pelo menos, dois daqueles serviços. A expressão 'pelo menos' não foi acolhida pelo legislador português, talvez por se considerar desnecessária. A partir do momento em que se combinem dois serviços já estará verificado o requisito legal. Quando se incluam mais do que dois serviços, por maioria de razão se cumpre tal requisito. A segunda alteração resulta de, na noção da Directiva, a referência ser a 'outros serviços turísticos não subsidiários do transporte e do alojamento', enquanto que o nosso legislador omite esta última indicação, referindo-se, apenas, a outros serviços turísticos que não sejam subsidiários do transporte.

[191] A expressão é da autoria de LEÓN HERRERA, cit. por SOTOMAYOR, *El contrato de viaje...*, cit., p. 5., e AURIOLES MARTIN, *La Directiva...*, cit., p. 836.

[192] Esta parece ser a melhor solução, a qual porém só se chegará através de uma interpretação extensiva – argumento *'a fortiori'* – do art. 17.º, 2, uma vez que o nosso legislador não acolheu a expressão 'pelo menos dois dos serviços seguintes' que consta da noção de viagem organizada constante da Directiva. Considerar que foi intenção do nosso legislador excluir do conceito de viagem organizada as viagens onde se combinassem três ou mais serviços, será incoerente, uma vez que é a complexidade que resulta da combinação dos diversos serviços que impõe a necessidade de regulamentação própria para a viagem e que constitui elemento fundamental do conceito de viagem organizada.

Já não será, todavia, tão fácil concluir se uma viagem em que só haja um destes serviços, mas com mais do que uma manifestação, poderá qualificar-se como viagem organizada. A título de exemplo, pense-se numa viagem consistente, unicamente, em duas deslocações de avião, ou de avião e comboio, no âmbito do mesmo circuito, sem alojamento ou quaisquer outros serviços, ou no alojamento em dois hotéis diferentes, no âmbito da mesma viagem, mas sem incluir qualquer outro serviço.

Também poderá suscitar algumas dúvidas a qualificação de uma viagem em que se combinem dois tipos de serviços turísticos, que não sejam nem o transporte nem o alojamento (v.g., serviços de restauração em determinado restaurante e utilização de equipamentos e infraestruturas num determinado clube náutico num certo país, pertencendo ao cliente os encargos relacionados com o transporte e alojamento).

Para a primeira hipótese, e com base num entendimento literal do art. 17.º, 2, não se poderá considerar viagem organizada aquela em que a agência reserve vários locais de alojamento em cidades ou países diferentes, com datas fixas e sucessivas, cabendo ao cliente o transporte, ainda que vendidas a um preço global fixado previamente, nem quando reserve bilhetes em meios de transporte, cabendo ao cliente a organização da estada. Neste caso, embora haja coordenação[193], existe apenas um único serviço. Ora, a definição legal exige, no mínimo, dois, para que a viagem seja uma viagem organizada.

Na segunda hipótese, parece que também não se poderá concluir pela existência de uma viagem organizada, uma vez que falta um dos serviços turísticos por excelência, o transporte ou o alojamento.

Somos, por isso, da opinião que, quando a lei exige a combinação de dois dos serviços seguintes, em rigor, tal deverá ser entendido no sentido de exigir a combinação de, pelo menos, duas das alíneas constantes do art. 17.º, 2 do DL n.º 209/97. Por outro lado, embora sendo essenciais à viagem organizada o transporte ou o alojamento, a presença solitária de apenas um destes serviços, ainda que haja diversas manifestações, não basta para que haja uma viagem organizada. Exige-se a combinação entre si ou com outros serviços turísticos. Faremos, em seguida, uma breve incursão sobre o que se entende por cada um destes serviços.

Relativamente ao transporte, encontra-se englobado neste conceito a deslocação do lugar de partida ao lugar de destino e regresso. A via utilizada pode ser aérea, marítima ou terrestre, qualquer que seja o meio uti-

---

[193] Há coordenação a partir do momento em que há planificação de actos sucessivos e a agência materializa essa planificação, contactando e celebrando contratos com os diversos prestadores de serviços.

lizado: avião, navio, comboio, camioneta, automóvel, bicicleta e, até, animais habitualmente utilizados no transporte de pessoas: cavalo, camelo, elefante, etc..

Através da utilização de um meio de transporte, a pessoa não se desloca por si, utilizando um meio que, com maior ou menor comodidade ou rapidez, lhe permitirá chegar ao local de destino e lhe permitirá regressar ao ponto de partida [194]. Um passeio de autocarro pela parte histórica de uma cidade incluído numa viagem, apesar de se utilizar um meio de transporte terrestre, deve antes identificar-se como *outro serviço turístico*, uma vez que se trata de uma actividade de lazer, passando para segundo plano o elemento transporte.

Por sua vez, o alojamento [195] pode fazer-se em hotéis, pensões, residenciais, casas particulares, pousadas, parques de campismo, auto-caravanas, etc.. A ideia de alojamento está associada a um local estável, que funcionará, transitoriamente, como uma espécie de "lar", caracterizado, no mínimo, por permitir o pernoitamento e o acesso a instalações sanitárias.

O empreendimento hoteleiro pode, todavia, dependendo da categoria do estabelecimento, incorporar todos ou alguns dos equipamentos ou estruturas mais comuns, tais como, televisão, rádio, mini-bar, piscinas, *courts* de ténis, mini-golf, discoteca, etc..

Poderão, todavia, surgir algumas dúvidas de qualificação sobre se um certo serviço é de alojamento ou de transporte, em relação a certos tipos de serviços onde a linha distintiva não é muito clara [196]. A título exemplificativo, veja-se o caso de uma viagem Porto-Paris, de comboio, onde o passageiro tem a possibilidade de adquirir um bilhete que inclui uma cama num recinto individual, onde poderá pernoitar. Um outro exemplo pode ser o dos cruzeiros marítimos, onde toda a viagem decorre dentro do navio, o qual é um meio de transporte, existindo um conjunto de camarotes onde as pessoas poderão pernoitar. Parece que, num caso e noutro, há uma clara prevalência do transporte sobre o alojamento, ao ponto de este não ter sequer autonomia em relação àquele [197].

---

[194] Isto, sem prejuízo de poder existir uma viagem organizada em que não esteja previsto o regresso, cabendo ao cliente assegurá-lo.

[195] Segundo CALERO, *Régimen juridico...*, cit., p. 59, a palavra 'alojamento' pode ter uma dupla acepção, podendo designar o facto de albergar ou hospedar uma pessoa, bem como o estabelecimento ou lugar onde se pretenda prestar esse serviço.

[196] Sobre as dificuldades de caracterização de determinadas viagens, vejam-se GRANT/MASON, *Holiday Law*, cit., pp. 37-39.

[197] Talvez por tal motivo tenha o nosso legislador atribuído ao 'contrato de cruzeiro' – nome por que é conhecido em Itália ou em França – o *nomen iuris* 'contrato de

Por fim, na alínea *c*) do art. 17.º, 2 do DL n.º 209/97, o legislador refere-se a uma terceira modalidade de serviços: os "serviços turísticos não subsidiários do transporte, nomeadamente, os relacionados com eventos desportivos, religiosos e culturais, desde que representem uma parte significativa da viagem".

Este terceiro tipo de serviços, que pode fazer parte de uma viagem organizada, não é, todavia, fácil de individualizar. Para que possa ser uma modalidade distinta do transporte e do alojamento, tem que reunir três requisitos cumulativos: *a*) ser um serviço turístico, *b*) não subsidiário do transporte e *c*) que constitua uma parte significativa da viagem..

A caracterização do serviço como turístico, passa por uma análise do que quis o legislador entender por turismo, assim se traçando a linha de separação entre serviços turísticos e não turísticos.

Na acepção de turismo que expusémos, de acordo com a que é aceite pela União Europeia, com base nos critérios definidos pela OMT e OCDE, o turismo é conotado, de forma bastante ampla, com o acto material de deslocação do turista para um local diferente daquele onde reside e desempenha a sua profissão, deslocação que acarreta a fixação do turista no local de destino durante um período mais ou menos longo. Não é decisivo o fim visado com essa deslocação, que poderá ser o lazer, mas também a educação, a cultura, o desporto, os negócios e, até, a religião[198].

Embora num sentido mais restrito, a noção de turista esteja ligada, fundamentalmente, à deslocação de lazer, sendo o turismo de férias aquele que é visado em primeira linha, parece ser de aceitar que o legislador comunitário pretendeu abranger um leque alargado de deslocações, adoptando a noção lata de turismo[199].

---

transporte de passageiros por mar'. A esta denominação não foi, também, estranha a qualificação deste contrato como contrato misto, onde assumia prevalência a figura do contrato de transporte. Em sentido diverso, ANTUNES VARELA, *Das Obrigações...*, I, cit., p. 297, que considera que no contrato de cruzeiro marítimo existe uma verdadeira fusão dos diversos elementos que o compõem (transporte, alojamento e refeições no barco), constituindo um "todo orgânico, unitário, complexo que é substancialmente diferente da soma aritmética deles".

[198] Os peregrinos são, originariamente, os primeiros turistas. O apelo religioso terá dado lugar às primeiras grandes deslocações de pessoas aos locais de culto, naquilo que poderemos denominar como "Turismo religioso". Neste sentido, BOULANGER, *Tourisme et loisirs...*, cit., p. 2, e GRANT/MASON, *Holiday Law*, cit., p. 40.

[199] Neste sentido, veja-se MUÑOZ, *Guía explicativa...*, cit., pp. 104-105; no direito inglês, GRANT/MASON, *Holiday Law*, cit., p. 40, em discordância com a recomendação da DTI, onde se prevê que: "*Examples of services which are not tourist services are: educational services, business services, conference services, etc*". Também AURIOLES MARTIN, *La Directiva...*, cit., p. 838, mostra algumas reticências em aceitar que as viagens realizadas por motivos profissionais ou de negócios possam recair no âmbito da Directiva.

Dada a amplitude da noção, não se afigura fácil a distinção entre o serviço turístico e o serviço não turístico. Em concreto, parece que um grande número de serviços poderão integrar a noção de serviço turístico, a partir do momento em que surjam integrados numa viagem organizada e na sua prestação participem, em maior ou menor medida, profissionais do sector turístico.

A não subsidiariedade relativamente ao transporte, leva a concluir que este tipo de serviços turísticos têm de ter autonomia, valendo por si só, não sendo acessórios do transporte, como acontece, por exemplo, com as refeições ou a projecção de filmes a bordo do avião.

Note-se, todavia, que a redacção da Directiva refere-se também a serviços não subsidiários do alojamento. O legislador português, intencionalmente, retirou este requisito, que constava do art. 3.°, 1 do DL n.° 198/93. Assim, indirectamente, poderá ter alargado o conceito de viagem organizada, uma vez que, a partir de agora, todos os serviços subsidiários do alojamento passam a ter autonomia, podendo, se combinados com o transporte ou o alojamento, integrar o conceito de viagem organizada, desde que não sejam subsidiários do transporte [200].

A lei acrescenta, ainda, um terceiro requisito para que estes serviços possam ser considerados elementos de uma viagem organizada: têm de representar uma parte significativa da mesma. Não se esclarece, todavia, o que deve entender-se por "parte significativa".

Em qualquer caso, cabe ao intérprete tentar encontrar os critérios que permitirão dar substância a este requisito. Numa primeira abordagem, dir-se-á que a apreciação do peso significativo ou não de um determinado

---

[200] A este propósito, vem-se levantando, no direito inglês, uma interessante discussão sobre a diferença entre *"services"* e *"facilities"*. O DTI sugere a distinção nestes termos: *"A distinction needs to be drawn between services and facilities. Acess to fishing rights on a local river would normally be a service. Provision of a swimming pool at a hotel would be a facility. Provision of facilities does not create a package"*. Em Portugal, uma pista para a compreensão da noção de 'serviços' pode ser encontrada no anexo à Port. n.° 1499-C/95, de 30 de Dezembro, que aprova a pontuação dos hotéis de quatro e cinco estrelas, contendo uma listagem de quinze serviços. Aí se referem o serviço legal de câmbio, o autocarro do hotel, o serviço permanente e personalizado de recepção e transmissão de mensagens, a reserva de bilhetes para espectáculos, a reserva de mesas em restaurantes, a informação sobre locais de interesse turístico e serviços de intermediação de circuitos turísticos, o serviço de intermediação de aluguer de automóveis, o serviço de secretariado, fax para uso dos clientes, o serviço expresso de lavandaria e engomadoria, jornais diários, o serviço de apoio e entretenimento de crianças, monitores e treinadores para os desportos praticados, apoio médico-desportivo e o serviço de fornecimento de alimentação e bebidas para grupos.

serviço deve fazer-se objectivamente e não com recurso a factores subjectivos, nomeadamente, dependentes da vontade do cliente[201].

Torna-se, por isso, fundamental encontrar critérios que permitam aferir se um serviço constitui, ou não, uma parte significativa da viagem. Entre as sugestões possíveis, veja-se a do valor económico do serviço, o ênfase que lhe foi dado aquando da publicitação da viagem, o interesse, demonstrado por factos objectivos, que o cliente demonstrou quando escolheu aquela viagem, ou o serviço que, expressamente, foi requerido pelo cliente para que fosse incluído naquela viagem. Poderá, também, ponderar-se a proporção de tempo dispendido no serviço ou, nos casos em que custe pouco e termine depressa, a importância, aferida objectivamente, que a ele está associada[202].

Estas propostas não têm, contudo, um valor absoluto, sendo essencial a análise do caso concreto para a determinação do peso significativo do serviço, devendo o intérprete recorrer à combinação de diferentes critérios para obter uma conclusão satisfatória. Deverão ponderar-se também os usos do sector, embora daí não decorra a sua legitimação nos casos em que seja manifesto o prejuízo do turista.

Podemos, assim, exemplificar alguns serviços que obedecem a este duplo requisito, tais como o aluguer de veículo com ou sem condutor, a participação em excursões, os concursos desportivos ou as visitas guiadas a locais de interesse.

Um tipo de serviço, normalmente, associado às viagens organizadas é o de restauração. Face à redacção do art. 2.º, 1 da Directiva, poderiam existir algumas dúvidas sobre se deveria constituir um serviço turístico autónomo ou se, pelo contrário, deveria qualificar-se como um serviço subsidiário do alojamento e, como tal, sem autonomia. Uma possibilidade seria considerar que, quando a restauração fosse prestada directamente pelo hotel, estaríamos perante um serviço subordinado ou dependente do alojamento. Quando, porém, fosse fornecido por outros prestadores, sem qualquer relação de dependência face ao hotel, estaríamos já na presença de um serviço autónomo.

Este era um entendimento possível face ao art. 3.º do DL n.º 198/93. Com a alteração do conceito de viagem organizada, deixou, contudo, de se exigir autonomia aos serviços subsidiários do alojamento, para que cons-

---

[201] GRANT/MASON, *Holiday Law*, cit., p. 42 alerta que os "*tour operators often feel that however insignificant the service they fail to provide, e.g. hotel hairdressing saloon, consumers will always claim that it was the main reason for choosing this particular package*".

[202] Cfr. GRANT/MASON, *Holiday Law*, cit., p. 42.

tituam serviços turísticos nos termos do art. 17.º, 2 c). Assim sendo, a restauração, ainda que fornecida pelo próprio hotel, pela sua importância do conjunto da viagem, deverá ser considerada como um serviço turístico nos termos da norma referida [203]. Tal implica, na prática, que, quando uma agência de viagens organize uma estada num determinado hotel, em que se estabeleça algum dos possíveis regimes de restauração [204], ainda que a viagem não inclua nem transporte nem qualquer outro serviço, estaremos já face a uma viagem organizada [205].

7.4.4.4. *Duração da viagem*

O último elemento constante da noção de viagem organizada, presente no art. 17.º, 2 do DL n.º 209/97, é que a viagem exceda vinte e quatro horas de duração ou inclua uma dormida. Nos casos em que a viagem tenha uma duração até vinte e quatro horas e não inclua uma dormida, não poderá ser classificada como viagem organizada. Se tiver uma duração inferior a vinte e quatro horas, mas incluir uma dormida, ou tiver uma duração superior a vinte e quatro horas, já será uma viagem organizada.

Este elemento de duração foi introduzido na noção de viagem organizada constante da Directiva comunitária, mas não foi, inicialmente, adoptado pelo nosso legislador, que o omitiu da noção de viagem organizada constante do art. 3.º, 1 do DL n.º 198/93 [206].

---

[203] Sobre a autonomia da restauração – ou pensão alimentícia – relativamente ao alojamento, considerando aquele como um serviço complementar, mas não acessório deste, veja-se CALERO, *Régimen juridico...*, cit., p. 63.

[204] As modalidades mais divulgadas de fornecimento de alimentação combinado com a prestação de alojamento são: pequeno almoço (APA), meia pensão (MP) e pensão completa (PC).

[205] Esta é a solução que parece resultar da redacção constante do art. 17.º, 2 do DL n.º 209/97, que estende, neste ponto, o conceito de viagem organizada a viagens que, perante a redacção anterior, estariam à partida fora da noção legal e, portanto, excluídas do regime especial previsto para as viagens organizadas.

[206] Ao não adoptar este requisito o legislador português fazia cessar o obstáculo a que determinadas viagens de menor duração não pudessem ser consideradas viagens organizadas, sujeitando-as ao regime especial destas. Conclui-se, mais uma vez, pela intenção do legislador de 1993 de dar um conceito amplo de viagem organizada, onde se ultrapassava o mínimo obrigatório imposto pela Directiva comunitária. Ao adoptar esta posição, o legislador nacional teve o mérito de salvaguardar melhor os clientes das agências de viagens, dando-lhes uma maior protecção, o que podia funcionar como apelo à contratação de viagens organizadas através das agências de viagens nacionais. Por outro lado, onerava as agências de viagens portuguesas que organizam e realizam excursões com uma responsabilidade acrescida, que advinha da sujeição ao regime legal das viagens organizadas, o que criava maiores exigências em termos de qualidade do serviço oferecido aos clientes, bem como em sede de garantias financeiras.

A ideia do legislador comunitário ao incluir este requisito na noção de viagem organizada é explicada por AURIOLES MARTIN [207]: *"En lo que se refiere a la duración mínima que debe tener un viaje combinado, para que pueda considerarse dentro de su ámbito de aplicación, la Directiva parece inclinarse por seguir un criterio generalmente admitido para definir a los turistas, en contraposición a los simples excursionistas, como los visitantes temporales que permanecen, al menos, veinticuatro horas en el país que visitam (...). En realidad, este requisito no tiene más razón de ser que la de posibilitar que el turista se convierta en cliente de algún establecimiento hotelero (...)"* [208].

Isto implica uma distinção entre viagens e excursões, em que é fundamental o recurso ao elemento de duração. Esta distinção, embora utilizada na prática quotidiana, não tem repercussão em sede legislativa. Embora o legislador defina viagem organizada, não existe qualquer noção legal de excursão, devendo as mesmas, como já se disse, ser qualificadas como viagens turísticas, nos termos do art. 17.º, 1 [209].

Ao considerar a duração de mais de vinte e quatro horas ou a inclusão de uma dormida como requisitos da existência de uma viagem organizada, o legislador veio reduzir, de forma sensível, o número de situações abrangidas, até aqui, pelo conceito de viagem organizada.

Uma excursão organizada por uma agência de viagens para assistir a um concerto musical ou um evento desportivo, em que se combine o transporte e a assistência ao evento, que se prolongue durante um período que não exceda as vinte e quatro horas, estará, por isso, hoje, de fora do conceito de viagem organizada, ao contrário do que acontecia na vigência da lei anterior.

7.4.4.5. Crítica

Após a análise efectuada a cada um dos elementos que compõem o conceito de viagem organizada, estamos em posição de autonomizar aqueles que são essenciais ao conceito e os que têm uma natureza não essencial.

---

[207] AURIOLES MARTIN, *La Directiva...*, cit., p. 838.

[208] No direito inglês faz-se uma distinção clara entre *"package"* e *"excursion"*. Neste sentido, GRANT/MASON, *Holiday Law*, cit., p. 42.

[209] No direito inglês tem-se entendido que, se as excursões são vendidas como parte integrante da viagem, isto é, como um dos serviços incluídos no preço global pago pelo cliente, então estarão sujeitas ao regime especial das *"Regulations"*. Caso não sejam parte integrante de uma viagem organizada, o seu regime há-de encontrar-se nos preceitos da lei comum.

Essenciais são, no nosso entender, a necessidade de existir uma organização – combinação e coordenação de serviços a cargo da agência organizadora –, devendo essa organização compreender, pelo menos, dois serviços turísticos, sendo um deles o transporte ou o alojamento, eleitos como serviços turísticos por excelência.

Já não será essencial, mas natural, o elemento 'preço com tudo incluído', cuja presença no conceito se deve à sua ampla difusão na prática da contratação das viagens organizadas, não correspondendo, todavia, a uma exigência que condicione a existência de uma viagem organizada, embora possa ser um índice importante na distinção entre viagem organizada e mera reserva de múltiplos serviços autónomos.

O facto da viagem organizada dever ter uma duração superior a vinte e quatro horas ou, quando tal não aconteça, incluir uma dormida é, em nosso entender, um requisito puramente acidental, que depende, em última análise, de uma opção legislativa, que permite tornar mais ou menos extenso o conceito de viagem organizada. Uma confirmação prática desta orientação resulta do facto de, na noção de viagem organizada constante do DL n.º 198/93, este requisito ter sido excluído, figurando, agora, na noção da lei vigente.

Por fim, somos da opinião que a combinação prévia, a que se refere o legislador, há-de ser entendida em relação ao momento em que a viagem é oferecida ao público em geral, embora não consideremos este um requisito essencial para a existência de uma viagem organizada. De facto, segundo cremos, carece de fundamento a distinção entre viagens organizadas e viagens por medida, uma vez que a única diferença entre umas e outras resulta de quem tomou a iniciativa da organização. Não se justifica um tratamento jurídico diverso quando uma viagem por medida combine pelo menos dois serviços (transporte, alojamento ou outros serviços turísticos) e tenha uma duração superior a vinte e quatro horas ou inclua uma dormida.

A exclusão das viagens por medida do regime aplicável às viagens organizadas poderá acarretar uma grande insegurança e elevados prejuízos para os viajantes individuais, uma vez que não se encontram protegidos pelas regras comunitárias adoptadas pelo DL n.º 209/97 sobre viagens organizadas. Em caso de incumprimento, a agência responderá, apenas, nos termos da responsabilidade por *culpa in eligendo,* pelo que o turista terá de responsabilizar directamente os prestadores de serviços, muitas vezes estrangeiros, com claros prejuízos para a eficácia de tutela dos seus direitos.

Por outro lado, não pomos de lado a possibilidade de se invocar perante os tribunais o efeito directo vertical da Directiva neste aspecto, para os que defendam que foi intenção do legislador comunitário incluir estas viagens na noção de viagem organizada O carácter de "directiva de mínimos" e a suficiente clareza e precisão das suas normas, nomeadamente, as que se referem à responsabilidade civil, permitiria a derrogação do disposto no art. 39.º, 5, perante o art. 5.º, 1 da Directiva, fazendo recair sobre a agência organizadora uma responsabilidade objectiva pelos actos praticados pelos terceiros prestadores de serviços, nos mesmos termos do regime estipulado para as viagens organizadas.

PARTE III

O REGIME JURÍDICO
DO CONTRATO DE VIAGEM ORGANIZADA

8. INTRODUÇÃO

8.1. NOTA PRELIMINAR. O regime legal do contrato de viagem organizada, objecto do presente estudo, encontra-se previsto no DL n.º 209/97. Não existe, todavia, um capítulo ou uma secção que se refira, em especial, a este contrato. Seguindo a técnica utilizada pelo legislador comunitário, o DL n.º 209/97, no capítulo IV, secção III, prevê um conjunto de regras aplicáveis às viagens organizadas [210], sem distinguir as que se reportam ao contrato de viagem organizada e ao contrato de intermediação de viagem organizada.

Para além destas normas, prevêem-se outras, que se encontram dispersas pelo texto do referido diploma, que têm igualmente aplicação às viagens organizadas e ao contrato de viagem organizada. São elas: as disposições gerais aplicáveis aos contratos turísticos, previstas nos arts. 18.º e 19.º, e as normas relativas à responsabilidade civil e garantias, constantes do Capítulo VI (arts. 39.º a 51.º). A análise destas regras especiais não pode, todavia, ignorar que, em tudo o que nelas não se disponha, vigorarão as normas gerais de direito civil aplicáveis aos contratos.

Por outro lado, o contrato de viagem organizada será, em regra, um contrato de adesão, importando não olvidar o DL n.º 446/85, de 25 de Outubro [211], sobre cláusulas contratuais gerais, o qual terá grande interesse na apreciação, em concreto, das cláusulas constantes de cada contrato de

---

[210] Como veremos, o nosso legislador não teve sequer o cuidado de integrar na secção relativa às viagens organizadas apenas normas relativas a estas, integrando normas aplicáveis a contratos que tenham por objecto outro tipo de viagens ou serviços, como se constata pela análise do art. 25.º, que se reporta a "viagens turísticas", ou do art. 29.º, que se refere a "serviço".

[211] Este texto legal foi, recentemente, alterado pelo DL n.º 220/95, de 31 de Agosto. Para um comentário, ainda antes da alteração, vejam-se MÁRIO JÚLIO DE ALMEIDA COSTA/ANTÓNIO MANUEL DA ROCHA E MENEZES CORDEIRO, *Cláusulas contratuais gerais – Anotação ao decreto-lei n.º 446/85, de 25 de Outubro*, reimp., Coimbra, 1993. Para um estudo do problema das cláusulas contratuais gerais, vejam-se, entre outros, ANTÓNIO PINTO MONTEIRO, *Contratos de adesão: o regime jurídico das cláusulas contratuais gerais instituído pelo Decreto-Lei n.º 446/85, de 25 de Outubro*, "ROA", 1986, pp. 733 e ss., e SOUSA RIBEIRO, *Cláusulas contratuais gerais...*, cit., em especial para um conceito de cláusulas contratuais gerais, pp. 123 e ss..

viagem organizada. Serão objecto da nossa atenção algumas das cláusulas que tiveram maior difusão na prática dos contratos pré-dispostos pelas agências de viagens, sendo a sua menção efectuada por referência ao contrato-tipo elaborado pela APAVT e difundido junto das agências de viagens associadas, com a redacção que lhe era dada em 1997.

8.2. FORMAÇÃO DO CONTRATO. O processo de formação do contrato de viagem organizada foi, desde o seu aparecimento na vida quotidiana, caracterizado pela particularidade resultante do facto de existir um clausulado a vigorar entre as partes que divergia da "real dinâmica da operação"[212]. Efectivamente, na prática do sector, quem divulga a viagem organizada e a apresenta ao público em geral é a agência organizadora, através das brochuras e programas de viagem, que difunde, pré-dispondo cláusulas contratuais gerais a que o cliente adere, sem possibilidade de alterar o seu conteúdo.

No entanto, pela análise do conteúdo dos contratos de adesão, e ainda que não de forma expressa, constata-se existir uma inversão, sob o ponto de vista técnico, da posição das partes, aparecendo o turista sob a veste de proponente e a agência organizadora no papel daquela que se reserva o direito a aceitar ou não a proposta da contraparte.

Este cenário era o que existia antes da entrada em vigor das regras comunitárias sobre o contrato de viagem organizada, sendo frequente encontrar nos contratos elaborados pelas agências de viagens uma cláusula denominada "Inscrição", onde se dispunha que a aceitação da inscrição do cliente pela agência estava subordinada à disponibilidade de lugares e se entendia concluída após a confirmação do organizador[213].

Tal significava que o acto de inscrição do cliente equivalia a uma proposta que poderia, ou não, ser aceite pelo organizador, manifestando-se tal aceitação através do acto de confirmação[214].

---

[212] A expressão é utilizada por ENZO ROPPO, *Contratti turistici...*, cit., p. 99.

[213] Note-se que esta cláusula aparecia, frequentemente, nas cláusulas gerais que integravam os programas de viagem difundidos pelas agências de viagens, actuando elas como organizadoras ou como intermediárias de viagens organizadas. CALERO, *Régimen jurídico...*, cit., pp. 68 e ss., considera que o *"contrato de viaje combinado"* tem um processo de formação complexo que se distancia do modelo tradicional, identificando a inscrição do cliente com uma espécie de *"precontrato"* ou *"promessa de contrato"*.

[214] ENZO ROPPO, *Contratti turistici...*, cit., p. 101, a propósito desta questão, salienta que este não é o único contrato onde se verifica uma estrutura convencional do processo de formação, onde se invertem os papéis que parecem resultar com naturalidade da fenomenologia dos comportamentos reais. O autor refere que o mesmo acontece na generalidade dos contratos turísticos.

Ainda hoje se observam reminiscências destas cláusulas. No modelo de contrato de viagem sugerido pela APAVT aos seus associados, a primeira cláusula, denominada "Inscrição", prevê a certa altura que: "(...) Se a inscrição tiver lugar a 21 dias ou menos da data da partida, o preço total da viagem deverá ser pago no acto de inscrição, ficando esta condicionada à obtenção de todos os fornecedores da confirmação das reservas para todos os serviços de viagem (...)".

Esta configuração singular do processo de formação do contrato levanta questões delicadas, constituindo o problema principal em determinar qual o momento em que ocorre a perfeição contratual[215].

A resolução destas questões não tinha, nem tem, um interesse meramente teórico. As suas implicações práticas são múltiplas e relevantes, uma vez que é o momento da perfeição contratual que condiciona a natureza jurídica dos pagamentos efectuados pelo cliente, aquando da sua inscrição e em momento ulterior[216], do direito de rescisão do cliente e do direito de "anulação" da viagem pela agência organizadora, nos casos de falta de pagamento do preço nas condições estipuladas nas cláusulas gerais.

A questão que se coloca é, pois, a de saber se o acto de inscrição é um acto a que corresponde uma proposta contratual ou se, pelo contrário, equivale à aceitação pelo cliente da proposta de viagem efectuada pela agência. Ou, numa diferente perspectiva, se as brochuras e programas divulgados pela agência têm a natureza de meros convites para contratar ou se, pelo contrário, são já propostas contratuais que o cliente aceita no acto de inscrição.

O convite a contratar tem sido entendido pela doutrina como um acto preliminar ou anterior à proposta contratual enquanto declaração negocial. Num convite a contratar inexiste uma vontade do emitente se vincular juridicamente. Este exterioriza, apenas, uma predisposição para entrar em negociações, pelo que o convite a contratar constitui um "incentivo para que alguém dirija uma proposta contratual a quem convida, cabendo de-

---

[215] Uma das questões levantada por ENZO ROPPO, *Contratti turistici...*, ult. lug. cit., relaciona-se com a admissibilidade da derrogação, pela autonomia privada, das regras gerais sobre a formação dos contratos, previstas, entre nós, nos arts. 224.º e 235.º CCiv.

[216] Geralmente, é clausulado que o acto de inscrição do cliente é acompanhado pelo pagamento de 25% do preço total da viagem, no caso de a inscrição ocorrer a mais de 21 dias da data prevista para o início da viagem, devendo os restantes 75% ser pagos até 21 dias antes desta data. Se o acto de inscrição tiver lugar a 21 dias ou menos da data de partida, o preço deve ser pago, integralmente, no acto de inscrição. O desrespeito destas condições confere à agência o direito a anular a inscrição, mesmo que já confirmada.

pois a este o papel de aceitar a proposta ou não"[217]. A proposta contratual, por sua vez, é já uma declaração contratual, sujeita às regras definidas nos arts. 224.º e ss. CCiv, na qual o proponente demonstra uma intenção clara de se vincular e uma vontade de concluir o contrato, bastando, para tal, um acto de aceitação pelo destinatário da proposta[218].

A delimitação entre a proposta contratual e o convite a contratar não é, por vezes, muito nítida, especialmente quando ambas se dirigem ao público. A qualificação de uma determinada declaração como proposta ao público ou convite a contratar não dependerá da verificação de critérios legais, uma vez que não existe uma previsão legal sobre este aspecto, mas resultará dos usos, regras do tráfego jurídico e das circunstâncias do caso concreto[219]. MOTA PINTO, sobre esta questão, ensina que: "Quando se dirige uma proposta a pessoas indeterminadas, deve entender-se que em princípio existe apenas um convite para contratar (...). Não há ainda oferta de contratar; o vendedor quer reservar para si a decisão final. Diversa será, porém, a conclusão, se a pessoa que fez a proposta indicou claramente, ou isso resulta das circunstâncias, que considera o contrato perfeito mediante uma declaração de concordância de outrem".

Ora, esta problemática tem inteiro cabimento no que respeita ao contrato de viagem organizada, em que a difusão de programas ou brochuras se dirige a pessoas indeterminadas, o que causa muitas dúvidas sobre a qualificação desta declaração como proposta contratual ou convite para contratar.

---

[217] HEINRICH EWALD HÖRSTER, *Sobre a formação do contrato segundo os arts. 217.º e 218.º, 224.º a 226.º e 228.º a 235.º do Código Civil*, "RDE", 9, 1983, p. 142.

[218] A doutrina distingue entre as declarações receptícias (ou recipiendas), isto é, aquelas que se dirigem a um destinatário ou declaratário, e as declarações não receptícias (ou não recipiendas), isto é, as que não se dirigem a um declaratário. Relativamente às primeiras, vigoram, entre nós, as doutrinas da recepção (*Empfangstheorie*) e da percepção (*Vernehmungstheorie*), sendo a declaração eficaz logo que chega ao poder do destinatário ou é dele conhecida. Quanto às declarações não receptícias vale a teoria da exteriorização (*Ausserungstheorie*), sendo eficaz logo que se manifesta na forma adequada. Vejam-se, sobre esta questão, PIRES DE LIMA/ANTUNES VARELA, *Código Civil Anotado*, I, com a colaboração de HENRIQUE MESQUITA, 4.ª ed., revista e actualizada, Coimbra, 1987, anot. ao art. 224.º, pp. 213-214, RUI DE ALARCÃO, *A confirmação dos negócios jurídicos*, I, Coimbra, 1977, p. 180, e HÖRSTER, *Sobre a formação...*, cit., pp. 134 e ss..

[219] Cfr. MARIA ÂNGELA BENTO SOARES/RUI MANUEL MOURA RAMOS, *Do contrato de compra e venda internacional*, "BMJ – Documentação e Direito Comparado", n.º 6, 1981, p. 112, e *Contratos internacionais. Compra e venda. Cláusulas penais. Arbitragem.*, Coimbra, 1986, pp. 47 e ss., e VAZ SERRA, *Perfeição da declaração de vontade – eficácia da emissão da declaração – requisitos especiais de conclusão do contrato*, "BMJ", n.º 103, 1961, pp. 49 e ss..

A doutrina pronunciou-se sobre esta questão, sendo inicialmente seguida a tendência adoptada no direito alemão [220], que via na publicitação da viagem, através de brochuras e programas, um mero convite para contratar, emitido pela agência organizadora, e não uma proposta contratual [221]. Esta tese assentava, fundamentalmente, na análise das regras estipuladas pela agência de viagens nos contratos de adesão por si pré-dispostos, e que regiam o relacionamento com os clientes, descurando o aspecto prático da negociação destas viagens.

Tal orientação, baseada na disciplina negocial, foi, todavia, considerada por alguma doutrina como inspirada numa "*ratio* de desequilíbrio entre a posição do cliente e do organizador" [222], o que conduziu a que o legislador comunitário pretendesse que a brochura ou programa vinculassem de imediato a agência organizadora [223], considerando-a uma verdadeira proposta contratual.

Esta posição do legislador comunitário constitui uma novidade digna de nota [224], claramente favorável aos interesses do cliente, e vem repor a correspondência entre a "dinâmica real da operação" e a regulamentação das relações entre agência e cliente no contrato de viagem organizada.

O nosso legislador adoptou a orientação comunitária, em sede de formação do contrato, ao estabelecer, no art. 21.º do DL n.º 209/97, o carácter vinculativo do programa, em complemento do estipulado no art. 20.º, 2, onde se enumeram os elementos que, obrigatoriamente, devem constar do programa de viagem organizada.

O programa de viagem terá, por isso, precisão suficiente para poder considerar-se uma proposta contratual, presumindo a nossa lei, como inerente à divulgação de um programa de viagem, a vontade da agência organizadora se vincular e a consciência de o estar a fazer [225].

---

[220] Cfr. BOULANGER, *Tourisme et loisirs...*, cit., p. 27.

[221] MOTA PINTO, *Teoria Geral...*, cit., p. 443, ensina que "uma proposta contratual só existirá se for suficientemente precisa, dela resultar a vontade de o seu autor se vincular e houver consciência de se estar a emitir uma verdadeira declaração negocial".

[222] Veja-se ENZO ROPPO, *Contratti turistici...*, cit., p. 103, que acrescenta que, enquanto o cliente fica imediatamente vinculado no acto de inscrição, a agência organizadora reserva-se o direito de escolher quando e se se vincula.

[223] Neste sentido, A. SUBREMON, *Harmonization des législations en Europe: la directive "voyages à forfait"*, cit., p. 7.

[224] BARBARA MUSSO, *Evoluzione legislativa...*, cit., pp. 485-486.

[225] Poderá objectar-se que, se o programa de viagem fosse entendido como uma proposta contratual, seria desnecessário que o legislador especificasse o seu carácter vinculativo, uma vez que perante o art. 230.º, 1 CCiv: " Salvo declaração em contrário, a proposta de contrato é irrevogável depois de ser recebida pelo destinatário ou ser dele co-

Por outro lado, está assegurada a existência de uma proposta da agência organizadora, que antecede a aceitação pelo cliente, nos contratos de viagem organizada, uma vez que o art. 20.º, 1 obriga a agência a elaborar programas para todas as viagens organizadas que anuncie. O acto de inscrição do cliente deverá, como tal, identificar-se com a aceitação da proposta, aperfeiçoando-se, nesse momento, o contrato de viagem organizada.

Esta solução que era defendida por alguma doutrina, ainda antes da redacção do texto da Directiva [226], vem permitir que os pagamentos efectuados pelo cliente, os quais apenas ocorrem após a inscrição, tenham uma natureza contratual, ao contrário do que se entendia anteriormente, uma vez que o pagamento da viagem era, muitas vezes, integralmente realizado antes de existir uma confirmação da agência organizadora [227]. Por outro lado, permite legitimar a hipótese de "anulação", pela agência organizadora, da viagem, por falta de pagamento do preço, nas condições definidas no programa de viagem, classificando-a como uma verdadeira condição resolutiva tácita [228].

Consegue-se, em suma, evitar que o cliente fique, até ao último momento, na dependência de uma confirmação da agência organizadora, para a qual não se previa qualquer prazo-limite, pelo que, em teoria, poderia ter lugar até ao próprio dia da partida para a viagem, deixando o cliente numa expectativa que podia frustrar-se, de forma legítima, nos casos em que a agência nunca chegasse a emitir a confirmação.

---

nhecida". Este argumento não deve, contudo, proceder, uma vez que são reconhecidas as intenções pedagógicas e de moralização, por parte do legislador, principalmente num sector em que há uma longa tradição de contratação assente em fontes convencionais, pré-dispostas unilateralmente pelas agências de viagens, e em que só agora se vem tentar repor o equilíbrio entre as partes.

[226] Veja-se, MONTICELLI, *La prenotazione nella prassi negoziale*, "Rass. dir. com.", 1990, p. 810.

[227] Esta situação colocava o cliente numa clara desvantagem em relação à agência organizadora, uma vez que esta podia nunca vir a confirmar a viagem, ficando o cliente na posição desvantajosa ou, pelo menos, incómoda, de quem tem de exigir a restituição das quantias entregues. Por outro lado, parece não existir qualquer fundamento contratual para justificar os pagamentos efectuados pelo cliente antes da confirmação, o que originou discussões doutrinais sobre a natureza jurídica dos mesmos, principalmente, em Itália. Para maior desenvolvimento, vejam-se ENZO ROPO, *Contratti turistici...*, cit., p. 102, e MONTICELLI, *Il contratto di viaggio*, cit., pp. 171 e ss. .

[228] Tal qualificação não era permitida se o contrato apenas se celebrasse com a confirmação da agência organizadora e esta pretendesse "anular" a viagem num momento anterior a essa mesma confirmação. Neste caso, estaria a resolver um contrato com base numa cláusula desse mesmo contrato, o qual, de facto, ainda não o era.

8.3. ESTRUTURA DO REGIME LEGAL DO CONTRATO. Por razões de sistematização e de simplificação de exposição, enunciaremos algumas notas sobre as especialidades, em sede de obrigações que recaem para a agência, numa fase em que não existe, ainda, contrato. Nesta fase, que poderemos denominar de pré-contratual assumem especial relevância as obrigações da agência organizadora, consistentes nos deveres de dispor de programas das viagens que anuncia – art. 20.º, 1 –, e de informação prévia do cliente, nos termos dos arts. 18.º e 20.º, 2.

Após esta fase dá-se a celebração do contrato entre agência organizadora e cliente, que se identifica no texto legal português com o "momento da venda", resultando para as partes as obrigações fundamentais, para aquela, de planificar e realizar a viagem e, para este, de efectuar o pagamento do preço[229].

O regime legal previsto no DL n.º 209/97 foca, ainda, as questões relacionadas com o direito de rescisão do contrato pelo cliente, a "anulação"/cancelamento da viagem pela agência organizadora, as modificações que pode sofrer o conteúdo contratual e a responsabilidade civil da agência organizadora, assuntos que serão estudados nesta parte da presente dissertação.

9. FASE PRÉ-CONTRATUAL

9.1. DEVER DE INFORMAÇÃO PRÉVIA. O desenvolvimento de um dever de informação a cargo da agência organizadora consagrado expressamente foi uma das principais conquistas legislativas, visando elucidar e permitir a formação de uma vontade esclarecida da parte do cliente da agência de viagens, antes deste aceitar celebrar o contrato de viagem organizada.

Este dever de informação tem a sua principal manifestação na divulgação da viagem através do programa de viagem, mas incide também sobre a divulgação da viagem através de outros meios publicitários[230].

---

[229] No sentido de que a primeira e mais importante obrigação do cliente é satisfazer a retribuição correspondente ao serviço que vai ser prestado pela agência – a obrigação de pagamento –, acrescendo a esta as obrigações inerentes a cada um dos serviços incluídos na viagem, veja-se CALERO, *Régimen jurídico...*, cit., p. 91.

[230] Esta preocupação era já sentida no art. 29.º do DL n.º 421/80, de 30 de Setembro – anterior Código da Publicidade –, onde se prescrevia: "1 – A mensagem publicitária sobre viagens e turismo indicará obrigatoriamente, com detalhe e rigor: *a)* A entidade responsável pela viagem; *b)* Os meios de transporte e classe utilizada; *c)* Os destinos e itinerários previstos; *d)* A duração exacta da viagem e o tempo de permanência em cada loca-

A agência está legalmente obrigada a não fornecer indicações enganosas, em toda a divulgação da viagem, independentemente do meio utilizado. Tal resulta, expressamente, do art. 18.º, 4, norma que tem uma função, essencialmente, pedagógica [231].
No art. 22.º, 1 do DL n.º 198/93, previa-se que "as agências devem informar o cliente de todas as cláusulas a incluir no contrato", norma que tinha raiz no art. 4.º, 2 b) da Directiva e que não tem paralelo do DL n.º 209/97. Em nosso entender, tal norma constituía a agência na obrigação de dar uma informação detalhada ao cliente de cada uma das cláusulas contratuais, obrigação que, agora, parece não existir, bastando para tal que a agência informe por escrito ou através de um programa de viagem, sendo suficiente a entrega do mesmo ao cliente.

Não está, por isso, acautelado um efectivo conhecimento e compreensão pelo cliente dos elementos que constarão do contrato, ao contrário do que exige a Directiva e se dispunha na lei anterior, em que se impunha um dever legal da agência informar o cliente sobre todas as cláusulas a incluir no contrato. Esta informação não obedecia a nenhuma forma especial, pelo que seria, na maior parte das vezes, verbal, mas implicava que a agência dispusesse de profissionais com preparação e competência para dar esses esclarecimentos, os quais deveriam ser responsabilizados, nos termos do art. 485.º CCiv [232], por deficiências ou omissões.

---

lidade; e) Os preços totais, mínimo e máximo, da viagem, bem como todos os detalhes dos serviços compreendidos nesse preço – alojamento, refeição, acompanhamento, visitas guiadas, excursões, carregador; f) As condições de cancelamento. 2 – São dispensáveis as exigências das alíneas do número anterior para a publicidade radiodifundida e televisiva".

[231] Neste sentido, QUINTANA CARLO, La adaptación del derecho español a la normativa comunitaria sobre viajes combinados, "EC", n.º 22, 1991, p. 48. Este autor refere que a este resultado já se chegaria por aplicação das normas legais em matéria de publicidade. No direito português, o art. 11.º do DL n.º 330/90, de 23 de Outubro, alterado pelos DL n.º 74/93, de 10 de Março, DL n.º 6/95, de 17 de Janeiro, DL n.º 61/97, de 25 de Março, e DL n.º 257/98, de 9 de Setembro – Código da Publicidade –, dispõe genericamente: "1 – É proibida toda a publicidade que, por qualquer forma, incluindo a sua apresentação, e devido ao seu carácter enganador, induza ou seja susceptível de induzir em erro os seus destinatários, independentemente de lhes causar qualquer prejuízo económico, ou que possa prejudicar um concorrente". Note-se, todavia, que o desrespeito pela observância do art. 18.º, 4 configura um ilícito contra-ordenacional, nos termos do art. 57.º, 1 g) e 4, punido com coima de duzentos mil a dois milhões de escudos.

[232] Perante o texto legal anterior, estava consagrado um dever legal de informação a cargo das agências organizadoras, sendo que o seu não cumprimento acarretava a responsabilidade civil destas. Para uma análise exaustiva do art. 485.º CCiv, veja-se a obra fundamental de JORGE FERREIRA SINDE MONTEIRO, Responsabilidade por conselhos, recomendações ou informações, Coimbra, 1989.

Somos da opinião que, também, nesta situação, a Directiva é suficientemente precisa na indicação desta obrigação, podendo legitimar a sua aplicação directa e o seu efeito directo vertical no nosso ordenamento jurídico.

9.2. O PROGRAMA DE VIAGEM. Frequentemente, a agência organizadora divulga as viagens por si organizadas junto do público em geral, através dos meios publicitários comuns (televisão, rádio, periódicos, panfletos, e, mais recentemente, através da *internet*). Existe, todavia, uma prática publicitária, com tradições no sector, consubstanciada na emissão de programas de viagens, sob a forma escrita.

Relativamente a todas as formas de publicidade, o legislador português prevê no art. 18.º, 4, na sequência do art. 3.º, 1 da Directiva, que toda a "descrição de uma viagem bem como o respectivo preço e as restantes condições do contrato não devem conter elementos enganadores". Quanto aos programas de viagem, foi-lhes, contudo, atribuída uma função especial, estando sujeitos a um conjunto de regras próprias.

Estes materializam-se em brochuras de algumas páginas, onde a agência anuncia o seu projecto de viagem, referindo, de forma mais ou menos completa, o preço e as condições de pagamento, o itinerário, datas e serviços constantes da viagem, fazendo acompanhar tais indicações de sugestivas e atractivas ilustrações e descrições de locais paradisíacos.

Se, tradicionalmente, para a agência de viagens tais programas eram entendidos como um mero convite para entrar em negociação, ou como uma oferta que teria de ser rectificada em função das pretensões e orçamento do cliente, este não era, contudo, o sentido geralmente atribuído pelo consumidor[233]. Para este, a brochura incorpora as condições do contrato tal qual é apresentada, sendo as ilustrações correspondentes aos hotéis, às paisagens, aos divertimentos e actividades que, efectivamente, cada participante daquela viagem terá direito a usufruir.

Atento a esta realidade, o legislador comunitário veio, no § 1 do art. 3.º, 2 da Directiva, dispor que: "Caso seja colocada à disposição do consumidor uma brochura, esta deve indicar de forma legível, clara e precisa, o preço e as informações apropriadas (...)", indicando, em seguida, o elenco de elementos que nela devem constar obrigatoriamente, acrescentando, no §2 do art. 3.º, 2, o carácter vinculativo da mesma.

O legislador português, nesta matéria, foi mais além do que era exigido pela Directiva, ao estabelecer, no art. 20.º, a obrigatoriedade das

---

[233] Cfr. BOULANGER, *Tourisme et loisirs...*, cit., pp. 26 e ss..

agências organizadoras, que anunciem a realização de uma viagem, disponibilizarem programas para entregar aos interessados [234]. O desrespeito por esta disposição legal é cominado com uma sanção contra-ordenacional [235].

Relativamente à forma que deve revestir o programa de viagem, não se pronuncia, expressamente, a nossa lei, embora se tenha difundido, na prática do sector, a forma escrita. Note-se, todavia, que, nem o legislador português nem o legislador comunitário, exigem, em qualquer momento, a forma escrita do programa. Parece, no entanto, ser essa a intenção da Directiva quando se refere, no §1 do art. 3.°, 2, à indicação, de forma "legível", dos elementos relativos à viagem. O legislador português, por seu lado, refere-se a programas que as agências deverão dispor para "entregar" a quem os solicite. A necessidade de uma "entrega" parece excluir a possibilidade de o programa ter a forma verbal. A lei espanhola 21/1995 sobre o *contrato de viaje combinado* estabelece, no art. 3.°, a exigência de forma escrita e, de certo modo, a referência comunitária a "brochuras" parece, também, exprimir essa tendência.

Seguindo a orientação comunitária, definiu-se, na nossa lei, um conteúdo mínimo, que deverá constar, expressamente, do programa, e a necessidade da sua indicação de forma clara e precisa – art. 20.°, 2 –, impondo-se, com duas excepções, o carácter vinculativo do programa – art. 21.°.

9.2.1. *Conteúdo mínimo obrigatório*. A norma do art. 20.°, 2 exige que façam parte integrante do conteúdo do programa determinados elementos obrigatórios (informações sobre a identificação da agência, o preço da viagem e características desta), que se identificam, na sua generalidade, com os que devem constar do conteúdo do contrato de viagem organizada e se encontram definidos nas alíneas *a*) a *l*) do art. 22.°, 1.

Estes podem ser agrupados em quatro grupos de elementos: 1) identificação da agência organizadora e das entidades que garantem a sua responsabilidade – art. 22.°,1 *a*) e *b*) –; 2) preço e condições de pagamento – art. 22.°, 1 *c*) e *d*) –; 3) descrição da viagem organizada – art. 22.°, 1 *e*), *f*), *g*), *h*), *l*) –; *d*) limites máximos de indemnização exigíveis à agência organizadora e termos a observar nas reclamações do cliente pelo não cumprimento pontual dos serviços acordados – art. 22.°, 1 *i*) e *j*).

Fica excluída, apenas, a obrigatoriedade das referências contidas nas alíneas *m*) – serviços facultativamente pagos pelo cliente – e *n*) – todas as

---

[234] Esta era já a orientação que dominava de acordo com o art. 20.°, 1 do DL n.° 198/93.

[235] Os n.°ˢ 1 *g*) e 4 do art. 57.° sancionam a falta de programa de viagem com uma coima que pode ir de duzentos mil a dois milhões de escudos.

exigências específicas que o cliente comunique à agência e esta aceite – da norma citada [236]. Dada a coincidência entre as exigências que devem constar do programa e dos termos do contrato, remetemos a análise desta questão, por motivos de sistematização, para o título referente à análise do conteúdo contratual.

Para além destas indicações, deve o programa informar sobre as exigências em matéria de passaportes, vistos, prazos para a respectiva obtenção e formalidades sanitárias para a viagem e estada – arts. 18.º, 1 e 20.º, 1 a) –, bem como sobre quaisquer outras características especiais da viagem – art. 20.º, 2 b).

9.2.2. *Informação clara e precisa.* A lei exige que os elementos de informação constantes do programa de viagem sejam indicados de forma clara e precisa [237]. Independentemente da forma adoptada para o programa, escrita ou outra, a informação dele constante deve ser precisa, quer dizer, exacta e verdadeira, resultando a clareza do facto de dever ser perceptível ao homem médio, colocado na posição do cliente da agência, de modo a esclarecê-lo sobre as características da viagem e do contrato que irá celebrar se pretender participar naquela.

9.2.3. *Carácter vinculativo do programa.* Já aqui identificámos o programa de viagem como uma oferta pública, que configura uma proposta contratual da agência organizadora a uma generalidade de pessoas indeterminadas [238]. O seu carácter vinculativo, previsto no art. 21.º, deve entender-se no sentido de estar vedada, em regra, à agência organizadora a alteração ou revogação da proposta contratual que emitiu.

---

[236] A não obrigatoriedade de se indicar os serviços que, facultativamente, serão pagos pelos clientes, não significa que estes não possam constar do programa de viagem. Enquanto que, no art. 20.º, 2 a) do DL n.º 198/93, o legislador considerava obrigatória a menção da existência de excursões facultativas, na lei vigente dispõe-se que não há uma absoluta necessidade da sua indicação, dado que sempre estarão excluídas do preço da viagem. Todavia, quando a agência organizadora o faça, deverá ser clara a referência ao seu carácter facultativo, ao facto de o seu preço não estar integrado no preço total da viagem, devendo ainda indicar-se o número mínimo de participantes eventualmente exigido para a sua realização.

[237] Note-se, aqui, a omissão no texto legal português da indicação à forma "legível", que consta do § 1 do art. 3.º, 2 da Directiva.

[238] Veja-se, no mesmo sentido, em Itália, LA TORRE, *Il contratto di viaggio...*, cit., p. 32, em que refere que o opúsculo distribuído pela agência "integra uma «oferta ao público», que «vale como proposta» (...)". A distinção entre a oferta ao público, a promessa pública e o anúncio público da declaração, pode encontrar-se em ALMEIDA COSTA, *Direito das Obrigações*, 6.ª ed., Coimbra, 1994, pp. 389-390.

Convém, todavia, compatibilizar este normativo com o disposto no art. 230.°, 1 CCiv. Dispõe esta norma que, salvo declaração em contrário, a proposta contratual é revogável enquanto o seu destinatário não a receber ou não for por ele conhecida, norma que reflecte a aceitação, entre nós, das teorias da recepção e da percepção, fazendo coincidir o momento da eficácia da declaração negocial – art. 224.°, 1 CCiv – com o momento, a partir do qual, esta se torna irrevogável [239].

Fazendo a interpretação conjunta destes preceitos, podemos, então, concluir que o programa de viagem adquire eficácia, vinculando a agência organizadora, a partir da recepção ou do seu conhecimento pelo cliente, sendo livremente revogável até aí. Uma vez que o programa se dirige ao público em geral, este momento coincidirá, em regra, com a colocação dos programas à disposição do público. A partir daí, a proposta torna-se irrevogável, não sendo admitida a declaração em contrário a que se refere o art. 230.°, 1 CCiv. Prevêem-se, no entanto, dois desvios a esta regra, legalmente consagrados nas duas alíneas do art. 21.°.

Parece, pois, que, face aos preceitos civis sobre perfeição da declaração negocial – arts. 224.° a 235.° CCiv –, o disposto no art. 21.° representa uma dupla novidade: por um lado, ao afastar o carácter supletivo da irrevogabilidade da proposta, por outro, ao admitir, a título excepcional, segundo um regime legalmente estabelecido, a possibilidade de revogação (alteração) da proposta até ao momento da aceitação pelo cliente [240].

Um outro aspecto associado ao carácter vinculativo do programa, e que resulta do entendimento deste como um meio de publicitar os serviços da agência, relaciona-se com o fenómeno da integração publicitária. Assim, toda a divulgação efectuada através de programas de viagem [241] para publi-

---

[239] Veja-se HÖRSTER, *Sobre a formação...*, cit., pp. 144-145.

[240] O mesmo não sucede, por exemplo, no direito italiano, onde o acolhimento da orientação comunitária terá reflexos menos visíveis. Efectivamente, de acordo com o disposto nos arts. 1326.° e 1328.° *Codice Civile*, a proposta contratual pode ser revogada pelo proponente enquanto o contrato não esteja celebrado. Tal consubstancia uma ampla possibilidade da agência organizadora revogar o programa até ao momento da aceitação do cliente. Nos termos previstos no art. 9.°, 2 da lei italiana sobre *"viaggi tutto compreso"*, vem-se impedir que a agência revogue a proposta fora das hipóteses e das condições determinadas nessa norma.

[241] Relativamente à divulgação efectuada através de outros meios publicitários, parece que se chegará a uma conclusão semelhante, por força da aplicação do art. 7.°, 5 da LDC, onde se estabelece que: "As informações concretas e objectivas contidas nas mensagens publicitárias de determinado bem, serviço ou direito consideram-se integradas no conteúdo dos contratos que se venham a celebrar após a sua emissão, tendo-se por não escritas as cláusulas contratuais em contrário".

citar a viagem (as próprias imagens do hotel ou dos locais de destino) passa a constituir parte integrante do contrato que for celebrado pelo cliente [242].

Se, por exemplo, chegando ao destino, o quarto do hotel não corresponder, em termos de espaço, conforto, condições sanitárias ou inserção paisagística, ao que consta do programa, terá direito, o cliente, a ser indemnizado pelos prejuízos (menor qualidade dos serviços prestados) causados pelo cumprimento defeituoso do contrato.

9.2.3.1. *Excepções ao carácter vinculativo do programa: a) Possibilidade de alteração prevista no programa*

Referiremos, em seguida, as duas únicas hipóteses, legalmente previstas, em que é permitido alterar o conteúdo do programa, deixando a agência de estar sujeita ao seu cumprimento pontual. A primeira, no art. 21.º *a)*, resulta de, no próprio programa, se prever expressamente a possibilidade de alteração das condições e tal alteração tenha sido, inequivocamente, comunicada ao cliente antes da celebração do contrato. Esta excepção legitima que a agência organizadora possa, em determinadas condições, obstar ao carácter vinculativo do programa num momento em que ainda não há acordo da contraparte, quer dizer, a agência poderá alterar a proposta contratual que efectuou, mesmo após a mesma ter chegado ao poder do cliente ou ser dele conhecida, desde que não esteja, ainda, celebrado o contrato.

Para tal, esta ressalva tem que constar, de forma expressa, da proposta de contrato de viagem organizada, sob pena de, após a divulgação do programa de viagem, a agência ficar, inexoravelmente, vinculada aos elementos nele compreendidos, integrando-se o seu teor no conteúdo contratual.

Quando, porém, esteja prevista esta possibilidade, a lei exige a verificação cumulativa de outros dois requisitos: *a)* que a alteração de uma ou mais condições seja comunicada ao cliente de forma inequívoca; *b)* que tal comunicação aconteça antes da celebração do contrato.

Relativamente à forma da comunicação, foi acolhida a orientação constante do art. 230.º, 3 CCiv, onde se dispõe que a eficácia da revogação da proposta dirigida ao público depende de a mesma ser efectuada na

---

[242] Neste sentido, AURIOLES MARTIN, *La Directiva...*, cit., p. 842, esclarece que "*Las cautelas adoptadas por la Directiva en materia de promoción y publicidad de los viajes combinados serian estériles si todo el aparato publicitario no es considerado como parte integrante del contrato*", e MUÑOZ, *Guía explicativa...*, cit., p. 106. Para maiores desenvolvimentos sobre a integração publicitária nos contratos turísticos em geral, veja-se J. A. TORRES LANA, *La integración de la publicidad en la oferta contractual turística*, em *Turismo y Defensa del consumidor*, cit., pp. 75 e ss.

forma da oferta ou em forma equivalente. Em relação ao programa de viagem, tal alteração deverá, por isso, ser feita pelo mesmo modo utilizado na divulgação do programa, sem prejuízo do emprego de outros meios que assegurem um mais eficaz conhecimento das modificações pelo destinatário da proposta. No que respeita ao momento da comunicação, a lei menciona que a alteração deve ser comunicada antes da celebração do contrato. Note-se que, a ocorrer posteriormente, estaríamos já face a uma alteração do conteúdo contratual, a qual se encontra sujeita a regras próprias [243].

9.2.3.2. *(Cont.): b) Acordo das partes*
A segunda hipótese do programa não ter uma força vinculativa é a existência de acordo, entre a agência organizadora e o cliente, sobre a natureza não definitiva do programa, encontrando-se consagrada no art. 21.º, *b*). Em primeiro lugar, é necessário esclarecer que este acordo visa, tão só, possibilitar que o contrato celebrado entre a agência e o cliente possa efectuar-se em condições diversas daquelas que estavam previstas no programa [244], impedindo o cliente de, em fase posterior, invocar a natureza vinculativa deste [245]. Somos, pois, da opinião que tal acordo apenas terá sentido se ocorrer antes da celebração do contrato, pois, a ocorrer posteriormente, configurará uma alteração contratual por acordo das partes, a qual é já permitida pela liberdade contratual, nos termos do art. 406.º, 1 CCiv.

Não se prevê, no nosso direito, nenhuma forma especial para este acordo, ao contrário da exigência de forma escrita presente, por exemplo, no direito espanhol, o que pode causar algumas dificuldades no controlo do modo livre e esclarecido de como o mesmo foi obtido, quer dizer, como foi alcançada a concordância do cliente. Tomando consciência desta dificuldade, patente no quadro legislativo anterior – art. 21.º, *b*) DL n.º 198/93 –,

---

[243] A ideia fundamental deve ser a de permitir ao futuro cliente, num momento em que ele ainda não celebrou qualquer contrato, a renúncia a essa celebração, no caso de não lhe interessar a alteração efectuada no programa.

[244] Em sentido contrário, veja-se FAÚNDEZ, *El contrato de viaje...*, cit., p. 19. Esta autora considera que a norma em questão mais não é do que uma manifestação do art. 1255.º do Código Civil espanhol, onde está previsto o princípio da liberdade contratual, encontrando a sua única utilidade na exigência de que tal acordo se faça por escrito. Esta exigência não existe, no entanto, no nosso texto legal, pelo que, no seguimento deste entendimento, a norma não teria qualquer efeito útil.

[245] Não é, todavia, este o entendimento do legislador espanhol, no § 2 do art. 3.º da Lei 21/1995, onde se prevê que a segunda excepção ao carácter vinculativo do programa ocorre após a celebração do contrato e acontece, apenas, quando os contratantes, previamente e por escrito, tenham previsto a possibilidade de modificações.

o legislador vem, agora, fazer incidir sobre a agência de viagens o ónus de prova deste acordo, nos termos do art. 21.°, *b) in fine*.

Haverá um acordo expresso sempre que, antes da celebração do contrato, as partes excluam o carácter vinculativo do programa. Esse acordo será tácito quando o contrato seja celebrado em condições diferentes das constantes do programa e do comportamento do cliente resulte a aceitação das alterações efectuadas, nomeadamente, não manifestando, por qualquer meio, a sua discordância.

Poderá pensar-se num caso em que, após a celebração do contrato, a agência, pelo facto do contrato ter sido celebrado em moldes diversos do programa, pretenda assegurar que, mais tarde, o cliente não irá invocar o carácter vinculativo do programa. Nesta hipótese, dir-se-á que o cliente, no momento em que celebra o contrato, está a dar o seu assentimento tácito às modificações relativas ao contrato de viagem, não se justificando a necessidade da agência em obter tal acordo após a celebração do mesmo. De qualquer modo, uma vez que recai sobre a agência o ónus de prova da existência do acordo, ela poderá ter, ainda assim, interesse na obtenção do mesmo de forma expressa, pelo que, em teoria, nada impede que tal acordo venha a formalizar-se após a celebração do contrato.

9.3. INFORMAÇÃO PRÉVIA SOBRE ASSISTÊNCIA MÉDICA E HOSPITALAR. Por último, para além das informações que deverão constar obrigatoriamente do programa de viagem, a informação, na fase pré-contratual, deve também incidir sobre a documentação exigida para a obtenção de assistência médica e hospitalar em caso de acidente ou doença, no caso da viagem se realizar em território da União europeia, nos termos do art. 18.°, 1. Tal informação deve ser dada por escrito ou por qualquer outra forma adequada [246], devendo ocorrer "antes da venda" da viagem organizada, ou seja, antes de celebrado o contrato.

9.4. CONCLUSÃO. O desrespeito da obrigação de informação pré-contratual, legalmente exigida nos termos dos arts. 18.° e 20.°, 2, poderá

---

[246] O legislador, no art. 18.°, 3, considera forma adequada de informação a mera entrega do programa de viagem. Não significa que esta seja a única forma adequada de informação, mas antes que é uma das possíveis e, até, a mais frequente. Esta norma, que não constava do DL n.° 198/93, corresponde a uma clara percepção, por parte do legislador, da realidade do sector turístico. Ao permitir que a mera entrega do programa constitua uma forma adequada de informação, não há uma preocupação de se certificar se o cliente está efectivamente esclarecido sobre os elementos constantes daquele, mas uma mera presunção ilidível de que isso acontece.

acarretar, independentemente das sanções contra-ordenacionais referidas, uma deformação do processo de constituição da vontade do cliente, conduzindo a um erro na formação da vontade, com base numa falsa representação da realidade [247]. Pode, além do mais, a agência organizadora, no caso de erro culposo, incorrer em responsabilidade pré-contratual, nos termos gerais do art. 227.º CCiv [248].

10. FASE CONTRATUAL

10.1. A FORMA DO CONTRATO. Mesmo após as primeiras tentativas de tipificação legal, o contrato de viagem organizada manteve-se sujeito ao princípio da liberdade de forma [249].

Na prática, a agência organizadora divulgava as viagens através de programas de viagem, onde inseria as cláusulas gerais que iriam vigorar no caso de se vir a celebrar o contrato com o cliente. Este aderia ao programa através da sua inscrição na viagem, a qual era, normalmente, acompanhada do pagamento de uma percentagem, em regra, 25% do preço total da viagem. O acordo de vontades não se formalizava através de qualquer acto solene, nem o cliente apunha a sua assinatura em qualquer documento, apenas recebendo um recibo de quitação correspondente ao pagamento efectuado.

Muitas vezes, o recibo poderia conter uma indicação, mais ou menos genérica, sobre as características da viagem em que o cliente se inscrevera, mas, na maior parte dos casos, tal indicação era inexistente. Muito menos se fazia qualquer referência às cláusulas contratuais, que, implicitamente, o cliente subscrevera no momento da sua inscrição.

Esta prática traduzia-se em visíveis inconvenientes para o esclarecimento da vontade do cliente, que acabava por nem sequer ter consciência

---

[247] Neste sentido, LA TORRE, *Il contratto di viaggio...*, cit., p. 31. Sobre os vícios de formação da vontade, vejam-se CASTRO MENDES, *Teoria geral...*, II, cit., pp. 96 e ss., MOTA PINTO, *Teoria Geral...*, cit., pp. 505 e ss., e RUI DE ALARCÃO, *Breve motivação do Anteprojecto sobre o negócio jurídico na parte relativa ao erro, dolo, coacção, representação, condição e objecto negocial*, "BMJ", n.º 138, 1964, pp. 71 e ss.

[248] Para maiores desenvolvimentos sobre a relação do erro-vício com a responsabilidade pré-contratual, veja-se MOTA PINTO, *Teoria Geral...*, cit., pp. 511-512. Sobre a problemática geral da responsabilidade pré-contratual, vejam-se ALMEIDA COSTA, *Responsabilidade civil pela ruptura das negociações preparatórias de um contrato (Anotação ao Ac. STJ, 5/2/1981)*, Coimbra, 1984, pp. 33 e ss., e ANA PRATA, *Notas sobre responsabilidade pré-contratual*, Lisboa, 1991, pp. 19 e ss..

[249] Entre nós, este princípio encontra-se previsto no art. 217.º CCiv.

de estar a aderir a um contrato previamente elaborado pela agência, desconhecendo o seu conteúdo e, mesmo nos casos em que a tinha, estava, de certo modo, limitada a possibilidade de pedir esclarecimentos sobre o significado das suas cláusulas, por faltar um momento formal em que o cliente se apercebesse de estar a celebrar o contrato.

A constatação desta situação originou o nascimento de uma tendência que procurou criar determinados formalismos na contratação, que viessem substituir-se ao liberalismo contratual existente, com vista a tutelar a posição do contraente mais débil numa fase crucial da formação da sua vontade[250].

Pretendia-se, através deste processo, assegurar uma mais elevada dose de reflexão do cliente no momento da contratação e, fundamentalmente, consciencializá-lo do facto de estar a celebrar um contrato sujeito a determinadas cláusulas[251], facultando-lhe, através do fornecimento de um documento, um meio de provar a celebração do mesmo[252].

É no seguimento desta tendência que o legislador comunitário vem dispor, no art. 4.º, 2 da Directiva, sobre a obrigatoriedade de um conteúdo mínimo para o contrato, a necessidade das suas cláusulas serem consignadas por escrito ou sob qualquer outra forma compreensível e acessível ao consumidor e o dever de fornecer a este uma cópia do contrato[253].

A Directiva não prevê, no entanto, uma forma legal para o contrato, no sentido de formalização da manifestação do acordo de vontades, cuja falta pudesse acarretar a invalidade do mesmo. Tal parece resultar do facto de não se exigir que haja assinatura de qualquer das partes do contrato,

---

[250] Cfr. BOULANGER, *Tourisme et loisirs...*, cit., pp. 26 e 27.

[251] Assinalando o momento da celebração do contrato, através da formalização (por exemplo, pela aposição da assinatura do cliente num determinado documento, onde se contivessem as cláusulas contratuais), estar-se-ia a incentivá-lo a analisar o conteúdo do contrato que assinasse, instigando-o a questionar a agência organizadora sobre qualquer dúvida que tivesse na compreensão desse contrato. Note-se que, por exemplo, para os contratos de venda ao domicílio, a lei exige uma formalidade *ad substantiam*, nos termos do art. 3.º do DL n.º 272/87, de 3 de Julho.

[252] Sobre vantagens e desvantagens da formalização negocial, veja-se MOTA PINTO, *Teoria Geral...*, cit., p. 431.

[253] Já antes o art. 5.º CCV se referia ao "documento de viagem". Este deveria ter, também, um conteúdo mínimo (art. 6.º CCV), deveria ser assinado ou carimbado pelo organizador e fazia fé das condições contratuais (art. 7.º). Entende a doutrina italiana que a CCV não exigia uma forma *ad substantiam*, pelo que a falta do documento de viagem ou de qualquer dos seus elementos obrigatórios, não causava a nulidade do contrato por falta de forma, o que, aliás, resultava expressamente do art. 7.º, 2 CCV. Neste sentido, ENZO ROPPO, *Commentario...*, cit., pp. 1771 e ss., e CIURNELLI, *Il contratto di organizzazione...*, cit., p. 686.

inexistindo qualquer referência à necessidade do mesmo se celebrar por escrito ou por outra forma, apenas se prevendo que as suas cláusulas devem constar de documento escrito ou outro similar. A este documento chama a Directiva "contrato" e, do mesmo, deverá a agência organizadora entregar uma cópia ao consumidor.

A lei portuguesa, no DL n.º 209/97, consagra duas modalidades de formalização do contrato. A primeira, que constitui a regra supletiva, está prevista no art. 22.º, 2, onde se dispõe: "Sem prejuízo do número seguinte, considera-se celebrado o contrato com a entrega ao cliente do programa de viagem e do recibo de quitação, devendo a viagem ser identificada através da designação que constar do programa".

No art. 22.º, 3, estipula-se, em seguida, que: "Sempre que o cliente o solicite ou a agência o determine, o contrato constará de documento autónomo, devendo a agência entregar ao cliente cópia integral do mesmo, assinado por ambas as partes".

A interpretação destas normas poderá suscitar algumas dúvidas, pelo que convém esclarecer o seu sentido. A primeira observação é para o seu carácter de formalidade *ad probationem* e não *ad substantiam*[254]. Assim, a inobservância destas formalidades não conduz à nulidade do contrato por desrespeito pela forma legal, nos termos do art. 219.º CCiv, representando, apenas, um meio de prova da celebração do contrato de viagem organizada[255].

Por outro lado, se o cliente não exigir que o contrato conste de documento autónomo, nem a agência o determinar, então a exigência formal estará cumprida através da entrega, ao cliente, do programa de viagem e do recibo de quitação. Não quer isto dizer que o contrato se celebre na data da sua redacção em documento autónomo, ou na data da entrega do pro-

---

[254] Sobre a distinção entre formalidades *ad substantiam* e *ad probationem*, veja-se CASTRO MENDES, *Teoria geral...*, II, cit., 1985, pp. 65-70, e RUI DE ALARCÃO, *A Confirmação...*, cit., p. 108.

[255] Neste sentido, no direito italiano, onde se prescreve que o contrato deve ser elaborado sob a forma escrita, LA TORRE, *Il contratto di viaggio...*, cit., p. 31. Também CALERO, *Régimen juridico...*, cit., p. 80, refere que a lei espanhola, não obstante prever a forma escrita do contrato, não a entende, porém, como "*condición necesaria «para su eficacia» o «para su validez» ni la impone bajo sanción de nulidad*". No mesmo sentido, LEÓN ARCE, *Contratos de consumo intracomunitarios...*, cit., p. 277. Em sentido diverso, MUÑOZ, *Guía explicativa...*, cit., p. 107, sugere a aplicação analógica do "*establecido en materia de contratos fuera del establecimiento mercantil: el contrato podrá ser anulado a instancia del consumidor si no se cumplen los requisitos de documentación – por escrito, doble ejemplar, etc. – no por el empresario, salvo que el incumplimiento sea exclusivo del consumidor*".

grama de viagem e do recibo de quitação. O contrato celebra-se por mero acordo das partes, por força do princípio da consensualidade[256]. O facto das suas cláusulas deverem constar de um documento, que pode ser o próprio programa de viagem, e da agência estar obrigada a fornecer esse documento ao cliente[257], não significa que esta entrega tenha de coincidir com o momento da perfeição contratual, nem que o contrato só se celebre com essa entrega.

Em regra, tal poderá suceder, nomeadamente, para as hipóteses do art. 22.º, 2, já que a inscrição do cliente, ou seja, a aceitação por sua parte da proposta da agência organizadora, é, geralmente, acompanhada do pagamento parcial ou total do preço da viagem, o que dará lugar à entrega do recibo de quitação no momento da celebração do contrato.

A formalização, nos termos do art. 22.º, 2, exige que a agência entregue ao cliente o programa de viagem, entrega que pode resultar de um acto material de um funcionário da agência, ou de um acto do cliente que retire o programa, que se encontra à disposição do público, das instalações da agência de viagens.

A entrega do programa, onde constam as menções referidas no art. 20.º, 2, as quais são, praticamente, coincidentes com as que devem constar do conteúdo obrigatório do contrato, não é suficiente para provar a existência deste. A prova só será possível se o programa for acompanhado do recibo de quitação, entregue ao cliente aquando do pagamento do preço da viagem[258]. O recibo deverá, além disso, especificar a viagem em que o cliente se inscreveu através de uma remissão para o programa respectivo[259].

---

[256] Neste sentido, CALERO, *Régimen jurídico...*, cit., p. 84, esclarecendo que a exigência (da lei espanhola) de entrega de uma cópia ao cliente não é elemento necessário à perfeição do contrato.

[257] A lei não o refere, de forma expressa, a propósito do documento autónomo previsto no art. 22.º, 3, mas decorre do art. 4.º, 2 b) da Directiva que o cliente deve receber uma cópia do contrato.

[258] Parece-nos ser suficiente o recibo correspondente a um pagamento parcial, dado que já aqui se conclui sobre a existência do contrato de viagem, sob pena do pagamento efectuado não ter fundamento legal. Não é, por isso, necessário que o recibo de quitação corresponda ao pagamento do preço total da viagem.

[259] Os programas de viagens são, normalmente, inseridos em brochuras em que são oferecidas diversas viagens. Assim, a referência deverá fazer-se ao número da viagem, se existir, ou a qualquer meio de identificação (*v.g.*, página da brochura em que se encontra, as características próprias da viagem) que a permita individualizar, devendo, além disso, ser o cliente avisado de que o programa é o documento que titula o contrato.

Relativamente à segunda modalidade de formalização, importa destacar que a mesma depende de um comportamento activo do cliente ou de iniciativa da agência. O contrato deverá constar, neste caso, de um documento distinto do programa de viagem, que poderá ter a forma escrita ou outra, devendo o mesmo ser assinado pelo cliente e pela agência organizadora e entregue uma cópia ao cliente. Esta modalidade é a que nos parece mais consentânea com o esclarecimento efectivo do cliente, marcando com maior nitidez o momento da contratação.

A solução legislativa adoptada no nosso país corresponde a uma transposição *suis generis* do texto da Directiva comunitária, que pode, segundo cremos, ser objecto de algumas críticas. A primeira relaciona-se com o carácter supletivo do n.º 2 do art. 22.º, que o eleva a regime-regra em sede de formalização do contrato de viagem organizada. A nosso ver, melhor estaria tutelada a posição do cliente se a regra fosse a do n.º 3 do art. 22.º, isto é, a da estipulação das cláusulas contratuais num documento, assinado por ambas as partes, que se distinguisse perfeitamente do programa de viagem.

O cliente teria, assim, uma maior consciência de estar a celebrar um contrato, mesmo que a enunciação das cláusulas se fizesse por remissão para o programa de viagem, o que evitaria a duplicação dos elementos constantes das alíneas *a)* a *l)* do art. 22.º, 1. Em simultâneo, ficaria o cliente na posse de um meio de prova da celebração do contrato.

A alternativa do art. 22.º, 2 passaria, deste modo, a ter carácter excepcional, apenas utilizada nos casos em que o cliente dispensasse a formalidade do documento autónomo e, eventualmente, nos casos de contratos de "última hora", em que a redacção de um documento autónomo tornaria morosa a contratação, não se compatibilizando com o seu carácter urgente [260].

Ao adoptar como regime-regra a entrega do programa de viagem

---

[260] A Directiva comunitária, no art. 4.º, 2 *c)*, refere-se à celebração tardia ou "à última hora" dos contratos, dispondo que, nestes casos, a consignação das cláusulas, por escrito ou por outra forma, não é obrigatória. Não se define, contudo, o que deve entender-se por 'celebração tardia', cabendo aos Estados-membros a definição, em concreto, deste conceito. Foi o que fez o legislador holandês, no art. 2.º, 3 do título 7A do Livro 7 do Código civil, ao identificar os contratos de "última hora" com aqueles que são celebrados a menos de 72 horas do início da viagem.

O legislador português não transpôs aquela norma da Directiva, nem nisso se vê qualquer necessidade, uma vez que a formalização através da entrega do programa de viagem e recibo de quitação é sempre possível até ao momento anterior à partida, não havendo motivos para dispensar a agência da redacção do contrato por escrito ou por outra forma, uma vez que o programa, nessa data, já se encontra integralmente elaborado.

acompanhado do recibo de quitação, não se especificou se tal deveria ocorrer simultaneamente, ou se tais entregas poderiam ter lugar em momentos diferentes. Na prática, o cliente terá, nuns casos, acesso ao programa antes de ter pago o preço da viagem, noutros, o preço é pago em momento ulterior ao da aceitação da proposta da agência organizadora, o que torna difuso e indefinido o momento em que ocorreu a celebração do contrato, não servindo a estipulação desta formalidade para atingir o objectivo de tornar mais nítido o momento da perfeição contratual. Este haverá que referir-se ao conhecimento pela agência de viagens da aceitação da proposta pelo cliente, o que nem sempre será fácil de fixar num momento certo. Note-se, além do mais, que esta referência é importante, uma vez que determinadas obrigações surgem para a agência no "momento da venda".

Este obstáculo estaria, quanto a nós, ultrapassado, se se estabelecesse a exigência de entrega de um documento escrito para solenizar o momento da celebração do contrato, solução a que se chegaria pelo art. 22.º, 3, que não é, todavia, a regra, mas sim a excepção.

Outro aspecto que merece a nossa crítica é a não exigência da assinatura do cliente no art. 22.º, 2, o que consideramos pouco favorável para este, que, muitas vezes, não se dará conta de estar a celebrar um contrato, nem do momento em que esse contrato começa a vigorar entre as partes. A assinatura permitiria solenizar o momento da contratação, contribuindo para garantir uma "contratualização efectiva", já que haveria uma adesão expressa às cláusulas gerais elaboradas pela agência organizadora.

Uma chamada de atenção, ainda, para os elementos constantes das alíneas *m)* e *n)* do art. 22.º, 1, os quais não têm que constar do programa de viagem. Se, em relação à primeira, se pode admitir que a agência insira no programa os serviços que, facultativamente, o cliente poderá pagar e que não estão incluídos no preço total da viagem, já quanto à alínea *n)*, a sua presença no programa de viagem é impossível por natureza. Efectivamente, as exigências específicas que o cliente faça à agência e esta aceite, só ocorrerão após a divulgação do programa, pelo que a sua menção, aquando da formalização do contrato, deverá ocorrer sempre através de um documento autónomo, escrito ou de natureza similar que, nos casos do art. 22.º, 2, deverá ser aditado ao programa de viagem ou ao recibo de quitação e, nos casos do art. 22.º, 3, incluído no documento onde constem as restantes cláusulas do contrato [261].

---

[261] Por força do art. 22.º, 5, a formalização do contrato deve ser acompanhada pela entrega de cópias das apólices de seguros de viagem ou de bagagem comercializados pela agência, no âmbito do contrato de viagem organizada.

Pela análise do disposto no texto legal, reconhece-se uma aparente concessão legislativa aos interesses das agências de viagens, nomeadamente, através da legitimação de um processo de contratação que, tradicionalmente, existe neste sector e que é pautado por uma certa obscuridade e falta de clareza, pelo menos, na perspectiva do turista. Este surge perante a agência, desprovido de meios e conhecimentos técnico-jurídicos, subscrevendo, tacitamente, cláusulas gerais, das quais, muitas vezes, só se dará conta da existência quando confrontado com situações de incumprimento contratual, ocorridas durante a viagem.

Ao legitimar esta prática, a defesa do consumidor não é, no entanto, de todo olvidada, sendo contra-balançada pelas regras estritas estabelecidas para a obrigatoriedade e conteúdo mínimo dos programas de viagem.

Uma das dificuldades que causa esta solução legislativa relaciona-se com a sua compatibilização com o art. 18.º, 2, norma que é aplicável à generalidade dos contratos turísticos e, em consequência, também ao contrato de viagem organizada.

Dispõe este preceito que: "Quando seja obrigatório contrato escrito, a agência deve ainda informar o cliente de todas as cláusulas a incluir no mesmo", no que é qualificado pela doutrina como mais uma manifestação do dever pré-contratual de informação que recai sobre a agência organizadora [262].

Esta obrigação deve anteceder o momento da celebração do contrato, que acontece com a aceitação pelo cliente da proposta formulada pela agência organizadora e que, poderá ou não, coincidir com o momento da formalização, nos termos do art. 22.º, 2 ou 3.

Por outro lado, importa relembrar que a referência a "contrato escrito" não se deve entender como uma exigência de forma *ad substantiam* mas, tão somente, como formalidade *ad probationem*, sob pena de a norma perder todo o efeito útil, uma vez que não existe qualquer contrato de viagem turística, para cuja celebração se exija uma forma determinante da sua validade.

Para além disso, a norma do art. 18.º, 2 aplica-se aos casos em que é obrigatória a celebração por escrito, importando definir quando isto acontece. Como sabemos, o contrato de viagem organizada formaliza-se através de documento autónomo, que pode ser escrito ou não, ou através da entrega do programa acompanhado do recibo de quitação, sendo este o regime-regra. Também o programa poderá ter uma forma escrita ou não [263].

---

[262] Neste sentido, entre outros, vejam-se AURIOLES MARTIN, *La Directiva*..., cit., p. 842, e QUINTANA CARLO, *La adaptación del Derecho español*..., cit., p. 49.

[263] Cfr. *supra*, título 9.2.: "O programa de viagem".

Ora, numa interpretação literal do art. 18.º, 2, apenas nos casos em que o contrato fosse formalizado por escrito, estaria a agência obrigada, num momento prévio, a informar o cliente de todas as cláusulas a incluir no documento escrito. Nas restantes hipóteses, excluir-se-ia o dever de informação da agência.

Não nos parece, todavia, que esta seja a interpretação mais consentânea com a natureza da obrigação imposta à agência, cuja fundamentação há-de encontrar-se nos objectivos de tutela do consumidor, e na intenção de transparência [264], que devem presidir à contratação da viagem organizada. Não se vislumbra, por isso, qualquer justificação aceitável para que a agência seja dispensada do dever de informação nos casos de formalização do contrato por modo diverso do escrito.

Em nosso entender, o art. 18.º, 2 deverá ser interpretado em consonância com o art. 4.º, 2 b) da Directiva, conduzindo ao entendimento de que o dever de informar o cliente das cláusulas contratuais existe para a agência, independentemente do suporte em que estas sejam consignadas.

Por força destas disposições legais, antes da aceitação pelo cliente da proposta formulada pela agência através do programa de viagem, recai, sobre esta, o dever de comunicar àquele todas as cláusulas a incluir no contrato, devendo essa comunicação ser clara, de forma a esclarecer eventuais dúvidas suscitadas por este [265].

Em regra, o momento da celebração do contrato coincidirá com o da sua formalização, como sucede nos casos em que a formalização se dê nos termos do art. 22.º, 3 e naqueles em que o cliente, na data da adesão ao contrato de viagem organizada, pague imediatamente parte ou a totalidade do preço da viagem. Haverá, no entanto, casos em que os dois momentos não coincidem, por exemplo, quando não se determine a contratação nos termos do art. 22.º, 2 e o cliente manifeste a sua aceitação da proposta da agência, sendo o pagamento retardado para momento ulterior. Nesta hipótese, o dever de informação deverá preceder a aceitação do cliente, não se cumprindo a obrigação da agência se tal informação for apenas dada na data do pagamento da viagem.

Não obstante as críticas que podem ser apontadas, o texto legal português parece respeitar o mínimo exigido pela Directiva, que, a nosso ver, terá sido algo permissiva nesta matéria [266].

---

[264] Cfr. LA TORRE, *Il contratto di viaggio...*, cit., p. 31.

[265] A consequência do não cumprimento desta obrigação é a deficiente formação da vontade do cliente, que se repercutirá num erro de formação da vontade.

[266] As leis italiana e espanhola prevêem expressamente a formalização do contrato

Estamos em crer que o nosso legislador poderia ter ido mais além na tutela da posição do consumidor, se tivesse adoptado como regra aquilo que, na prática terá carácter excepcional, ou seja, a formalização através de documento autónomo e distinto do programa de viagem, assinado por ambas as partes [267]. Teria, deste modo, sem onerar o comércio jurídico com os prejuízos que decorrem da falta de celeridade [268], contribuído para simplificar o regime legal deste contrato, ao marcar com maior nitidez o momento a partir do qual cessa a fase pré-contratual e se inicia a fase contratual, estabelecendo uma identificação entre os momentos da perfeição e da formalização contratual. Pensamos, também, que o próprio valor económico, muitas vezes avultado, da viagem, justificaria que se solenizasse o momento da contratação, por forma a prevenir os riscos da precipitação e ligeireza do turista na aceitação das cláusulas pré-dispostas pela agência organizadora.

10.2. O CONTEÚDO DO CONTRATO. Do mesmo modo que estabelece um conteúdo mínimo obrigatório para o programa de viagem [269], a nossa lei, no art. 22.º, 1, vem também estabelecer determinados elementos que deverão constar do contrato de viagem organizada, os quais devem ser mencionados de forma clara e precisa.

Assim, as regras contratuais que, normalmente, são pré-dispostas unilateralmente pela agência de viagens devem versar, obrigatoriamente, sobre todos os elementos constantes do art. 22.º, 1 e respeitar os preceitos legais imperativos constantes do regime legal do contrato de viagem organizada. Tradicionalmente, algumas destas indicações constavam já dos contratos de adesão que, de modo genericamente uniforme, eram adoptados pelas agências de viagens, segundo as orientações não vinculativas sugeridas pelas associações de agências de viagens, no caso português, a APAVT, através de contratos-modelo divulgados junto dos associados.

---

por escrito, separando claramente o programa de viagem e o documento escrito onde constem as cláusulas do contrato.

[267] Esta era, aliás, a solução legal adoptada no art. 23.º, 3 do DL n.º 198/93, que o legislador não manteve na actual redacção, manifestando uma vez mais o carácter restritivo para os interesses do turista que resulta da lei vigente.

[268] O documento autónomo poderia consistir num contrato previamente elaborado, onde constassem as condições gerais do contrato e ao qual seriam aditadas, apenas, as condições particulares da viagem, tais como local de destino, datas da viagem, referências sobre o transporte, alojamento ou outros serviços incluídos, etc..

[269] Não se esqueça que o art. 20.º, 2 remete para as alíneas *a)* a *l)* do art. 22.º, 1, pelo que o que se disser sobre cada uma dessas alíneas é válido, quer para o conteúdo do contrato, quer para o conteúdo do programa de viagem.

Em seguida, far-se-á uma breve análise das alíneas que compõem o art. 22.º, 1, procurando dar notícia de cada um dos elementos que devem integrar o contrato de viagem organizada. Importa realçar que alguns destes, nomeadamente, os que se refiram às características da viagem e serviços nela incluídos, os quais tendem a variar consoante o tipo de viagem, poderão não estar presentes em certos tipos de contratos de viagem organizada. Pense-se, por exemplo, numa viagem para cuja realização não se exija um número mínimo de participantes ou num contrato de viagem organizada que não inclua serviços de transporte. Nestas duas situações, não teriam aplicabilidade, respectivamente, as alíneas *f)* e *g)* do art. 22.º, 1.

10.2.1. *Nome, endereço e número de alvará da agência organizadora – art. 22.º, 1 a)*. A identificação da entidade com quem o cliente contrata – a qual será uma agência de viagens e turismo, definida nos termos do art. 1.º –, e que é responsável pela organização da viagem[270], é fundamental para que se saiba com quem se está a contratar, daí se podendo aferir a sua credibilidade e solvabilidade no meio comercial, ao mesmo tempo possibilitando reagir, *maxime,* contenciosamente, contra um sujeito determinado, no caso de incumprimento das obrigações assumidas.

Na indicação do nome, deve, não só, referir-se a firma comercial, quando exista, mas também qualquer outra denominação utilizada na identificação da agência. Na indicação do endereço será importante a menção do local onde o contrato é celebrado, natureza do estabelecimento (filial, sucursal, delegação, etc.) e, em qualquer caso, a sede da agência de viagens.

O legislador veio aperfeiçoar a redacção no actual texto legal, relativamente à norma paralela da lei anterior[271], ao exigir a menção do número do alvará, o qual indiciará que o cliente se encontra perante uma agência de viagens devidamente licenciada e, portanto, sujeita, nesta matéria, ao regime legal estabelecido no DL n.º 209/97.

A lei poderia ter sido mais precisa na indagação dos dados relativos à identificação da agência organizadora, nomeadamente, exigindo a expressa indicação da natureza jurídica da agência (estabelecimento comercial de responsabilidade limitada, cooperativa ou sociedade comercial, e em relação a estas, o tipo de sociedade) e respectivos números de identificação de

---

[270] Na redacção da alínea *a)* do art. 22.º, 1, refere-se, também, o nome, endereço e número de alvará da agência vendedora. Esta menção terá interesse, unicamente, para o estudo do contrato de intermediação de viagem organizada, o qual não se encontra abrangido pela presente dissertação.

[271] Cfr. o art. 24.º *a)* do DL n.º 198/93, onde se omite a referência ao número do alvará da agência.

pessoa colectiva, capital social e número de matrícula na conservatória do registo comercial, quando a eles houvesse lugar. Estaria, deste modo, ainda mais completa a identificação da agência de viagens e melhor elucidado o cliente.

10.2.2. *Identificação das entidades que garantem a responsabilidade da agência organizadora – art. 22.º, 1 b)*. Nos termos dos arts. 41.º e ss., sob a epígrafe "Das garantias", a agência organizadora de viagens deverá, para garantia do cumprimento das obrigações emergentes do exercício da sua actividade, prestar uma caução (art. 43.º, 1) e efectuar um seguro de responsabilidade civil (art. 50.º, 1).

Nos termos do art. 44.º, 1, a caução pode ser prestada através de seguro-caução, garantia bancária, depósito bancário ou títulos de dívida pública portuguesa. As entidades que garantem a responsabilidade da agência poderão, assim, ser as companhias seguradoras, as entidades bancárias ou a Junta de Crédito Público. O seguro obrigatório de responsabilidade civil deverá ser efectuado junto de uma companhia seguradora, segundo apólice uniforme aprovada pelo Instituto de Seguros de Portugal.

Ao cliente interessa conhecer quem são estas entidades para poder reagir, directamente, contra elas, ficando, simultaneamente, em posição de averiguar se as garantias exigidas foram efectivamente prestadas e, embora, na prática, não proceda, em regra, a esta averiguação, há, pelo menos, através da sua indicação pela agência, um indício de que tal aconteceu.

Relativamente à identificação, o legislador não especifica quais os elementos necessários, pelo que, no mínimo, deverá indicar-se o nome e o endereço da sede das entidades garantes [272].

10.2.3. *Preço da viagem organizada, termos e prazos em que é legalmente admitida a sua alteração e impostos ou taxas devidos em função da viagem que não estejam incluídos no preço – art. 22.º, 1 c)*. Do contrato deverá constar, expressamente, o preço total da viagem organizada [273],

---

[272] A lei espanhola sobre *viajes combinados* refere-se, no art. 4.º, 1 *i*), a '*asegurador*', considerando CALERO, *Régimen jurídico...*, cit., pp. 52-54, que a referência não é à companhia seguradora que fez o seguro obrigatório de responsabilidade civil, mas antes às seguradoras que celebrem seguros facultativos: a) em que se cubram os gastos de cancelamento de viagem por parte do cliente ou os gastos de repatriamento em caso de acidente, doença ou morte; *b*) em que se cubram os riscos de perda e deterioração de equipamentos e riscos derivados da viagem.

[273] Sobre o preço com tudo incluído, como um dos requisitos da viagem organizada, veja-se *supra* o título 7.4.4.2.: "Preço com tudo incluído".

bem como os preceitos legais relativos aos termos e prazos em que é admitida a sua alteração, os quais se encontram previstos no art. 26.° e que serão objecto de uma análise cuidada noutra parte deste trabalho[274].

A agência organizadora deverá, ainda, especificar, no contrato, os impostos e taxas, que não estejam incluídos no preço global. Os exemplos mais comuns são as taxas de aterragem, embarque ou desembarque em aeroportos e portos marítimos, que são, tradicionalmente, pagas directamente pelo turista, no local de destino, aquando da sua chegada e na data do regresso. Caberá, por isso, à agência informar o cliente da sua existência, do facto de não estarem abrangidos pelo preço global, bem como do seu valor[275].

10.2.4. Montante ou percentagem do preço a pagar a título de princípio de pagamento, data de liquidação do remanescente e consequências da falta de pagamento – art. 22.°, 1 d). A indicação das condições em que pode ser feito o pagamento da viagem e as consequências do seu desrespeito são mais um elemento obrigatório no conteúdo do contrato de viagem organizada. Esta é uma matéria sobre a qual o legislador não impôs regras legais específicas, remetendo a sua regulamentação para o âmbito da vontade das partes. No nosso entender, deveria o legislador ter limitado legalmente a percentagem máxima do preço, que poderia ser exigida a título de princípio de pagamento[276]. É vulgar esta indicação aparecer nos contratos de adesão elaborados pelas agências organizadoras, incluída no âmbito da cláusula "Inscrições"[277].

Uma vez que decorre um espaço temporal, que pode ser mais ou menos longo, entre o momento da contratação e o da execução da viagem, permite-se, em regra, que a viagem não seja paga integralmente ou de uma só vez, fraccionando-se, no tempo, o seu pagamento, com vantagens para o consumidor, que, deste modo, distribui o esforço económico por diversas prestações de menor valor pecuniário. Normalmente, a agência esti-

---

[274] Veja-se, *infra*, o título 10.4.2.: "Modificação do preço da viagem".

[275] O valor poderá ser aproximado, uma vez que, entre o momento em que é celebrado o contrato e o da realização da viagem, podem ocorrer mudanças conjunturais na economia do país de destino que se reflictam nesse valor. Esta questão é, todavia, de menor relevância pois a taxa de aeroporto, por exemplo, tem, normalmente, pouco peso económico em comparação com o preço total da viagem.

[276] Esta foi a solução adoptada pelo legislador italiano, no art. 7.°, 1 *d*), onde se estipula que a quantia entregue não pode ultrapassar 25% do preço da viagem.

[277] Já nos referimos a esta cláusula noutro ponto deste trabalho. Veja-se, *supra*, o título 8.2.: "Formação do contrato".

pula, apenas, quando deve ocorrer o primeiro pagamento e o seu montante, indicando qual a data até à qual deve liquidar-se o remanescente.

No contrato-tipo da APAVT encontramos esta cláusula, nos seguintes termos: "No acto de inscrição o cliente deverá depositar 25% do preço da viagem, liquidando os restantes 75% até 21 dias antes da data da partida. Se a inscrição tiver lugar a 21 dias ou menos da data da partida, o preço total da viagem deverá ser pago no acto da inscrição (...). A agência organizadora reserva-se o direito de anular qualquer inscrição cujo pagamento não tenha sido efectuado nas condições acima mencionadas".

Poderá questionar-se se bastará, para que esteja cumprido o requisito legal, a redacção da cláusula desta forma, o que permite inseri-la em qualquer contrato de adesão, ou se deverá constar, de forma explícita, a especificação da data-limite para pagamento integral do preço da viagem. Estamos em crer que será suficiente a determinabilidade, em concreto, da data, para que seja respeitado o disposto no art. 22.º, 1 *d*).

Como consequência da falta de pagamento do preço nas condições estabelecidas, os contratos de adesão elaborados pelas agências de viagens têm seguido a orientação uniforme de sancionar essa falta com a atribuição à agência organizadora do direito de "anular" a viagem, o que, tecnicamente, corresponde a uma condição resolutiva do contrato. Pode, todavia, ser livremente estipulada pelas partes uma qualquer outra consequência, dentro dos limites da boa-fé e do abuso do direito[278].

10.2.5. *Origem, itinerário e destino da viagem, períodos e datas de estada – art. 22.º, 1 e)*.

Esta é já uma indicação que se refere às características próprias da viagem e cujo conteúdo variará de viagem para viagem, tendo como função determinar, em concreto, qual a viagem contratada. Deverá indicar-se qual o ponto de partida, o percurso que será efectuado pelo turista e o local de destino. Esta referência far-se-á, normalmente, com indicação do nome das cidades e, no caso de viagens ao estrangeiro, dos países a que pertencem.

A exigência deste preceito estará cumprida com a especificação do período, precisado através da indicação das datas de partida e de regresso, durante o qual se prolonga a viagem, bem como, havendo estada em mais

---

[278] Sobre a expressão do princípio da boa fé, veja-se a obra fundamental de MENEZES CORDEIRO, *Da Boa fé no Direito Civil*, I e II, Coimbra, 1985, e, sobre o abuso de direito, COUTINHO DE ABREU, *Do abuso de direito. Ensaio de um critério em direito civil e nas deliberações sociais.*, Coimbra, 1983, e MENEZES CORDEIRO, *Da Boa fé...*, II, cit., pp. 661 e ss..

do que um local durante a mesma viagem, as datas e períodos de tempo que o turista permanecerá em cada local.

10.2.6. *Número mínimo de participantes de que dependa a realização da viagem e data-limite para a notificação do cancelamento ao cliente, caso não se tenha atingido aquele número – art. 22.º, 1 f)*. A programação de viagens para grupos de pessoas, com a vantagem de embaratecer o custo individual de cada viagem, tem como contrapartida a dependência do turista relativamente a terceiros que venham integrar o mesmo grupo e participar na mesma viagem. Na verdade, sem que se verifique um número mínimo de participantes, as vantagens económicas, retiradas da planificação da viagem para grupos de pessoas, desaparecem, onerando a agência organizadora com prejuízos.

Não se entende que este risco deva correr por conta da agência organizadora, a partir do momento em que ela informe, previamente, o cliente de que se exige um número mínimo de participantes para a realização da viagem. A lei preceitua que tal menção deve constar obrigatoriamente do contrato, pelo que a agência deverá especificar tal número. Poderá, todavia, admitir-se que determinadas viagens não careçam deste número mínimo, uma vez que nada, na lei, obriga a que as viagens organizadas tenham limites mínimos de participantes, ou até, que sejam, necessariamente, viagens preparadas para grupos de turistas. Nestes casos, torna-se, evidentemente, desnecessária a menção da alínea *f)* do art. 22.º, 1.

Por outro lado, caso não conste do contrato o número mínimo de participantes e a agência organizadora venha a cancelar a viagem, com base em tal motivo, sobre ela recairá a responsabilidade pelo incumprimento contratual, pois não há qualquer fundamento legalmente admissível para se exonerar da sua prestação.

Quando se atinja o número mínimo de participantes, nenhum obstáculo existirá à realização da viagem. Porém, quando tal não suceda e não tenha sido possível reunir tal número, então, a agência terá direito a cancelar a viagem. Para tal, deverá notificar o turista, dentro de um determinado prazo, sob pena de permanecer obrigada à prestação. A lei não refere qual deverá ser esse prazo, remetendo a sua determinação para a vontade das partes. Será, pois, em regra, a agência organizadora quem, nas cláusulas gerais do contrato, irá prever uma data-limite para a notificação ao cliente do cancelamento da viagem. Tal referência deve dar-se em relação a uma data objectivamente determinável, ou determinada, e não fazer-se por remissão para cláusulas imprecisas, tais como, "o mais rapidamente possível" ou "imediatamente".

As cláusulas gerais da APAVT prevêem que a agência organizadora pode cancelar a viagem, notificando-se o cliente com oito dias de antecedência. Não se refere qual o momento a que se reporta a antecedência, presumindo-se que seja o da data de partida para a viagem [279].
Na definição deste prazo contam dois tipos de motivos. Por um lado, visa-se permitir que a agência possa, durante esse período, tentar angariar um número mínimo de participantes, o que justifica o seu retardamento para uma data próxima da execução da viagem. Por outro lado, visa-se dar a possibilidade ao cliente, cuja viagem haja sido cancelada devido à insuficiência de participantes, de encontrar uma solução alternativa, nomeadamente, através da escolha de outro "pacote turístico" da mesma ou de outra agência organizadora, o que justifica que o prazo esteja suficientemente distante da data prevista para a partida. Tal dará ao cliente tempo para repensar o seu plano e procurar uma outra solução.

A inexistência de uma data-limite legalmente estipulada autoriza, em teoria, que a notificação do cancelamento da viagem possa ter lugar algumas horas antes da partida, desde que do contrato conste tal possibilidade, o que constitui uma situação desvantajosa para o cliente, que pagou o seu preço, geralmente, com vinte e um dias de antecedência em relação à data da partida e que, na eminência desta, vê a viagem cancelada, ficando na posição desconfortável de quem tem de exigir o reembolso das quantias entregues à agência organizadora, ficando igualmente sem tempo para procurar alternativas de viagem para o mesmo período [280].

Somos, pois, da opinião que o legislador deveria ter previsto uma data-limite para a notificação do cancelamento da viagem. Esta foi a solução adoptada pela lei espanhola, onde se prevê que o cancelamento será ilícito, quando a notificação não ocorra antes dos dez dias que antecedem a data da partida [281]. A uniformização deste prazo para a generalidade dos contratos de viagem organizada dá, assim, maiores garantias de segurança ao cliente e não prejudica a estipulação contratual de prazos mais favoráveis a este.

---

[279] Somos da opinião que o cliente deverá receber a notificação com oito dias de antecedência em relação à data da partida. Não respeitará este prazo a agência que emite, por carta, a notificação do cancelamento com oito dias de antecedência relativamente à data de início da viagem, se a mesma não for recebida ou conhecida pelo cliente no mesmo dia.

[280] Note-se que, nas viagens de férias, esta situação é bastante grave, uma vez que a possibilidade unilateral de alterar o período de férias não existe para a generalidade dos trabalhadores por conta de outrem, o que implica um grande transtorno e perturbação, ficando o turista sem possibilidade de realizar a viagem, que planeara, muitas vezes, desde o início do ano de trabalho.

[281] Cfr. o art. 4.º, 1 f) da Lei 21/1995.

Em todo o caso, ainda que a nossa lei não o preveja, ter-se-á que apreciar, face a cada situação concreta, se a data-limite para a notificação do cancelamento é, ou não, comprometedora dos direitos do turista, o que poderá suceder, principalmente, nos casos em seja definida através de cláusulas contratuais gerais formuladas pela agência de viagens e esteja excessivamente próxima da data prevista para a partida.

10.2.7. Meios, categorias e características de transporte utilizados, datas, locais de partida e regresso e, quando possível, as horas – art. 22.º, 1 g). Esta é uma indicação que variará de viagem para viagem, pelo que nunca poderá constar de uma cláusula geral comum a todos os contratos de viagem organizada celebrados por determinada agência, devendo fazer-se a menção, em especial, para cada viagem.

Encontra-se, aqui, a descrição de todos os elementos relacionados com um dos serviços turísticos principais: o transporte [282]. Importará identificar se os meios de transporte utilizados são aéreos [283], marítimos ou terrestres, ou se existe uma combinação, na mesma viagem, de mais do que um meio de transporte [284], qual a categoria ou classificação do transporte, atendendo aos níveis de conforto e de serviços prestados durante a viagem, e quais as características do transporte [285]. Para além destes elementos, deverão ainda constar do contrato as datas, horas e locais de partida e regresso.

10.2.8. O grupo e classificação do alojamento utilizado, de acordo com a regulamentação do Estado de acolhimento, sua localização, bem como o nível de conforto e demais características principais, número e regime ou plano de refeições fornecidas – art. 22.º, 1 h). O DL n.º 167/97, de 4 de Julho, que aprova o regime jurídico da instalação e do funcionamento dos empreendimentos turísticos, identifica-os, no art. 1.º, 1, como "os estabelecimentos que se destinam a prestar serviços de alojamento temporário, restauração ou animação de turistas, dispondo para o

---

[282] Embora sendo um dos serviços turísticos principais, já se disse, todavia, que o transporte não tem, necessariamente, que existir nas viagens organizadas. Veja-se, *supra*, o título 7.4.4.1.: "Combinação prévia de serviços".

[283] Relativamente aos meios aéreos, pensamos ser importante especificar qual a companhia que realizará o transporte e, designadamente, se o voo é regular ou "*charter*".

[284] Referimo-nos, aqui, aos 'transportes combinados', expressão utilizada no art. 31.º da Convenção de Varsóvia, de 1929, sobre transporte aéreo internacional.

[285] No caso de transporte ferroviário importa saber, por exemplo, se o comboio dispõe de bar/restaurante, se tem camas para pernoitamento nas viagens de longa duração, ou se tem carruagens climatizadas.

seu funcionamento de um adequado conjunto de estruturas, equipamentos e serviços complementares". No n.º 2 do mesmo artigo, agrupam-se os empreendimentos turísticos em quatro tipos: estabelecimentos hoteleiros, meios complementares de alojamento turístico, parques de campismo públicos e conjuntos turísticos.

A definição do grupo e categoria do empreendimento, bem como os requisitos da sua instalação, classificação e funcionamento encontra-se regulamentada por decreto regulamentar [286].

No contrato de viagem organizada, as referências ao grupo e classificação do alojamento são obrigatórias, devendo, no entanto, fazer-se de acordo com a regulamentação do Estado de acolhimento. Acontece, porém, que esta classificação pode variar de Estado para Estado, sendo o nível de conforto distinto, embora com classificações idênticas [287], dependendo do país em concreto em que se situe o alojamento. Por tal motivo, e de forma a que o turista não seja induzido em erro, o legislador obriga, no art. 22.º, 4, à menção expressa, no contrato, de que "o grupo e classificação do alojamento são determinados pela legislação do Estado de acolhimento".

Deverá, ainda, referir-se, no contrato, onde se situa o local de alojamento, através da indicação do seu endereço completo, o seu nível de conforto e, para a hipótese de estar associado ao alojamento o fornecimento de refeições, qual o plano de fornecimento (APA, MP ou PC), ou o seu número e regime (por exemplo, viagens organizadas em que só estão incluídas certas refeições, v.g., jantar no dia da chegada e pequeno-almoço no dia do regresso).

Também estas indicações variam de viagem para viagem, pelo que não poderão constar de cláusulas contratuais gerais previamente elaboradas pela agência organizadora para todos os seus contratos de viagem organizada.

10.2.9. *Montantes máximos exigíveis à agência nos termos do art. 40.º – art. 22.º, 1 i).* Esta alínea não constava do art. 24.º do DL n.º

---

[286] Os requisitos mínimos para a classificação dos estabelecimentos hoteleiros foram aprovados pela Port. n.º 1499-A/95, de 30 de Dezembro. Os requisitos mínimos para a classificação dos aldeamentos e apartamentos turísticos foram aprovados pela Port. n.º 1499-B/95, de 30 de Dezembro. Vejam-se, ainda, os decretos regulamentares n.º 33/97 e 34/97, ambos de 17 de Setembro, respectivamente para os parques de campismo públicos e os meios complementares de alojamento turístico.

[287] Por exemplo, um hotel de três estrelas no Brasil não terá, em regra, a mesma qualidade de um hotel de três estrelas em Portugal, em que as exigências de qualidade são superiores.

198/93, sendo uma novidade introduzida pelo DL n.º 209/97. Efectivamente, este diploma veio estabelecer limites máximos de indemnização para determinados danos sofridos pelos clientes das agências organizadoras em certas situações, o que não estava contemplado na legislação anterior, onde a responsabilidade civil da agência era, por isso, ilimitada.

Do contrato de viagem organizada, deverão constar, de forma expressa, os montantes máximos de indemnização que podem ser exigidos às agências organizadoras, os quais resultam do art. 40.º, 2, 3 e 5, bem como do art. 22.º da Convenção de Varsóvia de 1929, para a unificação de certas regras relativas ao transporte aéreo internacional, e arts. 26.º e ss. da Convenção de Berna de 1961, sobre o transporte de mercadorias por caminho de ferro.

Se na referência aos montantes, previstos no art. 40.º, 2, 3 e 5, parece bastar a mera transposição, para o contrato, do conteúdo destas normas legais, já relativamente à responsabilidade nos termos das Convenções de Varsóvia e de Berna, não parece ser suficiente a simples menção destas. Não nos parece que baste, sequer, que a agência refira as disposições legais aplicáveis ou proceda à sua mera transposição para o texto contratual. Por exemplo, na Convenção de Varsóvia, os montantes indemnizatórios encontram-se expressos em francos. No art. 22.º, 5 da citada convenção refere-se que: "As quantias indicadas em francos no presente artigo são consideradas como referentes a uma unidade monetária constituída por sessenta e cinco miligramas e meio de ouro de lei de novecentas milésimas. Estas quantias podem ser convertidas em qualquer moeda nacional, em números redondos. A conversão destas quantias em outras moedas nacionais que não sejam moeda-ouro efectuar-se-á, em caso de processo judicial, de acordo com o valor-ouro destas moedas na data de julgamento". A variabilidade do valor do ouro justifica que o legislador não tenha fixado estes montantes em escudos, não os inserindo no texto legal do art. 40.º.

Prevê-se, assim, uma tendência que deverá surgir, na prática do sector, para proceder apenas a uma remissão para os preceitos legais aplicáveis, sem indicação específica dos montantes indemnizatórios máximos, o que poderá ser efectuado através de uma cláusula geral sobre limitação, onde se transponha o art. 40.º.

Em nossa opinião, porém, o contrato deve explicitar, em moeda nacional, quais os montantes máximos de indemnização para cada tipo de danos causados durante os transportes aéreo e ferroviário, como acontece para os restantes danos. Só desta forma será compreensível para o cliente o alcance real da limitação de indemnizações, tarefa mais complexa se os mesmos não estiverem expressos em escudos. A quantificação em escudos deverá, na falta de fonte legal, proceder de um cálculo, ainda que aproximado, efectuado pela agência na data da celebração do contrato.

10.2.10. *Termos a observar para reclamação do cliente pelo não cumprimento pontual dos serviços acordados – art. 22.°, 1 j)*. A Directiva comunitária prevê, no art. 5.°, 4, que "qualquer deficiência na execução do contrato verificada *in loco* pelo consumidor, deve ser por este assinalada o mais cedo possível, por escrito ou sob qualquer outra forma apropriada, ao prestador em causa e ao operador e/ou à agência". Continua o texto da Directiva, prescrevendo que tal obrigação deve ser objecto de uma menção clara e precisa no contrato.

Na sequência desta norma, o legislador português dispunha, na redacção inicial do art. 30.°, 4, que: "Qualquer deficiência na execução do contrato relativamente às prestações fornecidas por terceiros prestadores de serviços deve ser comunicada à agência, no prazo previsto no contrato ou, na sua falta, o mais cedo possível, por escrito ou outra forma adequada".

Esta norma não estava prevista no DL n.° 198/93, não contendo a lei portuguesa de então quaisquer exigências formais para as reclamações feitas pelos clientes. A matéria era, por isso, deixada à liberdade das partes, pelo que era vulgar encontrar, nos contratos de adesão elaborados pelas agências de viagens, uma cláusula sob a epígrafe "Reclamações". No contrato-tipo da APAVT, tal cláusula estipula o seguinte:

"Somente poderão ser consideradas [reclamações] desde que apresentadas por escrito à agência onde se efectuou a reserva e liquidação da viagem e num prazo não superior a 15 dias após o termo da prestação dos serviços. As mesmas, e de acordo com a directiva do Conselho da CEE, só poderão ser aceites desde que tenham sido participadas aos fornecedores de serviços (hotéis, guias, agentes locais, etc.) durante o decurso da viagem ou estadia, exigindo dos mesmos os respectivos documentos comprovativos da ocorrência".

Poderão colocar-se algumas dúvidas sobre a admissibilidade de tal cláusula, já que do seu conteúdo derivam limitações aos direitos dos clientes de reclamar dos defeitos resultantes do não cumprimento pontual dos serviços da viagem.

A primeira limitação tem a ver com o prazo estabelecido de quinze dias "após o termo da prestação dos serviços", como prazo-limite para as reclamações [288]. Da interpretação desta cláusula, poderíamos ser levados a

---

[288] A fixação de um prazo tão curto representa uma clara intenção, por parte das agências de viagens, de inibir o cliente de exigir qualquer responsabilidade à agência orga-

pensar que o prazo de reclamação se referia, individualmente, a cada serviço, pelo que os 15 dias se contariam separadamente desde a data em que cada serviço cessasse. Este não é, todavia, um entendimento aconselhável, uma vez que, em viagens de longa duração, poderia inibir o direito de reclamação do turista ou, pelo menos, encurtar-lhe, em demasia, o prazo para o seu exercício. Imagine-se um circuito turístico pela Ásia, com visita a diversos países e com a duração de 30 dias. Se, na primeira noite, o cliente dormisse num hotel, do qual pretende reclamar e de onde partiu no dia seguinte, na prática, não poderia proceder a tal reclamação junto da agência de viagens [289]. Efectivamente, o seu direito cessaria enquanto estava, ainda, em viagem, sem possibilidade de reclamar à agência nos termos clausulados. Cremos, por isso, dever considerar-se que o prazo se inicia com o regresso da viagem, contando-se, uniformemente, para todos os serviços, desde a data em que terminou a viagem organizada.

A redacção inicial do art. 30.°, 4 não fixava um prazo legal para as reclamações, deixando que a agência, de modo unilateral, definisse um prazo através de uma cláusula geral, o que, tendencialmente, conduzia à estipulação de prazos curtos de reclamação, em prejuízo do cliente. Quando, porém, não se estipulasse qualquer prazo no contrato, a reclamação deveria ser feita pelo cliente "o mais cedo possível".

A nova redacção, introduzida pelo DL n.° 12/99, veio esclarecer algumas dúvidas interpretativas, prevendo que, na falta de previsão contratual de um prazo, o cliente dispõe de um máximo de vinte dias úteis, após o termo da viagem, para proceder à reclamação.

A segunda limitação da cláusula "Reclamações" advém da exigência de forma escrita para a reclamação, quando do texto da Directiva e do art. 30.°, 4, se prevê, em alternativa à forma escrita, uma outra forma adequada, que o legislador não define qual seja, mas que, em nosso entender, poderá, até, ser a forma verbal [290].

A terceira resulta da exigência de que a reclamação tenha sido efectuada, previamente, no local onde ocorreu o incumprimento contratual, aos fornecedores dos serviços, devendo o cliente munir-se de documentos

---

nizadora, com base em incumprimento contratual por facto dos terceiros prestadores de serviços, sempre que a reclamação não seja apresentada em devido tempo.

[289] A não ser que voltasse mais cedo da viagem, ou dirigisse a reclamação por escrito da Ásia para Portugal, *v.g.* através de carta ou telecópia, o que nos parece ser uma exigência totalmente desprovida de sentido e, até, caricata, o que redundaria, na maior parte dos casos, no não exercício do direito de reclamação.

[290] Não é, todavia, a forma mais aconselhável, nomeadamente, em sede de prova para efeitos judiciais.

que comprovem essa reclamação para poder exercer o seu direito perante a agência de viagens com quem contratou a viagem organizada. Tal limitação, parece resultar, pelo menos em parte, do art. 5.º, 4 da Directiva, mas não foi acolhida pelo nosso legislador.

Uma interpretação possível é a de aceitar que o legislador português quis deixar a fixação das regras relativas à reclamação no âmbito da liberdade das partes, onde, tradicionalmente, sempre esteve, pelo que uma tal cláusula seria possível, não merecendo quaisquer reparos, desde que fosse aceite pelo cliente.

Neste caso, todavia, parece-nos que não poderia o legislador português afastar, pura e simplesmente, o texto comunitário e permitir que as partes clausulassem regras que onerassem o cliente com requisitos adicionais aos previstos no art. 5.º, 4 da Directiva. O conteúdo desta norma seria, então, directamente aplicável e uma cláusula sobre reclamações só seria válida quando fosse de conteúdo idêntico ou mais favorável ao cliente. Pelo contrário, qualquer cláusula do contrato de viagem organizada, onde se previssem requisitos que dificultassem o exercício do direito de reclamação pelo cliente, ainda que este a tivesse aceite ao subscrever o contrato, deveria considerar-se abusiva, violando uma norma imperativa de aplicação directa no nosso direito interno.

Este era, quanto a nós, um entendimento possível perante o DL n.º 198/93, onde nenhuma referência se fazia às regras sobre reclamação, sendo difícil aferir qual fora a intenção legislativa ao omitir tal referência.

Actualmente, e uma vez que o legislador se pronuncia, expressamente, sobre a reclamação, o entendimento preferível é o de que o legislador não transpôs a norma comunitária, tal como ela se encontrava redigida, porque não quis onerar o viajante com a obrigação de fazer uma reclamação directamente aos fornecedores dos serviços (muito menos, devendo a mesma ser efectuada por escrito e ser acompanhada de documentos que a comprovassem), numa orientação que favorece os interesses do consumidor, ou melhor, dos clientes das agências[291]. Esta interpretação levará a considerar a cláusula "Reclamações" como abusiva, nem sequer se podendo

---

[291] Esta solução é a que melhor se compatibiliza com a natureza bilateral do contrato de viagem organizada, em que são apenas partes o cliente e a agência organizadora, não o sendo os terceiros prestadores de serviços. Desonera-se, assim, o cliente do ónus da dupla comunicação obrigatória, o que nem sempre seria fácil de concretizar, especialmente face aos prestadores de serviços estrangeiros, uma vez que as regras de reclamação podem variar de país para país, além de todas as dificuldades resultantes do desconhecimento da língua, dos processos burocráticos locais, etc.

obstar que ela corresponde em parte ao conteúdo da norma comunitária e que, como tal, vincula o legislador português. Como se sabe, a Directiva comunitária é considerada, por força do seu art. 8.°, como uma "directiva de mínimos", pelo que a opção do legislador português prevalece sobre o art. 5.°, 4 da Directiva, por ser mais favorável ao consumidor e mais exigente na sua tutela.

10.2.11. *Visitas, excursões ou outros serviços incluídos no preço – art. 22.°, 1 l).*

Esta é mais uma referência que se prende directamente com as características da viagem, nomeadamente, com os "serviços turísticos" constantes do art. 17.°, 2 c), o que implica que seja, tendencialmente, distinta de viagem para viagem, pelo que não deverá constar de cláusulas gerais pré-dispostas pela agência organizadora.

Nas visitas efectuadas a centros históricos, museus, monumentos nacionais ou sítios classificados, os turistas devem obrigatoriamente ser acompanhados por guias-intérpretes, de acordo com o disposto no art. 25.°. Nas restantes visitas, a presença do guia-intérprete não é obrigatória.

As visitas e excursões incluídas no preço total deverão ser identificadas, sem que a lei exija uma completa descrição, através da indicação do local a visitar ou do percurso a realizar e das datas previstas para a sua execução no âmbito da viagem organizada. Também os serviços que se incluam na viagem deverão ser especificados, não se pronunciando a lei sobre se se refere, apenas, aos serviços autónomos e distintos do transporte, ou se a todos eles, independentemente de terem um carácter subsidiário. Em nosso entender, esta alínea abarcará todos os serviços incluídos na viagem, sejam autónomos ou não, desde que não se encontrem referenciados noutras alíneas, particularmente pelo seu carácter subsidiário relativamente ao transporte ou ao alojamento. Assim, a indicação dos serviços de restauração prestados pelo hotel devem ser referidos na alínea *h)* do art. 22.°, 1, enquanto que os serviços de restauração, fornecidos por entidades diversas daquela que fornece o alojamento, deverão ser indicados nos termos da alínea *l)* do mesmo preceito.

10.2.12. *Serviços facultativamente pagos pelo cliente – art. 22.°, 1 m).* Esta exigência apenas tem de constar do contrato, não sendo obrigatória a sua menção no programa de viagem, embora aí seja perfeitamente admissível a sua inclusão. Efectivamente, nada impede que a agência referencie no programa o conjunto de serviços que, não estando incluídos no preço global da viagem, possam ser facultativamente pagos pelo cliente, no caso de pretender usufruir dos mesmos durante a execução da viagem[292].

No contrato deverão especificar-se quais são, em concreto, os serviços solicitados pelo cliente, devendo os mesmos ser pagos por este à agência de viagens, adicionando-se o seu valor ao do preço global da viagem organizada e integrando-se nas prestações nela incluídas. Tais serviços ficarão, como tal, a fazer parte da viagem organizada, sendo que o incumprimento ocorrido durante a sua execução, estará sujeito às regras legais do contrato de viagem organizada.

Ao colocar a possibilidade dos mesmos serem contratados pelo cliente, dando-lhe a faculdade de, mediante o acréscimo do preço, poder usufruir de outros serviços, para além dos que constituem o núcleo básico da viagem, a agência teve de, previamente, estudar a hipótese da sua combinação com as restantes prestações, devendo como tal assumir o risco dessa combinação, a qual aumentará a complexidade da viagem, justa contrapartida do proveito económico acrescido que irá retirar. Para além disso, tais serviços integrarão, segundo a perspectiva do cliente, o todo orgânico da viagem, não se vislumbrando motivos para que não estejam sujeitos ao regime legal do contrato de viagem organizada.

Os serviços a que se refere esta alínea não se confundem, porém, com os serviços que o turista contrata, directamente e por iniciativa própria, com os prestadores de serviços locais. Estes últimos, a que é alheia a organização da agência de viagens, são pagos, directamente, no momento e local onde ocorre a sua prestação e não resultam de quaisquer obrigações assumidas pela agência. Não se consideram, como tal, integrados no contrato de viagem organizada, nem estão sujeitos ao seu regime legal[293].

10.2.13. *Todas as exigências específicas que o cliente comunique à agência e esta aceite – art. 22.º, 1 n)*. Este último elemento, que deve constar do contrato de viagem organizada e que, naturalmente, não poderá

---

[292] MINERVINI, *Il contratto turistico*, cit., p. 276, refere, a este propósito, que *"per dare al cliente l'illusione di un minimo di creatività, di fantasia, gli si offre la possibiltà di scegliere alcune determinate varianti, anche esse accuratamente predisposte"*.

[293] SOTOMAYOR, *El contrato de viaje...*, cit., p. 77, ensina que a aquisição destes serviços dá origem aos "contratos independentes de execução paralela", que são distintos do contrato de viagem organizada e que apresentam, apenas, a peculiaridade de deverem executar-se paralelamente a estes, celebrando-se entre cliente e terceiros prestadores de serviços na fase de execução do contrato de viagem organizada. Podemos referir alguns exemplos destes serviços, tais como, a aquisição de bebidas e tabaco ou o aluguer de veículos motorizados, efectuados no local de destino, por iniciativa do cliente, sem que estejam englobados no preço global da viagem organizada.

aparecer no programa, relaciona-se com o princípio da liberdade contratual, na sua modalidade de liberdade de modelação do conteúdo pelas partes[294].

Consciente de que o contrato de viagem organizada será, normalmente, objecto de elaboração através de cláusulas gerais, às quais o cliente irá aderir, o legislador não quis, todavia, deixar de prever a possibilidade do cliente pretender completar o contrato com exigências específicas, as quais deverão ser incluídas naquele, a partir do momento em que sejam aceites pela agência.

Esta situação, teoricamente admissível, encontrará, na prática, manifestações pontuais, dado que a padronização da viagem e o facto de se dirigir a grupos indeterminados de pessoas não é, na maior parte das vezes, compatível com as exigências individuais de cada participante. É, no entanto, possível, que tal possa suceder esporadicamente, dependendo da maior ou menor maleabilidade imprimida pela agência à viagem organizada por si elaborada[295]. Acrescente-se que este tipo de alterações do contrato-padrão, importarão, em regra, aumento do preço da viagem.

10.3. DEVERES DE INFORMAÇÃO E ENTREGA DE DOCUMENTOS. Após a formalização do contrato de viagem, e dentro do período que decorre até ao início da sua execução, deverá a agência prestar ao cliente determinadas informações que a lei prevê expressamente no art. 23.º [296].

Tais informações incidem sobre:

a) os horários e os locais de escalas e correspondências, bem como a indicação do lugar atribuído ao cliente, quando possível[297];

---

[294] Sobre a atenuação da liberdade de modelação do conteúdo contratual nos contratos de adesão e, em geral, sobre o regime legal das cláusulas contratuais gerais, vejam-se, entre outros, MOTA PINTO, *Contratos de adesão – Uma manifestação jurídica da moderna vida económica*, "Revista de Direito e Estudos Sociais", ano XX, n.ᵒˢ 2-3-4, Coimbra, Abril-Dezembro, 1973, pp. 119 e ss., A. PINTO MONTEIRO, *Contratos de adesão...*, cit., JOAQUIM SOUSA RIBEIRO, *Cláusulas contratuais...*, cit. e *Responsabilidade e garantia em cláusulas contratuais gerais (DL n.º 446/85, de 25 de Outubro)*, Coimbra, 1992 (separata do "Boletim da Faculdade de Direito" – "Estudos em homenagem ao Prof. Doutor A. Ferrer-Correia", vol. IV), e ALMEIDA COSTA/MENEZES CORDEIRO, *Cláusulas contratuais gerais...*, cit..

[295] A consciência, por parte do legislador, do carácter raro deste tipo de exigências por parte do cliente é, sintomaticamente, demonstrada pelo facto de se encontrar prevista na última alínea do art. 22.º, 1.

[296] Esta norma reporta-se à *"Information to be provided in good time"*, prevista nas *"Regulations"* (reg. 8), e sofreu alterações na sua redacção através do DL n.º 12/99.

[297] A indicação dos horários, escalas e correspondências poderá já constar do contrato, nos casos em que a determinação destes elementos seja possível, situação em que

b) O nome, endereço e número de telefone da representação local da agência ou, não existindo uma tal representação local, o nome, endereço e número de telefone das entidades locais que possam assistir o cliente em caso de dificuldade;

c) Quando as representações e organismos previstos na alínea anterior não existirem, o cliente deve, em todos os casos, dispor de um número telefónico de urgência ou/e qualquer outra informação que lhe permita estabelecer contacto com a agência;

d) No caso de viagens e estadas de menores no País ou no estrangeiro, o modo de contactar directamente com esses menores ou com o responsável local pela sua estada [298];

e) A possibilidade de celebração de um contrato de seguro que cubra as despesas resultantes da rescisão pelo cliente e de um contrato de assistência que cubra as despesas de repatriamento em caso de acidente ou doença [299];

f) Sem prejuízo do disposto na alínea anterior, no caso da viagem se realizar no território de Estados-membros da União Europeia, a documentação de que o cliente se deve munir para beneficiar da assistência médica e hospitalar em caso de acidente ou doença;

g) O modo de proceder no caso específico de doença ou acidente.

Estas informações devem ser dadas ao cliente em tempo útil, antes do início da viagem, por escrito ou através de outra forma adequada, sob pena da agência incorrer num ilícito contra-ordenacional, previsto nos termos do art. 57.º, 1 *g)* e punido com uma coima de duzentos mil a dois milhões de escudos, nos termos do n.º 4 do mesmo artigo.

Também, antes do início da viagem, deverá a agência organizadora entregar ao cliente todos os documentos necessários para a obtenção dos serviços incluídos na viagem organizada, nos termos da disposição geral, prevista no art. 19.º, 1, aplicável a todos os contratos de viagens turísticas.

---

parece poder dispensar-se a agência organizadora de o fazer segunda vez. Relativamente ao lugar atribuído ao cliente no meio de transporte, haverá situações em que tal indicação há-de resultar do bilhete que lhe seja entregue, pelo que com esta entrega estará cumprido o dever de informação da agência.

[298] Quando participem na viagem menores desacompanhados dos seus encarregados de educação, a lei exige que estes sejam informados sobre o modo como poderão contactar os menores, ou o responsável que os acompanhe na viagem.

[299] O cliente tem o direito de, a todo o tempo, rescindir o contrato, pelo que parece que a informação sobre a possibilidade de efectuar um seguro que cubra as despesas resultantes da rescisão deve ser dada logo após a celebração do contrato. A lei preocupa-se, também, com as despesas de repatriamento, em situações de acidente ou doença, devendo a agência alertar o cliente para a hipótese de efectuar um seguro de assistência que cubra esses riscos.

10.4. MODIFICAÇÕES DO CONTRATO. Durante o período que decorre desde a celebração até à execução do contrato, este pode ser objecto de algumas modificações, quer por iniciativa do cliente, quer por iniciativa da agência organizadora. Obedecendo aos preceitos legais sobre alteração do conteúdo do contrato, tais modificações só podem ocorrer quando exista acordo de ambas as partes, nos termos do art. 406.º CCiv. No período que antecedeu a regulamentação legal do contrato de viagem organizada, as modificações procedentes de iniciativa da agência organizadora eram, geralmente, sinónimo de grave prejuízo para o cliente, o qual, muito próximo do dia de início da viagem, era confrontado com aumentos do preço, alteração de hotéis, adiamentos ou antecipação das datas de partida ou regresso, etc.. Na maior parte das vezes, ao cliente não restava outra alternativa que não fosse sujeitar-se a essas modificações, uma vez que a sua admissibilidade era, até, legitimada pelas cláusulas contratuais a que dera o seu acordo.

Foi através da constatação dos resultados injustos a que esta prática conduzia, que o legislador se preocupou em ditar regras legais que viessem limitar as hipóteses de modificação ao conteúdo contratual. Essas regras incidiam sobre algumas alterações mais comuns, que ocorriam nos contratos de viagem organizada, e contemplaram as hipóteses de cessão da posição contratual do cliente, a modificação do preço da viagem e modificações de outros elementos do contrato. Apreciaremos, em seguida, as soluções legais adoptadas pela nossa lei para cada uma destas hipóteses.

10.4.1. *Cessão da posição contratual do cliente.* A natureza *intuitu personae* do contrato de viagem organizada, que era característica das primeiras manifestações deste tipo contratual, nos tempos em que não existia a programação massiva de viagens, pertencendo a organização das viagens a um pequeno núcleo de pessoas que possuía os meios e o gosto pelo turismo, está hoje ultrapassada [300]. Mesmo antes da Directiva comunitária vir definir, no art. 4.º, 3, regras sobre a cessão de posição contratual, a CCV previa já a possibilidade do cliente da agência de viagens se poder fazer substituir por outrem [301], solução que era adoptada pela generalidade dos países que tipificaram o contrato de viagem organizada [302].

---

[300] A doutrina não reconhece, hoje, a natureza *intuitu personae* do contrato de viagem organizada, onde, face ao planeamento de viagens para grupos indeterminados de pessoas, se despreza a individualidade do turista singular. Neste sentido, vejam-se BOULANGER, *Tourisme et loisirs...*, cit., p. 33, LA TORRE, *Il contratto di viaggio...*, cit., p. 34, e BARBARA MUSSO, *Evoluzione legislativa...*, cit., p. 500.

[301] A cessão era permitida pelo art. 8.º da CCV, salvo disposição em contrário no

A vulgarização de uma cláusula, denominada "Cessão", nos contratos de adesão elaborados pelas agências de viagens condicionava, todavia, esta forma de modificação subjectiva a apertados requisitos e a pesados encargos económicos para o cedente, o que levou à definição de regras legais de natureza imperativa, que se impõem à vontade das partes, neste domínio.

Os motivos que levaram à difusão, na prática, da cessão da posição contratual do cliente neste tipo contratual reconduzem-se a interesses de ambas as partes do contrato de viagem organizada. Da parte do cliente, surgia, muitas vezes, no último momento, a impossibilidade de participar na viagem, pelo que tinha interesse em fazer-se substituir por outrem, para não ter de sujeitar-se aos encargos de uma rescisão unilateral. Por parte da agência, face ao planeamento de viagens para grupos de pessoas, onde se prevê um número mínimo de participantes, a desistência de um cliente poderia significar o próprio cancelamento da viagem, pelo que a sua substituição por outra pessoa surgia como uma solução economicamente mais interessante [303]. A agência organizadora não tem, por isso, em regra, interesse em opor-se à cessão da posição contratual do cliente [304].

Foi com base neste entendimento que a Directiva comunitária veio admitir a cessão da posição contratual do contraente principal ou de qualquer beneficiário da viagem [305], desde que observados alguns requisitos, que a tornavam mais exigente relativamente ao art. 8.º da CCV [306], nomea-

---

contrato celebrado entre a agência e cliente. Isto levou a que, no direito italiano, a generalidade das cláusulas contratuais elaboradas *ex uno latere* pela agência organizadora afastassem a possibilidade de cessão. Nos termos da CCV, a cessão era permitida desde que o cessionário satisfizesse as exigências particulares relativas à viagem e assumisse todas as despesas causadas pela cessão.

[302] Foi o caso da Alemanha, que a partir de 1979, prevê no § 651 b BGB, que a cessão é permitida, desde que seja autorizada pelo organizador, devendo o cessionário possuir todos os requisitos subjectivos reclamados pela particularidade da viagem, bem como pelas disposições legais ou administrativas. O cedente obriga-se ao pagamento das despesas ocasionadas pela cessão e o cessionário assume a responsabilidade pelo preço que, à data da cessão, não esteja ainda liquidado. Para maiores desenvolvimentos, veja-se BARBARA MUSSO, *Evoluzione legislativa...*, cit., p. 501.

[303] Cfr. BOULANGER, *Tourisme et loisirs...*, cit., p. 33.
[304] Cfr. LA TORRE, *Il contratto di viaggio...*, cit., p. 34.
[305] CALERO, *Régimen jurídico...*, cit., p. 101, chama a atenção para o facto de nada impedir que o cessionário volte a ceder a sua posição contratual a outrem, desde que observados os requisitos legais exigidos pelo art. 24.º.

[306] Em contrapartida, a CCV admitia que, por estipulação das partes, pudesse ser afastado o direito do cliente a ceder a sua posição contratual a outrem, o que não é admitido pelo legislador comunitário. Neste sentido, ZUNARELLI, *La Direttiva CEE...*, cit., p. 33,

damente, no que toca à garantia do pagamento das despesas originadas pela cessão e do preço da viagem, nos casos em que não esteja ainda integralmente pago.

O art. 4.º, 3 da Directiva estipula que a cessão é possível nos casos em que o consumidor se veja impedido de participar na viagem organizada, desde que o cessionário preencha todas as condições requeridas para a viagem e o facto seja comunicado pelo cedente à agência organizadora, num prazo razoável antes da data da partida. Acrescenta-se a previsão de uma responsabilidade solidária entre cedente e cessionário pelo pagamento do saldo do preço e dos custos adicionais ocasionados pela cessão.

No art. 24.º, o legislador português vem traçar o regime da figura da cessão, em termos similares ao do texto comunitário, tipificando uma manifestação particular da figura da cessão de posição contratual, cujo regime geral se encontra previsto entre os arts. 424.º e 427.º CCiv [307]. Na comparação com o estipulado no art. 424.º CCiv – em que se exige o consentimento do cedido para a cessão –, a principal diferença resulta da desnecessidade de consentimento da agência organizadora, considerado o interesse económico que esta tem na cessão [308].

Para ceder a sua posição contratual, o cliente não tem de invocar qualquer motivo justificativo, ao contrário do que parece resultar do texto comunitário, onde se prevê a cessão de posição contratual apenas para os casos em que "o consumidor se veja impedido de participar na viagem" [309].

---

e MONTICELLI, *Il contratto di viaggio*, cit., p. 185, considerando que toda a cláusula que estipule a derrogação convencional será abusiva. Em sentido contrário, admitindo que há determinados tipos de viagem (por exemplo, as *viagens-rally*) em que seria admissível a exclusão do direito à cessão, V. FRANCESCHELLI, *La prenotazione alberghiera (una ricostruzione giuridica ed economica)*, "Quadrimestre", 1991, p. 683. Não nos parece, contudo, que seja de seguir este entendimento, já que por muito específica que seja a clientela da viagem, a cessão deverá ser sempre possível, desde que o cessionário preencha todas as condições exigidas. Poderá, em teoria, acontecer que as condições sejam de tal modo selectivas que, na prática, inviabilizem a cessão, por não ser possível existir outra pessoa nas mesmas condições. Nem neste caso se legitima uma cláusula que vedasse o direito à cessão. A sua impossibilidade há-de resultar das condições da viagem em concreto.

[307] Segundo MOTA PINTO, *Cessão da posição contratual*, 1982, Coimbra, p. 450: "O efeito típico principal da cessão, caracterizador da sua função económico-social, é a transferência da posição contratual, no estádio de desenvolvimento em que se encontrava no momento da eficácia do negócio, de uma das partes do contrato para outra. Verifica-se a extinção subjectiva da relação contratual, quanto ao cedente, sendo a mesma relação adquirida pelo cessionário e permanecendo idêntica, apesar desta modificação de sujeitos".

[308] Em sentido contrário, considerando que não se prescinde do consentimento do cedido, veja-se CALERO, *Régimen juridico...*, ult. lug. cit. .

[309] Na proposta inicial da Comissão, o art. 4.º, 3 dispunha que os Estados-membros

Para que a cessão seja admitida e eficaz perante a agência organizadora, deverão, todavia, verificar-se dois requisitos cumulativos: *a)* que o cessionário preencha todas as condições requeridas para a viagem organizada, por exemplo, requisitos de idade para viagens planeadas para determinados grupos etários, vacinação ou posse dos vistos necessários, não tenha algum tipo de impedimentos físicos para certas viagens especiais [310]; *b)* que a agência seja informada da cessão com uma determinada antecedência relativamente à data prevista para a partida.

O legislador português veio precisar qual o prazo mínimo de antecedência, tendo distinguido um prazo geral de 7 dias e um prazo especial de 15 dias, este último aplicável, apenas, aos cruzeiros marítimos e às "viagens aéreas de longo curso"[311]. Neste ponto, o legislador inverteu, inexplicavelmente, a tendência, claramente favorável aos interesses das partes, que vigorava no quadro legal anterior, onde se previa, no art. 27.º do DL n.º 198/93, um prazo legal de 3 dias de antecedência[312].

A natureza imperativa do art. 24.º, que conduz à nulidade das cláusulas gerais do contrato onde se prevejam prazos mais dilatados, não deverá, todavia, impedir estipulações contratuais onde se admitam prazos mais curtos, apesar de tal não resultar expressamente da lei. Tal é, pelos motivos já invocados, o entendimento que melhor se compatibiliza com os interesses de ambas as partes.

---

deveriam assegurar que "se por razões graves (tais como, doença, luto) devidamente comunicadas ao operador (...) com pelo menos uma semana de antecedência em relação à data de partida, o consumidor for impedido de beneficiar da viagem, tenha a liberdade de transferir a sua reserva para outra pessoa que o deseje, que satisfaça as condições, se existirem, aplicáveis à viagem e às normas jurídicas e administrativas, caso existam, para nela participar, e que será responsável pelo pagamento do saldo". O CES, no parecer sobre esta proposta, considerava, no ponto 2.4.1., que "deverá ser possível a transferência de reservas de um turista/consumidor para outro desde que seja paga uma indemnização por todos os custos adicionais resultantes", criticando a restrição da cessão às situações em que se verificassem «razões graves» justificativas. Este parece ser o entendimento do nosso legislador.

[310] Cfr. MUÑOZ, *Guía explicativa...*, cit., p. 108.

[311] Pensamos que estaria mais correcto se o legislador se tivesse referido às viagens organizadas em que uma das prestações fosse o transporte por via aérea e de longo curso. Não se define, todavia, o que se entende por "longo curso".

[312] Não existe uma unanimidade na definição deste prazo a nível dos diversos países europeus. Na Itália, por exemplo, o art. 10.º, 1 do decreto legislativo de 17 de Março de 1995, prevê um prazo de 4 dias. Em Espanha, a lei 21/1995, estipula no art. 5.º, 2, um prazo legal de 15 dias, salvo estipulação de prazo menor no contrato. A opção do legislador português, na adopção do prazo geral de 7 dias, parece ter acolhido a orientação da proposta inicial da Comissão que, no art. 4.º, 3, se referia a "uma semana de antecedência".

Na comunicação da cessão à agência organizadora exige-se a forma escrita, ao contrário do que sucedia no art. 27.º do DL n.º 198/93, em que nenhuma forma se prescrevia, podendo a comunicação ser feita por qualquer modo [313]. Esta exigência não nos parece, contudo, que possa constituir motivo para a ineficácia da cessão face à agência organizadora, nos casos em que não seja feita por escrito, uma vez que a Directiva comunitária não prevê a forma escrita da comunicação, referindo-se, tão só, à necessidade da mesma ser efectuada. Assim, o legislador nacional parece estar a onerar o cliente com um encargo adicional, incompatível com o art. 8.º da Directiva.

Estabelece-se, ainda, no art. 24.º, 3, a responsabilidade solidária entre cedente e cessionário pelo pagamento do preço da viagem organizada, bem como pelos encargos adicionais originados pela cessão, o que representa a contrapartida da desnecessidade de consentimento da agência organizadora, funcionando como garantia a seu favor [314]. Vigora, em sede de contrato de viagem organizada, a regra da "cessão sem libertação do cedente" [315].

Não se indica na lei em que se traduzem estes encargos, que serão habitualmente as despesas com *telex*, *fax* ou outras formas de comunicação da agência aos prestadores, emissão de novos bilhetes com os dados relativos ao cessionário, etc. [316]. Parece, no entanto, recair sobre a agência organizadora a obrigação de especificá-los, identificando-os em concreto

---

[313] Diferente desta é a questão da forma do contrato de cessão, em que vigora a regra do art. 425.º CCiv, onde se dispõe que a forma de transmissão é definida em função do tipo de negócio que serve de base à cessão. Neste caso, como o contrato de viagem organizada não depende de qualquer forma especial, também para a cessão vigora o princípio da consensualidade, estabelecido no art. 219.º CCiv.

[314] Neste sentido, FAÚNDEZ, *El contrato de viaje combinado...*, cit., p. 18.

[315] MOTA PINTO, *Cessão...*, cit., pp. 479-480, refere que, entre nós, a lei geral não conhece senão a cessão de contrato com exoneração do transmitente, ao contrário do que acontece, por exemplo, no direito italiano – art. 1408.º, 2 *Codice Civile* –, em que se prevê uma "cessão sem libertação do cedente". Segundo o mesmo autor, nada impede que, por convenção da partes, tal não possa ser estipulado, no âmbito da liberdade contratual. Relativamente ao contrato de viagem organizada esta é, todavia, a regra.

[316] Uma vez que o cedente ficará responsabilizado solidariamente pelas despesas ocasionadas pela cessão, parece que, nos casos em que esteja impossibilitado de participar na viagem por motivos que não lhe sejam imputáveis, terá mais vantagem em rescindir o contrato com base nesse impedimento, não se responsabilizando por quaisquer despesas, do que suportar os encargos da cessão. Uma vez que não há qualquer incentivo para o cliente se fazer substituir por outrem, esta solução desfavorece a agência organizadora, que poderá ter de enfrentar uma desistência, porventura, conducente ao cancelamento da viagem.

e não por remissão para uma quantia fixa ou percentagem do preço da viagem ou dos montantes entregues a título de princípio de pagamento [317].

Por último, atente-se numa realidade que se vulgarizou nas cláusulas gerais pré-dispostas pelas agências organizadoras, sob a orientação da APAVT, onde se dispõe que a cessão da posição contratual do cliente está sujeita à aceitação por parte dos diferentes prestadores de serviços incluídos na viagem. Face à natureza bilateral do contrato de viagem organizada, em que não são partes os terceiros prestadores de serviços, e à própria planificação da viagem para grupos indiferenciados de participantes, onde a pessoa do turista perde a sua individualidade no conjunto, parece insustentável que se faça depender a cessão da vontade de terceiros estranhos ao contrato [318].

Assim, ainda que nenhuma referência fosse feita no art. 27.º do DL n.º 198/93, já aí se deveria entender que tais cláusulas eram abusivas. E esta parece ter sido a posição reafirmada, agora, pelo legislador ao referir, no art. 24.º, 4 da lei actual, que a cessão é vinculativa para os prestadores de serviços, devendo a agência comunicar-lhes tal facto no prazo de quarenta e oito horas.

Pode entender-se, assim, que se a agência fizer esta comunicação, dentro do prazo estipulado, estará exonerada de qualquer responsabilidade caso os prestadores recusem a cessão e, quando não a faça no referido prazo, não estarão aqueles obrigados a aceitá-la.

A lei, no entanto, vai mais longe e não se preocupa, apenas, com a exoneração da agência organizadora. Ela pretende uma efectiva vinculação dos terceiros prestadores de serviços, o que pode levantar algumas dificuldades nos casos de serviços prestados fora do nosso país, onde a lei portuguesa não se poderá sobrepor à soberania de outros Estados. Na prática, tal poderá conduzir a uma "desresponsabilização" da agência organizadora, nos casos em que comunique a cessão aos prestadores de serviços no prazo de 48 horas e estes se recusem a prestá-los. Parece-nos, contudo,

---

[317] KLAUS TONNER, *Reiserecht in Europa*, Berlin, 1992, p. 77, cit. por BOULANGER, *Tourisme et loisirs...*, cit., p. 34, nota 18, faz notar que a prática de remissão para uma percentagem é corrente na agência organizadora belga "*Neckermann – Belgique*", em que as despesas de cessão se situam entre 10 e 15% do preço da total da viagem. Já na Alemanha, as agências organizadoras "*Nui*" e "*Tur*", estipulam uma quantia fixa que pode variar entre 20 e 30 marcos alemães.

[318] Como refere NADAL, *El contrato de reserva...*, cit., pp. 17 e ss., nos contratos de reserva de lugares em regime de contingente, a reserva, numa primeira fase, é feita para grupos indeterminados de pessoas, não aparecendo a pessoa do beneficiário identificada, nem sendo esse um elemento que interesse à contratação.

que, se tal acontecer, deverá a agência organizadora ser directamente responsabilizada, cabendo-lhe o ónus de, na fase da celebração dos diversos contratos de coordenação com os prestadores, acautelar, no seu interesse, a possibilidade de cessão, conformando-a com as disposições legais nacionais.

10.4.2. *Modificação do preço da viagem.* Embora o preço global ou com tudo incluído não seja, por nós, considerado um elemento essencial do conceito de viagem organizada, o pagamento do preço é a obrigação principal do cliente da agência organizadora, constituindo um elemento essencial do contrato [319].

Antes de existir uma regulamentação específica sobre os limites à revisão do preço era habitual assistir-se, na prática, a alterações de "último minuto", em que se registava o aumento do preço da viagem, ao qual o cliente dava o consentimento, pressionado pelas circunstâncias. Uma das preocupações legislativas sentidas, pela primeira vez, na CCV, foi, por isso, a de impor regras restritivas sobre a possibilidade de alteração do preço da viagem [320].

Dada a antecedência, por vezes de um ano, com que se contratava a viagem, estabelecer uma absoluta invariabilidade do preço era uma possibilidade que podia conduzir a resultados injustos. Por um lado, a agência organizadora ao calcular o preço da viagem teria de estimar, antecipadamente, os riscos de flutuações cambiais ou de aumento dos custos de combustíveis, cuja imprevisibilidade conduziria ao aumento, por uma questão de segurança, do preço da viagem organizada, de modo a reduzir a margem de prejuízo da agência. Por outro lado, as práticas concorrenciais entre agências organizadoras poderiam implicar reduções de preços que viessem a revelar-se, com a alteração das condições imprevisíveis, desastrosas do ponto de vista económico, prejudicando o desenvolvimento da actividade

---

[319] Neste sentido pronuncia-se a generalidade da doutrina, sendo, também, a orientação do legislador comunitário, que, no art. 4.º, 5 da Directiva, se refere às alterações ocorridas "num dos elementos essenciais, tal como o preço". Sobre esta questão, veja-se QUINTANA CARLO, *La adaptación del Derecho español...*, cit., p. 52.

[320] O art. 11.º CCV previa, em moldes que seriam adoptados e completados pelo legislador comunitário, que o organizador só poderia alterar o preço da viagem quando tal resultasse de causas específicas (variação das taxas de câmbio e aumento das tarifas dos transportadores) e esta possibilidade resultasse, expressamente, do documento de viagem. Quando a alteração fosse permitida nestes termos, mas o aumento excedesse 10% do preço global, o cliente teria o direito a rescindir o contrato e ser reembolsado de todas as somas entregues.

turística. O preço, sob pena de constituir um obstáculo ao fomento da actividade de organização de viagens, teria de ser susceptível de alterações, as quais, todavia, só deveriam ocorrer em circunstâncias legalmente determinadas.

Foi com base neste pensamento, embora com uma nota especial para a tutela do consumidor, que a Directiva comunitária veio dispor, no art. 4.º, 4 *a*), a regra da inalterabilidade relativa do preço, admitindo a sua alteração apenas a título excepcional e impondo limites objectivos e temporais para que tal pudesse acontecer[321]. A revisão do preço, no sentido da alta ou da baixa, que depende da dupla condição de estar prevista contratualmente esta possibilidade e aí se determinarem as regras precisas do cálculo, está objectivamente limitada às variações do custo de transportes, incluindo o custo do combustível, dos direitos, impostos ou taxas cobráveis por determinados serviços e das taxas de câmbio. Por outro lado, define-se um limite temporal – os "20 dias que precedem a data da partida prevista" –, a partir do qual o preço da viagem não pode sofrer aumento[322].

O art. 26.º é, praticamente, uma transcrição da norma comunitária, embora a nosso ver revele algumas imprecisões, as quais não existiam no art. 29.º do DL n.º 198/93. Efectivamente, o n.º 4 do art. 26.º da lei actual é uma regra que não tem qualquer razão de ser, repetindo, apenas, o que já resulta do n.º 2 do mesmo artigo. De facto, não sendo permitida a alteração do preço nos vinte dias que precedem a data da partida, como decorre do art. 26.º, 2, é evidente que o cliente não está obrigado a pagar qualquer acréscimo determinado nesse período.

A imprecisão decorre do facto de na norma comunitária não se prever, em nenhum momento, que o preço só possa ser alterado "até vinte dias antes da data prevista para a partida". Segundo a Directiva, o preço da viagem pode ser alterado sem limite temporal, embora se impeça o seu aumento nos vinte dias que precedem a data prevista para a partida. Não fica, todavia, vedada a possibilidade de o preço ser alterado no sentido da baixa. Assim, a norma do art. 26.º deverá ser interpretada em conformidade com

---

[321] Desta forma, facilitava-se o cálculo do preço da viagem, não tendo que ponderar-se os elementos de grande imprevisibilidade.

[322] A proposta inicial da Comissão era mais favorável ao consumidor do que o texto definitivo da Directiva, prevendo que só as variações dos custos de transporte, direitos, impostos ou taxas, etc., superiores a 2% do preço acordado pudessem repercutir-se no preço da viagem. Além disso, o prazo de inalterabilidade do preço era de 30 dias. Este prazo foi, ainda assim, adoptado pelas leis inglesa (reg. 11, 3 *i*) e francesa (art. 19.º) sobre viagens organizadas.

o texto da Directiva, pelo que a redução do preço da viagem deve admitir--se a todo o tempo, sendo este o entendimento mais favorável ao cliente [323].

Uma outra nota importante é que o período de vinte dias, em que está vedado qualquer aumento do preço, se reporta à data prevista para a partida. Para este efeito, deverá considerar-se como 'data prevista para a partida' aquela que consta do contrato de viagem organizada, que, em regra, coincidirá com a que consta do programa de viagem, pelo que uma alteração posterior da data de partida, implicando alteração de uma cláusula do contrato, não poderá implicar nova possibilidade de aumento do preço. Este é o entendimento que melhor se compatibiliza com a tutela do cliente e previne práticas fraudulentas da agência organizadora.

Importa, ainda, frisar que, após a estipulação do preço no contrato, a liberdade contratual em matéria de alteração, *maxime*, no que respeita ao seu aumento, está limitada imperativamente pela lei, o que tornará nula qualquer cláusula geral onde se preveja que o preço da viagem possa ser alterado por mútuo acordo em qualquer circunstância não prevista no art. 26.º, 2. Sempre que ocorra alguma modificação do preço não permitida por esta norma, o cliente terá direito a rescindir o contrato sem qualquer penalização, no prazo de oito dias contados da data em que a agência notificou o cliente da alteração, nos termos dos arts. 26.º, 3 e 27.º.

O nosso legislador, na transposição do conteúdo da Directiva, omitiu, contudo, a referência à possibilidade de rescisão do contrato pelo cliente, nos casos em que, tendo o preço sido modificado de acordo com as regras previstas no art. 26.º, 2, essa alteração produza o seu aumento significativo. Segundo o art. 4.º, 5 da Directiva, "se, antes da partida, se vir obrigado a alterar significativamente o contrato num dos elementos essenciais, tal como o preço, o operador deve notificar esse facto ao consumidor o mais rapidamente possível [[324]], a fim de que este último possa tomar as decisões apropriadas e, nomeadamente: (...) rescindir o contrato sem penalizações".

---

[323] Como observa QUINTANA CARLO, *La adaptación del Derecho español...*, cit., p. 51, "a prática conhece quase exclusivamente casos de revisão no sentido da alta dos preços do contrato de viagem (...), sendo praticamente inexistentes as revisões dos preços no sentido da baixa". Note-se que nada obriga a agência a aumentar ou baixar o preço verificadas as referidas condições, sendo uma mera faculdade, que tem a liberdade de exercer ou não. A tendência será usar desta faculdade para aumentar o preço, e não para diminui-lo, o que não revela qualquer distorção susceptível de ser enquadrada na figura da má-fé, antes fazendo parte da álea do contrato. Esta faculdade é, de certo modo, a contrapartida da inalterabilidade do preço dentro dos vinte dias que antecedem a viagem, ainda que haja variação nos elementos de grande imprevisibilidade.

[324] Na proposta inicial da Comissão, exigia-se que tal comunicação fosse feita por escrito, requisito que não é agora exigível.

Decorria, assim, para o cliente da agência de viagens, entre outras alternativas [325], o direito a rescindir o contrato sempre que houvesse uma alteração do preço, ainda que com respeito pelas regras impostas, desde que essa alteração fosse significativa.

A lei portuguesa é, neste aspecto, mais restritiva para os direitos do cliente ao não admitir esta possibilidade de rescisão, colocando-se, mais uma vez, o problema de saber se, perante uma alteração significativa do preço [326], ainda que com o respeito pelo 26.º, 2, não poderá o cliente rescindir o contrato, invocando a aplicação mais favorável do conteúdo da Directiva e o seu efeito directo. Em nosso entender esta é, pelas razões já apontadas, uma possibilidade viável [327].

10.4.3. Modificação de outros elementos do contrato: a) Antes do início da viagem.

A modificação do conteúdo contratual, salvo nos casos em que a lei disponha diversamente, só é possível mediante mútuo acordo das partes contratantes. A obtenção deste acordo pode, todavia, fazer-se através da inserção de uma cláusula geral no contrato pré-disposto unilateralmente pela agência organizadora, vindo, posteriormente, o cliente a aderir ao seu conteúdo e, em consequência, legitimando posteriores alterações contratuais [328].

Assim, no contrato-tipo sugerido pela APAVT aos seus associados encontra-se uma cláusula denominada "Alterações", frequentemente inserida na generalidade dos contratos celebrados pelas agências de viagens, em que se prevê a possibilidade da agência organizadora alterar a ordem dos percursos, modificar as horas de partida ou substituir quaisquer hotéis por outros de categoria similar.

A necessidade de garantir o efectivo acordo do cliente na modificação contratual, fundamentalmente quando esta incidisse sobre elemen-

---

[325] O legislador comunitário não define, taxativamente, quais as possibilidades de actuação do cliente perante a alteração significativa de um dos elementos essenciais do contrato.

[326] Não se encontra definido, todavia, na Directiva, o que deverá entender-se por 'alteração significativa'. Na proposta inicial da Comissão, previa-se, no art. 4.º, 5 a), que o "direito de resolver o contrato" existia se o preço fosse aumentado em 10% ou mais. Esta indicação não ficou, todavia, consignada na redacção definitiva, mas foi acolhida por alguns ordenamentos europeus, como é o caso da Itália, onde consta expressamente do art. 11.º, 2 da lei sobre viagens organizadas.

[327] Veja-se, *supra*, o título 6.3.: "(Cont.): *b*) A Directiva comunitária 90/314/CEE sobre viagens organizadas".

[328] Note-se que estas alterações estarão sempre limitadas pelos princípios da boa fé contratual e do abuso de direito.

tos de primordial importância, levou a que fosse definido um regime legal especial para alguns tipos de modificações que pudessem ocorrer no contrato de viagem organizada.

O legislador português veio, por isso, na sequência do art. 4.º, 5 da Directiva, dispor, no art. 27.º, 1, que, quando a agência não possa cumprir obrigações resultantes do contrato[329], por factos que não lhe sejam imputáveis[330], deverá notificar imediatamente o cliente. Confrontado com uma eventual modificação do contrato, ao cliente restará dar o seu acordo, ou não, à alteração sugerida pela agência organizadora ou sugerir ele próprio uma alteração ao contrato, com eventuais repercussões no preço da viagem.

Porém, quando a impossibilidade da agência recaia sobre uma obrigação essencial, o cliente pode, em alternativa à aceitação da alteração proposta, rescindir o contrato sem qualquer penalização, nos termos do art. 27.º, 2[331]. O legislador português foi, nesta matéria, mais favorável ao cliente do que o texto comunitário, ao não exigir que a alteração tenha de ser significativa.

Esta norma suscita, todavia, dúvidas sobre o que se entende e como se distinguem as obrigações essenciais e não essenciais da agência organizadora. O legislador em nenhum momento precisou esta distinção, pelo

---

[329] A redacção da norma comunitária transposta era, neste aspecto, menos precisa, referindo-se aos casos em que o operador se via obrigado a alterar, significativamente, o contrato num dos seus elementos essenciais. CALERO, *Régimen juridico...*, cit., p. 105, em comentário ao texto da Directiva, que foi adoptado pelo art. 8.º da lei 21/1995, entende que se quis significar que a mudança das condições contratuais deve corresponder a circunstâncias em virtude das quais resulte extremamente difícil ou até impossível para o organizador cumprir as obrigações contraídas. Em relação aos casos de «extrema dificuldade» haveria que recorrer às doutrinas justificativas do incumprimento: a cláusula *rebus sic stantibus*, a teoria da imprevisão, a da excessiva onerosidade da prestação ou a da ruptura da base negocial. Para um estudo destas doutrinas, MENEZES CORDEIRO, *Da alteração das circunstâncias* (A concretização do art. 437.º do Código Civil, à luz da jurisprudência posterior a 1974.), separata dos Estudos em Memória do Prof. Doutor Paulo Cunha, Lisboa, 1987.

[330] A este propósito, BOULANGER, *Tourisme et loisirs...*, cit., p. 40, refere a necessidade de distinguir entre as circunstâncias que seriam independentes da vontade da agência organizadora e aquelas que, dependendo de facto próprio, accionariam a sua responsabilidade. Também QUINTANA CARLO, *La adaptación del Derecho español...*, cit., p. 52, se pronuncia no sentido de que "a causa de modificação deve ser alheia não apenas à vontade do organizador (...), mas também externa à sua própria organização empresarial".

[331] Atente-se, todavia, que à essencialidade em abstracto da obrigação impossibilitada, deverá corresponder uma essencialidade em concreto, manifestada numa objectiva perda de interesse do cliente, por forma a evitar o abuso do direito de rescisão, pelo que este preceito deverá ser interpretado à luz do disposto, em sede geral, nos arts. 793.º, 2 e 802.º, 2 do CCiv.

que caberá à doutrina e jurisprudência proceder à interpretação dos conceitos. Uma sugestão seria considerar como essenciais todas as obrigações relacionadas com o planeamento da viagem, que se refiram às características da viagem organizada e que integrem o conteúdo do contrato. Esta parece ser a posição do CES que, no ponto 2.6.2. do Parecer sobre a proposta da Comissão, entende que as alterações das datas de partida e do regresso, do aeroporto de partida, do local de férias inicialmente marcado ou da categoria do hotel, devem permitir ao consumidor resolver o contrato. Esta enumeração, a nosso ver, exemplificativa, permite indicar que, quando o legislador comunitário se refere a "elementos essenciais do contrato" e o legislador português a "obrigações essenciais", estar-se-á a querer indicar, apenas, as características principais da viagem. Estas encontram-se, genericamente, previstas nas alíneas *e)*, *f)*, *g)*, *h)*, *l)*, *m)* e *n)* do art. 22.º, 1, importando aferir, em concreto, sobre a sua essencialidade e importância, para que se distingam as essenciais das não essenciais [332].

Esta é, ao que cremos, a orientação existente do direito inglês, entendendo o DTI que a informação contida nas brochuras de divulgação da viagem, a qual, praticamente, coincide com a que consta do contrato, deve ser considerada como *"essencial terms"* [333].

Nos termos do art. 27.º, 3, após ter sido notificado da impossibilidade da agência e consequente modificação de elementos do contrato, o cliente dispõe de um prazo de oito dias para se pronunciar no sentido de aceitar a modificação [334], de a recusar ou, nos casos do n.º 2 do art. 27.º, para rescindir o contrato sem penalização.

Pode, legitimamente, questionar-se qual a solução a dar aos casos em que, findo esse prazo, o qual deve ser dado a conhecer ao cliente na data da notificação, este nada comunique à agência. Se a modificação se refere a uma obrigação essencial, o silêncio do cliente poderá querer indicar a

---

[332] A título exemplificativo, será possível rescindir o contrato, nos termos do art. 27.º, 2, se for modificada a categoria do hotel, passando de uma categoria superior para uma categoria inferior. Mas, já não haverá direito a rescindir, se houver apenas o atraso de algumas horas na hora prevista para a partida, ou a supressão ou mudança de uma escala para proceder ao reabastecimento de combustível, num determinado voo.

[333] Cfr. JOHN DOWNES/TRICIA PATON, *Travel Agency Law*, London, 1993, p. 113. BOULANGER, *Tourisme et loisirs...*, cit., p. 37, indica, ainda, como exemplos de alteração significativa numa obrigação essencial, um atraso inicial de mais de 24 horas ou uma estada num lugar diferente e bastante distante do que estava previsto.

[334] Quando a alteração se refira a uma "obrigação essencial", a aceitação do cliente deverá efectuar-se por escrito. Esta exigência visa, essencialmente, dotar a agência de um meio de prova que tal alteração foi autorizada pelo cliente, nada impedindo que a prova possa ser efectuada por outros meios.

vontade de rescindir o contrato, rejeitando a modificação proposta pela agência ou, pelo contrário, poderá significar a sua concordância. O legislador comunitário nada esclareceu sobre este aspecto, o que tem suscitado diversas soluções nos países europeus.

Exemplificativa é a diferença entre o regime estatuído no direito espanhol, onde o art. 8.º, 2 prevê que, nos casos em que o cliente não comunique ao organizador a sua opção no prazo legal de três dias, se entende que, tacitamente, está a optar pela resolução do contrato. Já em Itália, o entendimento doutrinal sobre a falta de resposta do cliente ou o desrespeito do prazo de dois dias úteis estabelecido, no art. 12.º, 3 do Decreto legislativo de 1995, para esse efeito, é o de que, atendendo ao interesse do outro contraente e ao critério da boa fé, se entende existir uma implícita vontade de adesão do cliente à modificação comunicada pela agência[335].

Perante o nosso ordenamento será muito duvidosa a solução. Parece, em qualquer caso, que onerar a falta de resposta com uma rescisão tácita do contrato, pode ser demasiado oneroso para a agência, uma vez que o cliente não manifestou ainda uma vontade clara de fazer extinguir o contrato. Por outro lado, admitir-se que o silêncio do cliente corresponda a uma aceitação tácita da modificação, poderá contender com o facto de a lei exigir expressamente a forma escrita para a alteração contratual. Não nos parece, todavia, que tal exigência seja determinante da validade da aceitação da modificação proposta, que a agência terá o maior interesse em garantir, mas que não obstará a que se faça prova de outro modo. Inclinamo-nos, por isso, para aceitar uma orientação semelhante àquela que é perfilhada em Itália.

10.4.4. *(Cont.): b) Durante a execução da viagem.* As modificações do preço ou de outro elemento contratual, a que nos vimos referindo, ocorrem no período que antecede o início da viagem. Há, todavia, situações em que, iniciada a execução da viagem, a agência se vê impossibilitada de fornecer os serviços a que se obrigou, o que pode conduzir a modificações operadas durante este período. Esta possibilidade foi prevista, expressamente, no art. 30.º, encontrando-se sujeita a regras próprias, as quais serão objecto de análise, por razões de metodologia de exposição, no título 10.5.5., relativo ao cancelamento ocorrido durante a execução da viagem.

10.5. EXTINÇÃO DO CONTRATO. As obrigações que decorrem para a agência organizadora do regime legal do contrato de viagem organizada,

---

[335] Neste sentido, LA TORRE, *Il contratto di viaggio...*, cit., p. 34.

embora não sejam especificadamente referidas no texto legal, podem agrupar-se em duas categorias: *a)* as obrigações decorrentes da organização do contrato, que terão uma natureza intelectual, no que toca ao planeamento da viagem, e material, na parte relativa à materialização do plano traçado. Estas obrigações encontram-se cumpridas com a realização da viagem, momento em que se concretiza a prestação do serviço contratado pelo cliente [336]; *b)* as obrigações legais de informação, na fase pré-contratual (art. 20.°, 2) e contratual (art. 23.°). Para o cliente, como já foi referido, a obrigação principal é o pagamento do preço da viagem organizada.

Quando ambas as partes cumpram as prestações a que se obrigaram, dá-se o cumprimento do contrato, o modo normal de extinção dos vínculos assumidos. Pode, todavia, suceder que as obrigações não sejam cumpridas, ou não o sejam de forma perfeita, acarretando situações de falta de cumprimento ou cumprimento defeituoso do contrato [337].

Estas situações, anómalas ao regular desenvolvimento da relação negocial, têm consequências jurídicas que foram, especialmente, previstas pelo legislador para o contrato de viagem organizada e que, nalguns casos, afastam o regime geral previsto na lei civil.

10.5.1. *Cancelamento da viagem pela agência organizadora.*

Pode suceder que, antes do início da viagem ou durante a sua execução, a agência "cancele" a mesma, o que implica deixar de cumprir a sua obrigação principal, importando analisar os reflexos que tal terá na esfera jurídica dos clientes.

Perante qualquer obstáculo surgido à realização de viagens organizadas conforme os moldes contratados, o cliente teria, em alternativa ao direito de ser indemnizado nos casos de cancelamento imputável à agência organizadora, duas opções: *a)* exigir o cumprimento nos casos em que a prestação ainda fosse possível; *b)* resolver o contrato, devendo ser-lhe

---

[336] O qual será, normalmente, efectuado pelos terceiros prestadores de serviços.

[337] A tipologia das modalidades de não cumprimento das obrigações, quanto ao efeito, distingue a falta de cumprimento, mora e cumprimento defeituoso. Neste sentido, ANTUNES VARELA, *Das Obrigações em Geral*, vol. II, 5.ª ed., Coimbra, 1992, p. 62. Por sua vez, ALMEIDA COSTA, *Direito das Obrigações*, cit., pp. 908-909, sem afastar a tripartição, prefere falar de não cumprimento definitivo, atraso no cumprimento e cumprimento defeituoso ou imperfeito. MANUEL DE ANDRADE, *Teoria geral das Obrigações*, com a colaboração de RUI DE ALARCÃO, 2.ª ed., Coimbra, 1963, p. 324, no âmbito do Código Civil de 1867, classifica o não cumprimento das obrigações quanto ao estado de facto criado, distinguindo entre não cumprimento definitivo, mora e violação contratual positiva.

restituída a contraprestação quando já a tivesse efectuado[338]. Em qualquer dos casos teria, ainda, direito a ser indemnizado pelos prejuízos sofridos.

Importará, todavia, saber se a causa do cancelamento procede, ou não, de um facto imputável à agência organizadora ou à sua organização empresarial. Quando a viagem se tornasse impossível por facto não imputável à agência organizadora, ficaria esta desonerada da sua obrigação, não recaindo sobre si qualquer dever de indemnizar. Quando o cancelamento se devesse a facto imputável à agência, permaneceria esta obrigada à prestação, tendo o cliente direito a ser indemnizado pelo não cumprimento.

Embora, mantendo, na sua estrutura, o regime geral do cumprimento e não cumprimento das obrigações, a Directiva comunitária, no art. 4.°, 6 §1, vem, contudo, consagrar algumas especialidades nesta matéria, estipulando que, quando o cancelamento ocorra antes de iniciada a viagem, o cliente terá, em alternativa ao reembolso das quantias que tenha pago nos termos do contrato, o direito a participar numa outra viagem de qualidade equivalente ou superior. Se, porém, a viagem organizada proposta em substituição for de qualidade inferior, o cliente terá direito a receber a diferença de preço. Esta norma foi transposta para o art. 28.° da nossa lei.

Temos, pois, de concluir que, em todos os casos de cancelamento de viagem não imputável ao cliente, terá este o direito a optar entre a restituição das quantias que tenha pago nos termos do contrato, o que equivale à restituição da contraprestação já efectuada[339], e a exigência do cumprimento do contrato, através da participação numa viagem de substituição.

Como se pode concluir pela própria natureza infungível da viagem organizada[340], o cliente nunca poderá exigir o cumprimento exacto da prestação, razão pela qual o legislador comunitário prevê que o cumprimento se possa fazer através da participação numa viagem similar.

---

[338] Conforme dispõe o art. 801.° CCiv, o incumprimento do devedor torna-o responsável pelos danos causados ao credor, conferindo a este, simultaneamente, o direito a resolver o contrato, podendo, além disso, exigir a restituição da sua prestação quando a tenha realizado.

[339] Podem levantar-se algumas dúvidas sobre quais as quantias que deverão ser reembolsadas. Por exemplo, será que os prémios de seguro entretanto pagos, deverão ser também reembolsados pela agência organizadora? A questão é levantada, no direito inglês, por DOWNES/PATON, *Travel Agency Law*, cit., p. 114. Parece que o reembolso se fará quer quanto às quantias entregues à agência organizadora nos termos do contrato celebrado, quer relativamente àquelas que resultam de opção do cliente (*v.g.* seguros de bagagem ou de assistência), sob pena de enriquecimento sem causa. Face ao cancelamento, nos casos em que este seja imputável à agência organizadora, poderão, todavia, exigir-se tais quantias a título de indemnização.

[340] Cfr. FAÚNDEZ, *El contrato de viaje....*, cit., p. 25.

Sobre esta alternativa são de salientar alguns aspectos. O primeiro decorre de um dever que, aquando do cancelamento da viagem, parece existir para a agência organizadora, de propor alternativas de viagem ao cliente. Embora não se preveja, de modo expresso, tal dever, tudo indica que essa foi a intenção do legislador comunitário ao referir-se, no art. 4.º, 6 da Directiva, a "viagens que o operador e/ou a agência (...) puderem propor" e a "viagem organizada proposta em substituição". Embora nada impeça que o faça, não caberá, por isso, ao cliente, mas sim à agência organizadora, tomar a iniciativa de propor uma viagem alternativa. Por outro lado, pode suceder que a agência não disponha de viagens alternativas, estando, neste caso, desobrigada deste dever, restando, unicamente, ao cliente a opção pelo reembolso das quantias entregues.

Por outro lado, a viagem proposta ao cliente deve ser similar à viagem cancelada, em termos de qualidade e características principais. O legislador comunitário refere-se a "viagem organizada de qualidade equivalente", sendo, quanto a nós, preferível a expressão utilizada no §651 c BGB, onde se refere que o organizador tem o dever de oferecer uma viagem que não comprometa as utilidades que o turista pretende alcançar com a viagem escolhida.

Tal viagem pode, todavia, ser de qualidade inferior, idêntica ou superior, com reflexos no preço da mesma. Para a hipótese da viagem alternativa ser de preço inferior, o cliente deve ser reembolsado da diferença do preço[341]. Para a hipótese de viagem com um preço idêntico, não haverá lugar a qualquer restituição. As dúvidas colocam-se no que toca a viagens de preço superior ao preço da viagem original. Sobre estas, alguns autores defendem que o cliente não deverá ser onerado com o pagamento de um preço mais elevado, uma vez que a escolha da viagem cancelada obedeceu a critérios relacionados com a sua capacidade económica, não sendo justo agravar a sua posição com um custo inesperado[342]. Parece, todavia, que, quando o cancelamento da viagem ocorra antes da partida, o cliente poderá decidir, nomeadamente, com atenção às suas disponibilidades económicas, se pretende ou não pagar o excesso, não devendo, nestes casos, a agência ser penalizada. Quando, porém, para obstar ao cancelamento da viagem, sejam prestados, durante a sua execução, serviços de valor superior ao convencionado, dada a impossibilidade superveniente de se efectuar a viagem

---

[341] No art. 101.º do decreto regulamentar de 15 de Junho de 1994, que regulamenta a lei francesa sobre agências de viagens (lei 92-654, de 13 de Julho de 1992), estabelece-se que o excedente deve ser entregue ao cliente antes do início da viagem alternativa.

[342] Cfr. BARBARA MUSSO, *Evoluzione legislativa...*, cit., p. 503.

segundo o estipulado no contrato, não deverá exigir-se ao cliente o pagamento do excesso, sob pena de se lhe impor um acréscimo com o qual este não poderia legitimamente contar.

Nos casos em que o cancelamento da viagem se dê por facto imputável à agência organizadora, haverá lugar a responsabilidade civil desta pela não execução do contrato. No art. 6.º, §2 da Directiva, prevêem-se, todavia, dois casos excepcionais e taxativos, em que a agência estará legitimada a resolver o contrato, cancelando a viagem organizada, não havendo lugar a responsabilidade civil. São eles: a inexistência de um número mínimo de participantes para a viagem e os casos de força maior. Estas duas hipóteses de desoneração da agência por um modo diferente do cumprimento, encontravam-se previstas no art. 30.º, 2 do DL n.º 198/93, inserido no capítulo III, secção I: "Das relações com os clientes", tendo sido deslocada a sua referência, no texto actual, para o art. 39.º, 4, no capítulo VI, secção I: "Da responsabilidade".

Estas duas situações são, normalmente, contempladas nas condições gerais dos contratos elaborados pelas agências de viagens. O contrato-tipo da APAVT é disso um exemplo, prevendo, para além das hipóteses referidas, uma terceira possibilidade de "anulação" da viagem pela agência, nos casos em que o pagamento do preço pelo cliente não tenha sido efectuado nas condições estabelecidas no contrato. Em seguida, faremos uma análise de cada uma destas causas justificativas do exercício legítimo de um direito de resolução do contrato por parte da agência organizadora.

10.5.2. Cancelamento antes do início da viagem: a) Ausência do número mínimo de participantes. Tanto o teor do contrato (art. 22.º, *f*)), como do programa de viagem (art. 20.º, 2), devem conter a menção do número mínimo de participantes de que depende a realização da viagem, bem como a data-limite para a notificação do seu cancelamento ao cliente, caso não se tenha atingido aquele número.

Se, após a celebração de diversos contratos com clientes, se verificar que o número mínimo de participantes não foi atingido, tem a agência o direito de cancelar a viagem, desde que notifique, por escrito, desse facto o cliente, dentro do prazo previsto no contrato, prazo que a APAVT aconselha ser de até oito dias antes da data de partida. Não haverá, nesta hipótese, prevista no art. 39.º, 4 *a*), responsabilidade civil da agência pela não execução da viagem, uma vez que tal resulta, em princípio, de um facto que não lhe é imputável.

Torna-se necessário tecer alguns apontamentos sobre esta modalidade de extinção contratual. Em primeiro lugar, importa referir que a mesma se traduz num direito de resolução do contrato, por motivo não imputável à agência organizadora, que só poderá ocorrer antes do início da viagem. Se a viagem já se iniciou, então é porque já existia um número mínimo de participantes e, mesmo que haja desistências durante o decurso da viagem, não poderá a agência deixar de cumprir as sua obrigações, não fazendo qualquer sentido que venha agora cancelar a viagem.

Por outro lado, a inexistência de um número mínimo de participantes apenas confere à agência a faculdade de resolver o contrato, não obrigando ao cancelamento da viagem. Para que a resolução seja válida deverá a agência respeitar os requisitos de tempo – prazo mínimo de antecedência definido no contrato – e forma – notificação por escrito – da declaração de cancelamento da viagem. Quando a notificação chegue ao conhecimento do cliente após a data-limite prevista no contrato ou não seja feita por escrito, bem como nos casos em que do contrato não conste um número mínimo de participantes ou a data-limite de notificação ao cliente, não terá a agência organizadora direito a resolver o contrato, configurando qualquer cancelamento em desrespeito destes requisitos, uma situação de incumprimento culposo. Note-se, porém, que, em qualquer caso, o cliente terá sempre direito a optar entre a realização de uma viagem alternativa e o reembolso das quantias pagas, sendo a legitimidade do cancelamento determinante, apenas, para efeito de responsabilidade civil.

Poderá, não obstante, colocar-se o problema de saber se não haverá responsabilidade civil da agência, nos casos em que não tenha actuado diligentemente no sentido de angariar clientes em número suficiente para permitir a realização da viagem.

De facto, a agência que organiza e anuncia a realização de uma viagem organizada, e que contrata com o cliente a sua participação, assume, perante este, a obrigação, denominada de "comercialização"[343]. Esta é, juridicamente, uma obrigação de meios a que a agência se vincula perante o cliente, consistente no esforço de angariação do número mínimo de participantes que permita a realização da viagem, pelo que, provando-se a falta de diligência ou o dolo (situação menos vulgar), deverá a agência organizadora responder civilmente pelos prejuízos causados à clientela resultantes da não realização da viagem[344].

---

[343] Veja-se, neste sentido, NADAL, *El contrato de reserva...*, cit., pp. 21-23.

[344] A inexistência de programas de viagem à disposição do público ou o encerramento das instalações da agência de viagens por motivos de benfeitorias, pelo menos, úteis ou voluptuárias, são exemplos de falta de diligência da agência organizadora, que a poderão fazer incorrer em responsabilidade civil, quando a viagem seja cancelada por falta de participantes.

10.5.3. *(Cont.): b) Situações de força maior ou caso fortuito*. Uma segunda hipótese em que a agência organizadora poderá cancelar a viagem, sem que tal acarrete a sua responsabilidade civil, resulta do art. 39.º, 4 *b*), onde se prevêem os casos de cancelamento da viagem motivados por situações de força maior ou de caso fortuito [345]. Tal corresponde ao "acontecimento que cria uma impossibilidade de cumprir não atribuível nem à vontade do devedor, nem à do credor (...)" ou, noutros termos, "o facto que impede o cumprimento do dever e não se reconduz nem à vontade do suporte deste, nem à vontade do ofendido" [346].

O pouco significado da expressão "força maior" nas legislações de vários Estados-membros foi realçado pelo CES, no ponto 2.7.2. do Parecer à proposta da Comissão, o que levou a que o legislador comunitário viesse definir, no art. 4.º, 6 § 2, ii) da Directiva, o que entende por "razões de força maior", a saber, as "circunstâncias alheias àquele que as invoca, anormais e imprevisíveis [[347]], cujas consequências não poderiam ter sido evitadas apesar de todas as diligências feitas". O nosso legislador transcreveu esta noção para o nosso direito interno, vertendo-a no art. 39.º, 4 *b*) [348-349].

Uma referência que interessa fazer é para a expressa exclusão, no texto comunitário e na lei portuguesa, do excesso de reservas, ou *"overbooking"*, uma das principais causas de cancelamento de viagens pelas agências de viagens, de entre os casos de força maior ou caso fortuito. O *"overbooking"* representa uma prática profissional dos prestadores de serviços, muito difundida neste sector de actividade, que consiste em reservar mais lugares num meio de transporte ou num empreendimento hoteleiro,

---

[345] Sobre a equivalência conceptual das expressões força maior e caso fortuito, veja--se, entre nós, FERNANDO PESSOA JORGE, *Ensaio sobre os Pressupostos da Responsabilidade Civil*, reimp., Coimbra, 1995, pp. 118 e ss..

[346] Cfr. PESSOA JORGE, *Ensaio...*, cit., p. 120, que exemplifica com fenómenos naturais, tais como uma tempestade ou inundação, e sociais, tais como a guerra.

[347] Sobre o momento a que se reporta a imprevisibilidade, veja-se PESSOA JORGE, *Ensaio...*, cit., p. 124, onde se conclui que a mesma não se afere em relação ao momento do contrato, mas, antes, relativamente ao momento em que o devedor estava ainda em condições de evitar o incumprimento, concluindo que "a imprevisibilidade é ancilar da inevitabilidade".

[348] Parece poder-se incluir nos casos de força maior a hipótese de greve dos terceiros prestadores de serviços. Esta era, aliás, uma causa justificativa do não cumprimento expressamente prevista no art. 54.º *b*) do DL n.º 265/86.

[349] A doutrina italiana vem admitindo a existência de um direito de rescisão pelo cliente, sem que surja para este qualquer dever indemnizatório, nos casos de força maior ou caso fortuito que justificariam o cancelamento da viagem, quando o cancelamento não seja efectuado pela agência organizadora. Neste sentido, veja-se ENZO ROPPO, *Commentario...*, cit., p. 1776, e CUFFARO, *Contratto turistico*, cit., p. 298.

do que os existentes de facto, contando com eventuais desistências. Tal é justificado pelo interesse económico dos transportadores e hoteleiros em preencher todos os lugares disponíveis, visando rentabilizar ao máximo a utilização do transporte ou do hotel[350].

Esta prática, que é conhecida e, até, incrementada pelas agências, e à qual o cliente é, normalmente, alheio, faz com que, muitas vezes, as agências estejam a vender viagens que só virtualmente existem, estando dependentes de eventuais desistências e da confirmação pelos fornecedores dos serviços. Para o cliente que celebrou o contrato e pagou o preço da viagem, esta prática significará, nalguns casos, a frustração das suas expectativas de vir a participar na viagem, sendo intenção do legislador reprimir este uso existente no sector, através do qual se alcançavam benefícios para as empresas prestadoras de serviços, em prejuízo de alguns clientes que viam, desse modo, a sua viagem cancelada à última hora.

Agora, a opção é clara e terá de ser feita pelos agentes empresariais. O risco do *"overbooking"* corre por conta da agência organizadora. Se pretende manter esta prática terá que assumir os prejuízos daí resultantes, caso contrário, procurará desincentivá-la, diminuindo o risco de prejuízo do cliente e do seu próprio prejuízo, uma vez que será responsável civilmente pelo cancelamento de uma viagem com base no excesso de reservas.

Quando, antes do seu início, a viagem seja cancelada, nos termos do art. 39.°, 4 b), terá o cliente direito ao reembolso das quantias pagas ou a participar numa viagem alternativa, nos termos do art. 28.°, inexistindo, todavia, um direito a ser indemnizado, uma vez que a causa do cancelamento não é imputável à agência organizadora.

10.5.4. (Cont.): c) "Anulação" da viagem por falta de pagamento do preço nas condições estabelecidas no contrato. Para além da falta do número mínimo de participantes e das razões de força maior, fundamentos legais que legitimam o cancelamento da viagem pela agência organizadora, permitindo a sua desoneração da prestação, e que são, vulgarmente, incluídos entre as cláusulas gerais dos contratos de adesão elaborados por estas, é frequente encontrar-se um terceiro fundamento de "anulação" da viagem

---

[350] Relativamente ao *"overbooking"*, ou sobre-reservas em voos aéreos regulares, foi aprovado, pelo Conselho, o Regulamento (CEE) n.° 295/91, de 4 de Fevereiro, onde se prevê um direito do cliente a ser indemnizado em montantes que podem variar entre 150 e 300 ECU, quando seja portador de bilhete válido para voo regular, tendo a reserva confirmada, e lhe seja negado o embarque no voo previsto por motivo de sobre-reserva. Para um estudo deste regulamento e do problema do excesso de reservas nos voos aéreos, veja--se ELIO FANARA, *L'overbooking*, em *La tutela del turista*, cit., pp. 147 e ss..

pela agência organizadora. Referimo-nos aos casos em que o cliente não efectua o pagamento do preço da viagem nas condições estabelecidas no contrato [351].

Este modo de extinção contratual, antes do início da viagem, tem a natureza de uma cláusula resolutiva expressa [352], reservando para a agência o direito a resolver o contrato nos casos de falta de pagamento ou não pagamento nas condições estabelecidas no contrato. A "anulação" da viagem, neste caso, implicará a restituição de todas as somas entregues pelo cliente à agência, nos termos gerais do art. 433.º CCiv.

Se a agência sofreu algum dano, resultante daquele incumprimento do cliente, que justifique o pagamento, por parte deste, de uma indemnização, normalmente suportada por uma parte das quantias que já adiantou à agência a título de princípio de pagamento, tal dano deverá ser demonstrado antes de poder justificar qualquer compensação de créditos.

Segundo ENZO ROPPO [353], esta previsão revela-se desprovida de interesse para o organizador, em vez disso constituindo um meio mais vantajoso para o turista se desvincular do contrato, sem que tenha de optar pelo mecanismo da rescisão, previsto no art. 29.º, que seria muito mais penalizador. O cliente deverá, pura e simplesmente, não pagar o saldo da viagem e esperar que o organizador resolva o contrato com base na cláusula mencionada, devendo ser restituído de todas as quantias que tenha pago.

Note-se que, se a agência não resolver o contrato, não ficará desonerada da sua contraprestação, ou seja, deverá permitir a participação do cliente na viagem, tendo, neste caso, independentemente de este ter ou não participado, o direito a exigir o pagamento do saldo do preço em dívida, bem como a ser indemnizada pelos prejuízos que tenha sofrido.

Na prática, esta cláusula terá apenas uma utilidade, por assim dizer, indirecta, para a agência, nas hipóteses de ter ultrapassado o número máximo de participantes para certa viagem, no que terá interesse em resolver o contrato de alguns deles, de modo a não ser responsabilizada civilmente pelas viagens canceladas.

10.5.5. *Cancelamento ocorrido durante a execução da viagem*. Até agora referimo-nos, apenas, aos casos de cancelamento ocorrido antes do

---

[351] No contrato-tipo da APAVT, este fundamento de "anulação" aparece no texto da cláusula "Inscrições", onde se estipula, na parte final: "A agência organizadora reserva-se o direito de anular qualquer inscrição cujo pagamento não tenha sido efectuado nas condições acima mencionadas".

[352] Cfr. ENZO ROPPO, *Contratto turistico...*, cit., p. 104.

[353] Cfr. ENZO ROPPO, *Contratto turistico...*, ult. lug. cit..

início da viagem, num momento em que o turista ainda não saiu do local de partida. Pode, todavia, suceder que a agência cancele a viagem quando ela já se iniciou, por facto imputável à própria agência ou por razões de força maior [354]. Numa situação, haverá lugar a indemnização pelos danos causados, na outra, não haverá responsabilidade civil da agência organizadora. O incumprimento ocorrido durante a execução da viagem pode, todavia, não conduzir ao cancelamento da mesma, mas tão só a uma prestação de serviços diferentes dos inicialmente convencionados, revestindo a forma de cumprimento defeituoso.

A lei, no art. 30.°, estipula, todavia, regras especiais para os casos em que o incumprimento ocorra após o início da viagem. Aí se estipula, no n.° 1 da referida norma, que, quando uma parte significativa dos serviços constantes da viagem não puderem ser fornecidos, terá a agência a obrigação de, sem aumento de preço, fornecer serviços equivalentes aos contratados [355]. Confrontado com a prestação de serviços diversos daqueles que havia, inicialmente, contratado, não tem o cliente o dever de os aceitar, de acordo com o princípio da pontualidade no cumprimento das obrigações [356].

O art. 30.°, 2 estabelece, todavia, que, para poder legitimamente rejeitar a nova prestação, o cliente deve justificar o motivo porque não a aceita. Parece-nos, todavia, que esta previsão deve ser interpretada restritivamente, aplicando-se apenas aos casos em que a agência forneça diferentes prestações por factos que não lhe sejam imputáveis. Nos restantes casos, a agência está obrigada a fornecer as prestações que contratou, bastando que haja uma divergência objectiva entre estas e as que sejam efec-

---

[354] Não se admite que possa existir, durante a execução da viagem, um cancelamento por inexistência do número mínimo de participantes ou por falta de pagamento nas condições estabelecidas. A verificar-se qualquer uma destas situações, existirá abuso de direito da parte da agência organizadora.

[355] Com a nova redacção dada pelo DL n.° 12/99 ao art. 30.°, foram acrescentados dois números (n.os 5 e 6) à referida norma, aí se definindo qual a conduta que o cliente deverá adoptar, no caso de verificar uma deficiência na execução dos serviços de alojamento e transporte. O n.° 5 do art. 30.° passa a exigir que, logo que detecte qualquer deficiência, o cliente deva contactar a agência de viagens através dos meios definidos nas alíneas b) e c) do art. 23.°, para permitir que esta, em tempo útil, assegure a prestação de serviços equivalentes. Se o cliente não conseguir contactar a agência ou esta não puder, em tempo útil, assegurar a prestação de tais serviços, dispõe o art. 30.°, 6 que o cliente poderá contratar com terceiros a prestação de serviços de alojamento e transporte não incluídos no contrato, que serão custeados pela agência de viagens.

[356] Segundo ANTUNES VARELA, *Das Obrigações...*, II, cit., p. 15, um dos corolários da regra da pontualidade é que "o obrigado se não pode desonerar, sem consentimento do credor, mediante prestação diversa da que é devida, ainda que a prestação efectuada seja de valor equivalente ou até superior a esta".

tivamente prestadas, para que o cliente possa recusar-se a aceitar a modificação. Não terá, nesta situação, de justificar porque rejeita as prestações alternativas.

Quando o cliente não aceite continuar a viagem, bem como nos casos em que as prestações que a agência se vê impossibilitada de fornecer sejam de tal modo essenciais, que se mostre impossível a continuação da viagem, deverá a agência fornecer, sem qualquer aumento de preço, um meio de transporte que possibilite o regresso ao local de partida ou a outro local acordado [357].

Quando o cliente aceite a continuação da viagem, terá direito, por força do art. 30.º, 3, à restituição da diferença do preço entre as prestações previstas e o das efectivamente fornecidas, nos casos em que estas sejam de valor inferior. Não refere o legislador se deverá o cliente pagar à agência o excesso de preço quando as prestações efectivamente fornecidas forem de valor superior. Parece-nos, contudo, que a resposta a esta questão deve ser negativa, por motivos que já apontámos [358].

Quando a continuação da viagem se torne impossível, o cliente terá direito a ser reembolsado pelas quantias que pagou para participar na mesma, deduzido o preço dos serviços efectivamente prestados.

Nos casos em que a divergência entre os serviços contratados e os efectivamente prestados ou o cancelamento da viagem forem imputáveis à agência organizadora, deverá esta responder civilmente pelos prejuízos causados ao cliente.

10.6. DIREITO DE RESCISÃO DO CONTRATO PELO CLIENTE. O direito de extinguir, unilateralmente, o contrato por iniciativa do cliente pode, nos casos das viagens organizadas para um número mínimo de participantes, ser bastante desvantajoso para a agência [359], lesando as suas legítimas

---

[357] A lei refere que o meio de transporte deve ser "equivalente". A intenção legislativa parece ser a de impedir que, por exemplo, numa viagem organizada efectuada por avião, o regresso seja efectuado por autocarro, com manifesto prejuízo em termos de tempo e de conforto de deslocação. Por outro lado, se o transporte incluído na viagem organizada era em primeira classe, também o regresso deverá ser em primeira classe. O legislador omitiu, todavia, uma referência às hipóteses em que o serviço de transporte não conste da viagem organizada. Nestes casos, em que o cliente se faz transportar com recurso a meios próprios, a agência não está obrigada a fornecer-lhe um "meio de transporte equivalente".

[358] Cfr., *supra*, o título 10.5.1.: "Cancelamento da viagem pela agência organizadora".

[359] Como realça BOULANGER, *Tourisme et loisirs...*, cit., p. 34, "*pour certains voyages touristiques coûteaux et très spécialisés, un ou plusieurs désistements peuvent entraîner leur désorganisation ou leur abandon*".

expectativas. Este é, apenas, um exemplo concreto, representativo dos motivos que justificam as restrições impostas à desvinculação unilateral nos contratos, cuja admissibilidade reveste carácter excepcional e deve estar legalmente prevista, face à regra do art. 406.º CCiv. Estipula-se nesta norma que os contratos só podem extinguir-se por mútuo consenso das partes.

No entanto, desde as primeiras intervenções legislativas em sede de contrato de viagem organizada, sentiu-se a necessidade de atribuir ao cliente, pelo menos em determinadas situações, o direito de se desvincular do contrato.

Nesta matéria, a CCV começou por introduzir, no art. 9.º, uma fórmula que previa que o cliente tinha o direito de rescindir o contrato a todo o tempo, devendo indemnizar o organizador da viagem, conforme as regras definidas pela legislação nacional ou pelos termos do contrato. Tal conduziu a que, por exemplo na Bélgica, país que aderiu à CCV, as agências organizadoras clausulassem, nos contratos por si elaborados, indemnizações para os casos de desistência do cliente, cujo montante era tanto mais elevado quanto mais próxima da data de partida ocorresse a rescisão [360].

Sobre este direito de rescindir a todo o tempo, não se veio pronunciar o legislador comunitário, que apenas reconhece um caso em que o cliente tem o direito de rescisão. Tal previsão resulta do disposto no art. 4.º, 5 da Directiva e tem lugar nas situações em que a agência organizadora altere "significativamente o contrato num dos seus elementos essenciais, como o preço".

10.6.1. *Casos especiais de rescisão.* O direito português é, nesta matéria, mais favorável ao cliente do que o mínimo exigido pela Directiva, prevendo-se, ao lado de um princípio geral de rescisão, determinadas situações em que o cliente está legitimado a fazer extinguir o contrato sem penalização.

Estas situações particulares já foram por nós referidas, ainda que a propósito de outras questões, noutro lugar deste trabalho, reconduzindo-se a três hipóteses:

a) alteração do preço da viagem, com violação do disposto no art. 26.º, 1 – regra da invariabilidade relativa do preço;

b) impossibilidade de cumprimento, antes da partida, de uma obrigação essencial, nos termos do art. 27.º, 2;

---

[360] KLAUS TONNER, *Reiserecht in Europa*, cit., p. 74, refere que a "*Neckermann – Belgique*" fixou, nas cláusulas gerais de 1989, percentagens de indemnização de 5% do preço da viagem, se a rescisão ocorresse até 60 dias antes da viagem, 40% se ocorresse até 15 dias antes e 80% se tivesse lugar numa data mais próxima.

c) alteração significativa do preço da viagem, por força do art. 4.°, 5 da Directiva[361].

Em qualquer destas hipóteses, o cliente não será penalizado por qualquer forma, uma vez que existe um fundamento legal a legitimar a sua desvinculação, devendo ser reembolsado do preço da viagem que tenha, entretanto, pago. Quando o motivo da rescisão seja imputável à agência organizadora, o cliente terá, além disso, direito a uma indemnização pelos prejuízos que tenha sofrido devido ao incumprimento contratual[362].

10.6.2. *O direito de rescisão a todo o tempo*. O art. 29.° confere ao cliente o direito de rescindir o contrato sempre e a todo o tempo, devendo a agência organizadora reembolsá-lo dos montantes que tenha pago. Deverão, contudo, ser deduzidos a este valor, os encargos a que o início do cumprimento do contrato dê lugar, bem como os que derivem da rescisão. Para além destes valores, a agência organizadora tem ainda direito a uma percentagem do preço não superior a 15%.

Entre as notas mais salientes deste preceito, destaca-se, por um lado, a sua imperatividade, que impede cláusulas contratuais que a limitem ou imponham restrições ao exercício do direito de rescisão, como parece poder aferir-se da utilização da palavra "sempre".

Por outro lado, poderá colocar-se a questão de saber qual a intenção do legislador, quando dispõe que este direito pode ser exercido a todo o tempo. Se dúvidas não existem que poderá ser exercido enquanto ainda não se iniciou a viagem, será já discutível que o seu exercício possa ocorrer após a data da partida. A orientação de outros países europeus, tal como a Espanha[363] ou a Alemanha[364], onde existem normas paralelas, é

---

[361] Embora o legislador português não tenha previsto, expressamente, este modo de rescisão, o carácter de "directiva de mínimos", bem como as características da norma comunitária, levam-nos a propender para a sua aplicabilidade directa no nosso direito interno.

[362] Como já referimos, e resulta do disposto no art. 28.°, *b*), em lugar de rescindir o contrato, pode o cliente optar pelo cumprimento, embora em prestação diversa, sempre que a agência disponha de viagens alternativas.

[363] No direito espanhol, o art. 9.°, 4 *a*) da lei 21/1995, prevê-se, numa norma muito semelhante ao art. 29.° da nossa lei, que o cliente pode desistir a todo o tempo da viagem, tendo direito à devolução das quantias que tenha pago, devendo indemnizar a agência organizadora dos gastos de gestão e despesas de "anulação" da viagem, bem como pagar uma penalização previamente estipulada na lei. Esta penalização será de 5%, 15% ou 25%, consoante a desistência ocorra entre 10 e 15 dias que antecedem a partida, entre 3 e 10 dias, ou nas quarenta e oito horas que precedem a partida, respectivamente. Acrescenta-se, ainda, que se o cliente não comparecer na data da partida deverá pagar o preço total.

[364] No direito alemão, o § 651i BGB refere-se ao direito de rescisão que o cliente

no sentido de restringir o direito de rescisão até ao momento em que se inicia a viagem, entendimento que perfilhamos também para o nosso ordenamento interno.

No que toca à sua natureza jurídica, o direito de rescisão identifica-se com uma modalidade de desvinculação superveniente, discricionária – porque não sujeita a invocação de qualquer fundamento legitimador – e sem se encontrar sujeita a pré-aviso. O seu exercício acarreta dois tipos de encargos para o cliente. Por um lado, nasce para este um dever de indemnizar a agência organizadora pelos encargos a que o início do cumprimento do contrato e a rescisão tenham dado lugar, os quais estarão, normalmente, relacionados com despesas de utilização do *fax*, telefone, emissão de bilhetes, etc., não tendo, em regra, grande relevância em termos económicos. Para que possa deduzir o seu valor às quantias que deverá reembolsar ao cliente, deve a agência justificar, discriminadamente, tais encargos.

Por outro lado, o cliente sofre, ainda, uma penalização, cujo valor não poderá exceder 15% do preço total da viagem, e que nenhuma correspondência tem com os danos sofridos pela agência organizadora.

Esta pena, de natureza legal, que equivale ao preço que o cliente terá de pagar pelo seu arrependimento, não é, todavia, variável em função da proximidade da rescisão à data da partida, pelo que, quer ocorra, por exemplo, com três meses de antecedência em relação àquela data, quer ocorra na véspera da partida, a agência organizadora poderá exigir, em qualquer caso, uma percentagem máxima de 15% do preço. Nada impede, todavia, que nas cláusulas contratuais gerais formuladas pela agência se prevejam percentagens crescentes em função da maior proximidade entre a data da rescisão e a data da partida, desde que não se ultrapasse aquele máximo legal.

A função desta penalização é, por um lado, a de contra-balançar a discricionariedade da rescisão do cliente, com um encargo que o fará reflectir sobre se pretende realmente rescindir o contrato. Por outro lado, visa-se impedir que a agência de viagens possa vir a exigir outro tipo de indemni-

---

pode exercer antes do início da execução da viagem, devendo, nesse caso, ser reembolsado de todas as quantias pagas, tendo o organizador direito a uma indemnização conveniente ou apropriada (*angemessene*). Na quantificação do valor da indemnização, a jurisprudência alemã tem-se orientado pelos critérios da *"Treu und Glurben"*, sendo frequente o recurso a tabelas indemnizatórias orientadoras, mas sem valor jurídico – *v.g.* as *"Frankfurter Tabellen"*–, onde se prevêem percentagens de 4 a 8% para rescisões até ao vigésimo segundo dia, 25% até ao sexto dia e 40 a 50% nos restantes dias até ao início da viagem. Cfr. HEINZ, *Reisevertragsrecht in der Praxis*, Berlin, 1990, p. 55, cit. por BOULANGER, *Tourisme et loisirs...*, cit., p. 35.

zação, que não o valor que se encontra legalmente estipulado, em particular naqueles casos em que a rescisão do cliente ponha em causa a realização da viagem por não haver um número mínimo de participantes. Tal opção legislativa poderá conduzir a situações injustas e desfavoráveis, economicamente, para a agência organizadora, quando haja várias desistências de última hora, que impeçam a realização da viagem [365]. É, todavia, a solução legal que mais favorece o cliente.

Uma última nota deverá fazer-se para realçar que a inserção sistemática do art. 29.º na secção III, do capítulo IV, a qual tem como epígrafe "Viagens organizadas", não é, no nosso entender, a mais correcta. De resto, tal acontece, igualmente, com o art. 25.º, sobre a necessidade de guias--intérpretes para determinadas viagens turísticas. Efectivamente, o art. 29.º não atribui um direito de rescisão ao cliente apenas para os contratos que tenham por objecto viagens organizadas. A utilização do termo "serviço" indicia a aplicabilidade desta norma não apenas a todas as viagens turísticas, definidas nos termos do art. 17.º, 1, 2 e 3, mas também à prestação de serviços avulsos solicitados pelo cliente, nos termos do art. 17.º, 4.

Contribuem para este entendimento, a falta de referência, pelo legislador comunitário, a propósito das viagens organizadas, a este princípio geral de rescisão e a tradição que o mesmo tem, no nosso direito, com referência genérica a toda a actividade prestada pela agência aos seus clientes [366].

10.6.3. *Natureza jurídica do direito de rescisão.* Até agora vimo-nos referindo, sem grande rigor, ao direito de rescisão, pelo cliente, do contrato de viagem organizada. A rescisão, como modo de extinção negocial, não tem, todavia, actualmente, uma aceitação doutrinal, como teve no período

---

[365] Competirá às agências organizadoras acautelar esta possibilidade nos contratos de cooperação com os terceiros prestadores de serviços, de modo a não sofrerem quaisquer prejuízos nestas situações.

[366] Já o art. 33.º, 3 do DL n.º 478/72, de 28 de Novembro, sobre agências de viagens e turismo, dispunha, em termos muito semelhantes aos do art. 29.º, que: "Se o cliente desistir do serviço solicitado, a agência de viagens e turismo deverá devolver-lhe a importância recebida, deduzidos os encargos a que haja lugar em virtude da desistência, as despesas realizadas, incluindo as de anulação, e uma percentagem que pode ir até 15 por cento do preço do serviço". Note-se, até, que, não obstante as dificuldades que suscitava a individualização do regime das viagens organizadas no DL n.º 198/93, onde as normas sobre viagens organizadas se interpenetravam com normas relativas a outros contratos, era mais correcta a inserção sistemática do direito de rescisão no art. 31.º, do capítulo III, secção I, relativo às relações da agência com os seus clientes, aplicando-se à generalidade dos contratos celebrados pelas agências de viagens.

que antecedeu a entrada em vigor do actual Código Civil, aprovado pelo DL n.º 47 344, de 25 de Novembro de 1966.

Efectivamente, no domínio do Código Civil de 1867 – *Código de Seabra* –, a rescisão era definida como um modo de ineficácia superveniente dos negócios jurídicos, operando através de uma declaração que uma das partes dirigia à outra, baseando-se a extinção dos efeitos do negócio num fundamento legal, a que correspondia a lesão de um interesse próprio [367].

Na terminologia utilizada no actual Código Civil e no entendimento que predomina na doutrina, a rescisão aparece identificada com a figura da resolução, entendida, esta, como a modalidade de ineficácia *stricto sensu* [368],

---

[367] Cfr. GALVÃO TELLES, *Manual dos contratos em geral*, 3.ª ed., Lisboa, 1965, p. 350.

[368] O entendimento doutrinal acerca da *ineficácia negocial em sentido amplo* tem adoptado um esquema tipológico que distingue entre *invalidade negocial* (nulidade e anulabilidade) e os restantes modos de extinção negocial, habitualmente reunidos na categoria da *ineficácia em sentido estrito, mera ineficácia* ou *simples ineficácia*. A doutrina discute, ainda, a natureza da *inexistência*, havendo autores que a identificam como uma terceira categoria de ineficácia em sentido amplo e outros que a situam fora do âmbito da ineficácia. Abstraindo das complexas questões que suscita esta tipologia, tomaremos como dogmática a existência de várias figuras com "substância própria quando tomadas cada uma per si, mas não «in totum»", figuras essas que são habitualmente agrupadas na categoria da mera ineficácia, entendida esta como um meio expositivo-sistemático de designar em bloco o conjunto destas figuras, cujo denominador comum reside no facto de fazerem extinguir uma relação jurídica por vícios que não se ligam à formação do negócio jurídico na sua génese. Como ensina RUI DE ALARCÃO, *Sobre a invalidade do negócio jurídico*, Coimbra, 1981, p. 22: " Tudo isto vem a significar que a determinação da ineficácia «stricto sensu» é feita por via negativa, por exclusão de partes, assumindo, consequentemente, um carácter residual ou sobrante: compreendem-se nela as hipóteses de ineficácia «lato sensu» que não se reconduzem à nulidade ou à anulabilidade".

Não é, todavia, pacífica a doutrina, no que toca à sistematização das diversas modalidades de ineficácia em sentido estrito. GALVÃO TELLES, *Manual dos Contratos...*, cit., pp. 347 e ss., ensina, no âmbito do Código Civil de 1867, que a ineficácia deveria ser classificada segundo um duplo critério: o critério da relevância da ineficácia, segundo o qual esta assumiria a forma de resolução ou dissolução, e o critério da causa da ineficácia, onde se distingue a revogação, rescisão e caducidade. Por sua vez, CASTRO MENDES, *Teoria geral...*, II, cit., pp. 259 e ss., já no âmbito do Código Civil actual, distingue entre resolução arbitrária, ou revogação *proprio et stricto sensu*; resolução não arbitrária, ou revogação em sentido lato ou rescisão; e resolução por facto jurídico, ou caducidade; referindo-se, ainda, à denúncia, retratação e remissão. J. DIAS MARQUES, *Noções Elementares de Direito Civil*, 6.ª ed., Lisboa, 1977, pp. 109 e ss., distingue dois casos de ineficácia superveniente: a caducidade e a revogação, sendo ambos susceptíveis de combinar-se com a resolução ou dissolução. JOSÉ CARLOS BRANDÃO PROENÇA, *A resolução do contrato no direito civil. Do enquadramento e do regime*, Coimbra, 1982, pp. 38 e ss., distingue a denúncia, a revo-

em que a cessação da relação negocial, *maxime,* do contrato, se dá por iniciativa unilateral e vinculada de uma das partes [369].

Transpondo esta classificação para o contrato de viagem organizada, parece poder identificar-se o direito de rescisão pelo cliente, nos casos expressamente previstos na lei e na Directiva comunitária, como um direito de resolver o contrato, por justa causa, isto é, com um fundamento concreto que o legitima a tal. Excepciona-se, contudo, desta qualificação o direito geral de rescisão previsto no art. 29.º.

De facto, o direito de rescisão, previsto na norma citada, dispensa a necessidade de invocação de um fundamento justificativo da extinção negocial. A desvinculação poderá, nestes casos, ter ou não uma justa causa, a qual não tem, sequer, de ser invocada pelo cliente para legitimar a extinção contratual e cuja invocação poderá, apenas, interessar nos casos em que a rescisão ocorra por motivo de força maior, isentando o cliente dos encargos e penalização dela resultantes [370]. Basta que o cliente pretenda rescindir e a lei atribui-lhe o direito de, livremente, o fazer, opondo a extinção contratual à agência organizadora, mediante declaração, sem necessidade de qualquer pré-aviso.

A rescisão a que se refere o art. 29.º identifica-se, pois, com a figura, discutível na doutrina, da revogação unilateral dos contratos, entendida, esta, como a modalidade de ineficácia em sentido estrito, que opera mediante declaração à contraparte, traduzindo-se numa desvinculação unilateral e discricionária [371].

---

gação, a caducidade e a impugnação pauliana como formas de ineficácia negocial. MANUEL JANUÁRIO DA COSTA GOMES, *Em tema de revogação do mandato*, Coimbra, 1989, pp. 19 e ss., rejeitando compromissos terminológicos, prefere distinguir os casos de cessação da relação contratual em decorrência de um facto jurídico *stricto sensu* (a caducidade), a cessação por acordo das partes, por iniciativa unilateral e vinculada de uma das partes e por iniciativa unilateral e discricionária de uma das partes.

[369] Neste sentido, VAZ SERRA, *Resolução do contrato*, "BMJ", n.º 68, 1957, p. 153.

[370] Sobre esta questão, que não é expressamente admitida na lei, mas que é, genericamente, aceite na doutrina e jurisprudência estrangeiras, tem-se colocado o problema de saber se o cliente que adoeça nas vésperas da viagem poderá rescindir o contrato sem penalização. No art. 9.º, 3 e 4 do DL n.º 349/86, sobre o contrato de transporte marítimo, estão previstas as hipóteses de doença impeditiva da realização da viagem e morte do passageiro, estipulando-se, num caso e noutro, o direito do transportador a metade do preço do bilhete. Ora, no DL n.º 209/97 não existe qualquer disposição similar, sendo que tais situações deverão considerar-se abrangidas no art. 29.º, originando a penalização aí prevista, ao contrário do que sucederá nos casos de terrorismo ou guerra civil, por exemplo.

[371] A doutrina não é unânime no que toca à admissibilidade desta modalidade de revogação. Se, por um lado, encontramos autores que aceitam a existência de uma forma de revogação unilateral nos contratos, outra parte da doutrina repudia este entendimento,

10.7. RESPONSABILIDADE CIVIL DA AGÊNCIA ORGANIZADORA.

10.7.1. Generalidades. Analisaremos, em seguida, o regime de responsabilidade civil que advém para a agência de viagens da violação das obrigações que, para si, resultam de um contrato de viagem organizada.

Existe responsabilidade civil quando sobre uma pessoa recai a obrigação de reparar um dano sofrido por outra, distinguindo a doutrina entre responsabilidade contratual, que provém da *"falta de cumprimento das obrigações emergentes dos contratos, de negócios unilaterais ou da lei"*, e responsabilidade extra-contratual, delitual ou aquiliana, que advém da *"violação de direitos absolutos ou da prática de certos actos que, embora lícitos, causam prejuízo a outrem"* [372].

Como refere ALMEIDA COSTA [373], "não existe uma verdadeira distinção essencial de regimes entre as duas formas clássicas de responsabili-

---

considerando como revogação contratual, unicamente, a figura do *contrario consensus*. É, todavia, o próprio legislador que, em certas situações, se refere à revogação unilateral em sede contratual. JANUÁRIO GOMES, *Em tema de revogação...*, cit., pp. 104 e ss., preferindo guardar os casos de desvinculação unilateral e discricionária para as hipóteses de denúncia, referindo-se à denúncia *imprópria* ou *extraordinária*, nega a autonomia dogmática à figura da revogação unilateral. Discordamos, todavia, deste entendimento. De facto, a diferença entre as duas figuras será, fundamentalmente, uma diferença de grau de liberdade na desvinculação. Em relação à denúncia imprópria, o legislador preocupa-se, ainda, com a tutela da posição da contraparte, exigindo um comportamento declarativo prévio do denunciante, com vista a salvaguardar o outro contraente, prevenindo os prejuízos resultantes de uma abrupta extinção contratual. São, pois, as preocupações de segurança e certeza no comércio jurídico que explicam a necessidade do pré-aviso, o qual representa um elemento essencial da denúncia imprópria, sem o que se atentaria de forma inaceitável contra a estabilidade contratual. A essencialidade do aviso-prévio surge, assim, como consequência do distanciamento da denúncia imprópria relativamente ao princípio que fundamenta a denúncia em sentido próprio: o princípio da proibição de vinculações *ad eternun*.

Em contrapartida, apercebemo-nos da presença, em determinados contratos, de interesses de natureza eminentemente pessoal, de uma ou de ambas as partes, que a lei, pontualmente, faz prevalecer sobre a vontade contratual declarada, conferindo ao autor do acto um direito potestativo de, com inteira liberdade e sem qualquer condicionante, desfazer o vínculo negocial. Eis, aqui, o fundamento da maior discricionariedade característica da revogação unilateral nos contratos.

[372] Cfr. ANTUNES VARELA, *Das Obrigações...*, I, cit., p. 509. Vejam-se, também, ALMEIDA COSTA, *Direito das Obrigações*, cit., pp. 450-451, PESSOA JORGE, *Ensaio...*, cit., pp. 34 e ss., SINDE MONTEIRO, *Estudos sobre responsabilidade civil*, Coimbra, 1983, pp. 7 e ss., e RUI DE ALARCÃO, *Direito das Obrigações*, (texto elaborado por J. SOUSA RIBEIRO, J. SINDE MONTEIRO, ALMENO DE SÁ e J. C. PROENÇA, segundo lições) policopiado, Coimbra, 1983, pp. 206 e ss..

[373] Cfr. ALMEIDA COSTA, *Direito das Obrigações*, cit., pp. 451-452, seguindo a orientação de PESSOA JORGE, *Ensaio....*, cit., p. 41.

dade", sendo várias das normas aplicáveis à responsabilidade extra-contratual, extensivas à responsabilidade contratual [374]. Em todo o caso, sempre se conclui pela natureza mais favorável ao lesado que resulta do regime da responsabilidade contratual.

Entre as notas dominantes que fundamentam esta conclusão, destacam-se a regra da presunção de culpa na responsabilidade contratual subjectiva, prevista no art. 799.°, 1 CCiv, ao contrário do que sucede para a responsabilidade extra-contratual subjectiva, onde a presunção existe apenas nas hipóteses dos arts. 491.°, 492.° e 493.° CCiv; a inaplicabilidade do art. 494.° CCiv à responsabilidade contratual subjectiva em que se permite a fixação equitativa da indemnização, nos casos de mera culpa do lesante; por fim, na responsabilidade contratual objectiva, por facto de terceiro, prevista no art. 800.° CCiv, está dispensada uma relação de comissão, como a que se exige para a responsabilidade extra-contratual, nos termos do art. 500.° CCiv. No que interessa ao nosso estudo, será o turista, enquanto credor da agência organizadora, quem beneficiará deste regime mais favorável [375].

Uma outra classificação distingue entre responsabilidade subjectiva, o modelo de responsabilidade civil tradicional assente na noção de culpa, que constitui a regra no nosso direito, e responsabilidade objectiva, onde o dever de indemnizar a cargo de uma pessoa não resulta de um facto culposo, por si, praticado. A responsabilidade objectiva é excepcional e corresponde à manifestação de uma tendência moderna, que tenta dar resposta à multiplicação de riscos que acompanha a actividade humana nos nossos dias. Esta tendência vai, mais além, no sentido da socialização do risco [376], de forma a garantir, em determinadas áreas, que qualquer dano sofrido pelo lesado possa ser reparado pelo Estado. Paralelamente, assiste-se ao desenvolvimento de uma propensão legislativa para a consagração do

---

[374] Tal acontece, nomeadamente, com os arts. 485.°, 2 (quando o dever de informar resulta do contrato), 496.° (relativo à admissibilidade da indemnização por danos não patrimoniais na responsabilidade contratual) e 494.° (relativo à limitação da indemnização no caso de mera culpa).

[375] Não se fará neste trabalho a análise da responsabilidade civil do turista perante a agência de viagens. Para um estudo desta questão, destacando as consequências que derivam para o turista da violação dos deveres de pagamento do preço, mas também do dever de informar a agência de viagens, vejam-se ANNE CHEMEL, *Agences de voyages. Responsabilité des agences. Exécution du contrat. Rapports des agences et des professionnels.*, "Juris-classeur – Responsabilité civile et assurances", 3, fasc. 312-2, 1996, pp. 20 e ss., e MONTICELLI, *Il contratto di viaggio*, cit., pp. 204 e ss..

[376] Cfr. SINDE MONTEIRO, *Estudos...*, cit., pp. 25 e ss., e ALMEIDA COSTA, *Direito das Obrigações*, cit., pp. 444 e ss..

seguro obrigatório para certas actividades perigosas e para certos profissionais, em especial, dos profissionais liberais [377].

Na análise do regime de responsabilidade civil da agência organizadora, vamos poder observar manifestações da responsabilidade subjectiva e objectiva, constatando-se igualmente a consagração do regime de seguro de responsabilidade civil obrigatório, que o legislador prevê no art. 50.º [378].

Não abordaremos, aqui, a responsabilidade pré-contratual da agência, nem a responsabilidade civil que decorre da não execução da viagem, questões que já aflorámos, ainda que incidentalmente, noutros pontos deste trabalho. A atenção estará focada nos danos causados ao turista no momento da execução da viagem.

Estes danos manifestam-se, geralmente, de formas distintas: ou um ou algum dos serviços que se incluiam na viagem não foram prestados (v.g., o contrato previa um regime de pensão completa e foi apenas fornecido o pequeno-almoço, o quarto previsto não se encontrava reservado, a excursão não se chegou a realizar, etc.); ou o serviço ou serviços são prestados de forma deficiente ou irregular (v.g., a alimentação fornecida estava estragada, o quarto era inabitável, ocorreu um acidente durante a excursão, etc.).

Estas situações enquadram-se na noção lata de não cumprimento. Quanto ao efeito ou resultado, podemos todavia, distinguir três modalidades de não cumprimento: a falta de cumprimento ou não cumprimento definitivo, a mora ou atraso na prestação e o cumprimento defeituoso ou imperfeito. Ora, os danos que resultam para o cliente provêm, essencialmente, da falta de cumprimento e do cumprimento defeituoso [379] das obrigações assumidas pela agência organizadora. Mais ainda, tem-se constatado que, no contrato de viagem organizada, adquire especial relevância a figura do cumprimento defeituoso [380], tendo a prática demonstrado que, em regra, os danos causados ao cliente advêm, não da falta de prestação dos serviços

---

[377] Para um estudo da responsabilidade de alguns profissionais liberais (advogados, arquitectos, médicos, etc.), veja-se a ampla bibliografia citada por ALMEIDA COSTA, *Direito das Obrigações*, cit., p. 448, nota 1.

[378] A este propósito, veja-se a apólice uniforme de seguro de responsabilidade civil das agências de viagens e turismo, prevista na Port. n.º 936/91, de 16 de Setembro.

[379] AURIOLES MARTIN, *La Directiva...*, cit., p. 845, refere que o cumprimento defeituoso é a forma mais comum de violação das obrigações que resultam para a agência organizadora do contrato de viagem organizada.

[380] O cumprimento defeituoso, designado pela doutrina alemã como "violação contratual positiva", está previsto na nossa lei no art. 799.º, 1 CCiv, mas encontra-se disciplinado apenas para certos contratos em especial, tais como a venda de bens onerados (arts. 905.º e ss. CCiv) e de coisas defeituosas (arts. 913.º e ss. CCiv), a doação (arts. 957.º e ss. CCiv) ou a empreitada (arts. 1218.º e ss. CCiv).

incluídos na viagem, mas do cumprimento, dos mesmos, de forma irregular ou deficiente [381].

Atendendo à causa do não cumprimento, a doutrina distingue entre o incumprimento imputável ao devedor e o incumprimento não imputável ao devedor. A Directiva comunitária especificou, no art. 5.º, 2, os motivos que permitem liberar a agência organizadora da responsabilidade pela não execução ou a incorrecta execução do contrato. São, eles, os casos de danos provenientes de facto imputável ao turista ou a terceiro alheio ao fornecimento das prestações previstas no contrato, quando revistam um carácter imprevisível e inevitável, e os danos causados por razões de força maior ou caso fortuito.

A definição do regime de responsabilidade civil da agência levantou dificuldades numa altura em que não havia regulamentação legal, hesitando a jurisprudência na qualificação das obrigações que a agência assumia perante o cliente, bem como na identificação da natureza jurídica do contrato em exame.

A principal dificuldade prendia-se com a especificidade e complexidade deste contrato, onde a prestação de serviços a que se comprometia a agência organizadora se repartia em dois momentos distintos: a planificação intelectual da viagem e a sua execução material. Esta última seria, normalmente, alcançada através da prestação de serviços por terceiros estranhos à agência de viagens e desconhecidos do cliente, sendo durante a execução destes serviços que se verificavam as principais violações do contrato. Por outro lado, as falhas no planeamento da viagem eram também sentidas na fase da execução, quando a sincronização ou articulação entre os vários serviços não se fazia de forma perfeita, podendo significar a interrupção abrupta da viagem [382].

10.7.2. *Obrigações da agência organizadora.* Isto conduziu a uma estruturação das obrigações da agência organizadora em várias categorias, a que correspondiam diferentes hipóteses de responsabilidade. A jurisprudência e doutrina, ainda antes dos primeiros textos legais sobre o contrato de viagem organizada, identificaram três tipologias de não cumprimento, que foram seguidas na CCV e na Directiva comunitária, conducentes à responsabilidade da agência organizadora.

---

[381] ALMEIDA COSTA, *Direito das Obrigações*, cit., p. 928, alerta para a necessidade de distinção entre os danos derivados da falta de cumprimento perfeito, que derivam do incumprimento ou da mora, e dos danos específicos resultantes do cumprimento defeituoso.

[382] Foi para obviar a isto mesmo que o legislador consagrou a regra do art. 31.º, aplicável aos casos de incumprimento ocorrido durante a execução da viagem.

A primeira hipótese diz respeito ao não cumprimento das obrigações de organização. Nos termos do art. 13.º CCV, a agência organizadora incorria em responsabilidade pelos danos causados em virtude da sua violação, dependendo o montante indemnizatório da natureza (pessoal ou não) do dano, estando, além do mais, sujeito a limitação legal. Na Directiva comunitária, o panorama não se alterou relativamente a este tipo de obrigações.

A segunda hipótese relaciona-se com o não cumprimento das obrigações inerentes à prestação dos serviços incluídos na viagem organizada. O art. 14.º CCV referia-se, a propósito, à prestação destes serviços através de meios próprios da agência organizadora, estando esta obrigada a indemnizar nos termos das disposições aplicáveis, nomeadamente, convenções internacionais em matéria de contrato de transporte ou de hotelaria, conforme o serviço individual em que ocorresse o não cumprimento. Na Directiva, a agência organizadora responsabiliza-se perante o turista pela correcta execução das obrigações que decorrem para ela do contrato e que devam ser, por si, executadas.

Na terceira hipótese contempla-se o não cumprimento das obrigações inerentes à execução dos serviços incluídos na viagem, quando a sua prestação seja efectuada por terceiros prestadores de serviços, individualizando-se, neste caso, duas situações: *a)* responsabilidade do organizador pelo incumprimento (não cumprimento definitivo e cumprimento defeituoso) de tais serviços; *b)* responsabilidade do organizador por *culpa in eligendo* relativamente à escolha dos terceiros prestadores. As diferenças fundamentais entre o regime legal da CCV e da Directiva, nesta terceira hipótese, que, na prática, representa o núcleo mais extenso das lesões aos direitos do cliente, designadamente nos casos de cumprimento defeituoso[383], reportam-se ao regime de responsabilidade subjectiva, com presunção de culpa da agência organizadora, que vigorava na CCV, e ao regime de responsabilidade objectiva que é, agora, imposto no art. 5.º, 1 da Directiva, para a primeira das referidas situações.

Iremos expor, numa primeira fase, as diferentes obrigações de organização que a doutrina e jurisprudência identificaram e que estão a cargo da agência organizadora, algumas das quais têm consagração legal expressa na nossa lei, correspondendo-lhes um regime de responsabilidade por facto próprio da agência, que obedece ao modelo tradicional da responsabilidade com base na culpa. Em seguida, faremos uma análise da responsabilidade que nasce, para a agência, da execução dos serviços constantes

---

[383] Como refere AURIOLES MARTIN, *La Directiva*..., ult. lug. cit., as situações de não cumprimento definitivo durante a execução da viagem são muito pouco frequentes.

da viagem, dedicando um interesse especial à prestação dos mesmos por terceiros prestadores e ao regime legal estatuído, nesta matéria, pelo legislador comunitário, bem como à forma como foi acolhido entre nós. Num outro momento, focaremos, ainda, as questões da exclusão e limitação da responsabilidade civil e o caso particular do dano das "férias arruinadas", problema que tem suscitado uma atenção particular da doutrina.

10.7.3. *Responsabilidade civil subjectiva.* O art. 39.°, norma aplicável à generalidade dos contratos celebrados entre as agências de viagens e os seus clientes, prevê o regime de responsabilidade das agências de viagens pelo não cumprimento das obrigações que derivam da sua actividade profissional. Dispõe o n.° 1 da referida norma que "as agências são responsáveis perante os seus clientes pelo pontual cumprimento das obrigações resultantes da venda de viagens turísticas (...)".

Numa adaptação desta norma ao tipo contratual em exame, dir-se-á que a agência organizadora é responsável perante os seus clientes pelo pontual cumprimento das obrigações resultantes da celebração do contrato de viagem organizada. Estas obrigações correspondem às obrigações de organização, a que se referia o texto da CCV, as quais são de diversa natureza, tendo-se registado um esforço da doutrina e jurisprudência no sentido de as identificar [384]. Não foi, de todo, alheio, o legislador português, às diversas tentativas de individualização destas obrigações, ao consagrar, expressamente, na lei, algumas delas.

Outras, embora não constem do texto legal, parecem ter adquirido alguma autonomia através da apreciação, pela doutrina e jurisprudência estrangeiras, da actividade da agência de viagens, decorrendo, implicitamente, da própria natureza da actividade exercida por esta, enquanto organizadora.

Entre as primeiras, que obtiveram consagração legal expressa, encontram-se a obrigação de informação (arts. 18.°, 20.°, 2 e 23.°), a obrigação de entrega ao cliente da documentação necessária à obtenção dos serviços integrados na viagem (art. 19.°) e a obrigação de assistência (art. 31.°). No segundo grupo, enquadraremos a obrigação de escolha diligente dos prestadores de serviços, a obrigação de combinação ou sincronização e a obrigação de segurança.

---

[384] Neste sentido, ANNE CHEMEL, *Agences de voyages. Responsabilité...*, cit., pp. 2 e ss., LA TORRE, *Il contratto di viaggio...*, cit., pp. 37 e ss., e MONTICELLI, *Il contratto di viaggio*, cit., pp. 201 e ss..

A violação destas obrigações, que recaem directamente sobre a agência organizadora após a celebração do contrato, conduzirá a situações de incumprimento contratual, acarretando a responsabilização subjectiva da agência, isto é, com fundamento na culpa, pela não execução de determinados serviços ou pela sua execução defeituosa.

Analisaremos, em seguida, casuisticamente, cada uma destas obrigações, procurando integrar o seu conteúdo e dar notícia de algumas decisões jurisprudenciais que responsabilizaram a agência organizadora pelo seu incumprimento.

10.7.3.1. *Obrigação de informação*

Já nos referimos aos deveres de informação que, legalmente, recaem sobre a agência organizadora, os quais podem ser pré-contratuais, como os que estão previstos nos arts. 18.º e 20.º, e contratuais, como os que decorrem do art. 23.º. Tanto uns como outros podem, no caso de não serem observados, ser causa de prejuízos sofridos pelo cliente, no momento da execução da viagem.

Uma decisão da *Cour d'Appel de Douai*, de 2 de Maio de 1958 [385], condenou uma agência de viagens a indemnizar o cliente por falta de cumprimento do dever de informação que sobre aquela incidia. Tudo aconteceu numa viagem de grupo à Áustria, efectuada através de transporte ferroviário. Num posto fronteiriço, havia necessidade de proceder à mudança de comboio. Dois turistas deveriam ser contactados por um guia da agência, que lhes iria entregar os passaportes, que eles não levaram consigo por os terem, previamente, confiado à agência com vista a proceder à obtenção dos vistos. Deu-se o desencontro entre os referidos turistas e o guia, o que impediu que aqueles continuassem a viagem sem passaportes, tendo-lhes sido vedada a entrada na Áustria, impossibilitando-os de acompanhar o grupo em que seguiam. O impasse poderia ter sido ultrapassado se os turistas possuissem os seus bilhetes de identidade, que, todavia, não levaram consigo para a viagem.

Entre outros argumentos, a *Cour d'Appel* considerou que houve negligência da parte da agência, ao não ter advertido os clientes que deveriam fazer-se acompanhar dos respectivos bilhetes de identidade. Em suma, tal correpondia à violação do dever de informação que obrigava a agência.

Uma situação muito comum de violação do dever de informação resulta da publicitação incorrecta da viagem organizada ou da elaboração de programas de viagens pouco claros ou imprecisos. Um exemplo foi re-

---

[385] Cfr. CA Douai, 29 juin 1976, "Gaz. Pal.", 158, I, p. 443.

gistado numa decisão da *Cour de Cassation*, de 29 de Junho de 1976[386]. No caso, fora anunciada uma estada num aldeamento turístico onde, entre outras características, se fazia referência a um acesso privado à praia. Omitiu-se, todavia, que tal acesso era cruzado por uma linha férrea, sem guarda, onde passavam, diariamente, vários comboios. Um casal, instalado nesse aldeamento, permitia que o seu filho menor se deslocasse sozinho do hotel para a praia e *vice-versa*. Numa dessas deslocações a criança acabaria por ser atropelada por um comboio. A agência de viagens foi condenada pela *Cour de Cassation*, por violação da obrigação de informação, com base em publicidade errónea.

Numa outra ocasião, um casal participou numa viagem à Grécia, incluindo-se entre as prestações constantes da viagem e englobadas no preço, a locação de um automóvel no país de destino. Durante uma viagem no automóvel locado, ocorreu um acidente, em que sofreu danos a esposa do condutor. Solicitada a pagar a indemnização, a companhia seguradora grega, onde estava assegurado o veículo, recusou proceder a qualquer pagamento, pelo facto dos danos sofridos pela pessoa que se desloca ao lado do condutor não estarem cobertos pelo contrato de seguro. Efectivamente, a lei grega sobre seguro automóvel não obrigava à cobertura desses danos, ao contrário do que sucedia perante a lei francesa. Foi, assim, intentada acção judicial contra a agência organizadora, que veio a culminar com a sua condenação pela *Cour d'Appel de Paris*, em 30 de Março de 1989[387], na reparação dos prejuízos que não estavam cobertos pelo seguro automóvel, segundo a lei grega. O fundamento da decisão consistiu na falta de respeito, pela agência, do dever de informação, causado pela utilização de uma fórmula inexacta e incompleta, que não esclareceu devidamente os clientes. Caberia à agência alertar para as limitações dos riscos cobertos pelo seguro e, eventualmente, sugerir a contratação de um seguro complementar. Em vez disso, referia-se, no programa de viagem, à existência de um seguro que cobria todos os riscos.

10.7.3.2. *Obrigação de entrega de documentos*

Esta obrigação, comum à generalidade dos contratos celebrados entre agências de viagens e clientes, encontra-se prevista no art. 19.º, 1, sob a epígrafe "Obrigações acessórias". Para que o cliente possa aceder a determinados serviços incluídos na viagem organizada, deve a agência

---

[386] Cass. 1er civ., 29/06/1976, "JCP", 1978, éd. G, II, 18995, com anotação de ANNE CHEMEL.
[387] CA Paris, 30/3/1989, "D.", 1989, inf. rap., p. 141.

organizadora tomar as providências necessárias à obtenção dos documentos indispensáveis à prestação de tais serviços, bem como proceder à entrega dos mesmos ao cliente. Os exemplos mais comuns são os bilhetes de transporte, os *vauchers* de alojamento ou os bilhetes de espectáculos culturais ou desportivos.

Em certas situações é a própria agência quem emite o documento, como sucede com os títulos de transporte das companhias aéreas. Nestes casos, incumbe à agência não só entregá-los ao cliente, mas também garantir a sua eficácia[388]. Um exemplo de falta de eficácia pode configurar-se na hipótese de emissão pela agência de viagens de um título de transporte, quando ainda não foi obtida a confirmação da companhia transportadora. Não obstante o cliente estar na posse do título de transporte, este não é eficaz enquanto não houver a confirmação do transportador.

10.7.3.3. *Obrigação de assistência*

A obrigação de assistência da agência organizadora encontra-se prevista no art. 31.°, 1, onde se impõe que, se, por razões que não lhe sejam imputáveis, o cliente não puder terminar a viagem organizada, deve a agência, independentemente da sua responsabilidade na interrupção, dar-lhe assistência até ao ponto de partida ou de chegada, devendo efectuar todas as diligências para auxiliar o cliente em dificuldades. O legislador português pretendeu seguir de perto, nesta matéria, o art. 5.°, 2 §2 da Directiva, o qual prevê o mínimo de assistência que deve ser dado ao cliente.

Denota-se, contudo, na lei portuguesa, uma configuração do dever da agência, que parece, restringir-se, apenas, aos casos de interrupção de viagem. Não é, porém, esta a orientação comunitária, que resulta da combinação dos §§ 1 e 2 do n.° 2 do art. 5.° da Directiva, de onde se conclui que o dever de assistência existe relativamente "aos danos que a não execução ou incorrecta execução do contrato causem ao consumidor", sendo certo que tais danos não implicam, normalmente, a impossibilidade de continuação da viagem. Deverá, por conseguinte, interpretar-se o disposto no art. 31.°, 1, de modo a compatibilizar esta norma com o teor do texto da Directiva.

---

[388] ANNE CHEMEL, *Agences de Voyages. Responsabilité...*, cit., p. 7, autonomiza esta obrigação de garantia de eficácia do título, considerando que esta é uma obrigação de resultado, conforme duas decisões da *Cour de Cassation*: Cass. 1er civ., 31/05/1978, "D.", 1979, p. 48, com anotação de FOULON-PIGANIOL, e Cass. 1er civ., 12/6/1985, "Bull. civ.", I, n.° 185. Neste sentido, também COUVRAT, *Agence de voyages*, cit., p. 6, n.° 63.

Todavia, mesmo antes de existir regulamentação legal nesta matéria, já a jurisprudência e a doutrina se pronunciavam sobre a existência de um dever mais lato de assistência. Segundo uma decisão, de 27/6/1970, da *Cour de Cassation*[389], a agência organizadora tem a obrigação de tomar todas as providências necessárias a assegurar a execução do contrato e, sobretudo, em viagens no estrangeiro, de levar assistência ao seu cliente dentro dos meios de que disponha. Defendia-se, já, que a fragilidade, que resulta para o cliente do simples facto de estar no estrangeiro, desconhecendo pessoas, costumes e formas de actuação que variam conforme o local de destino da viagem, deveria constituir argumento suficiente para justificar um dever de assistência ao cliente, por parte da agência organizadora.

Alguma doutrina vai até mais longe ao considerar que sobre a agência recai um dever geral de protecção[390], mesmo nos casos de culpa do cliente. Assim, se um cliente é negligente, perdendo, porque se atrasa, uma das prestações incluídas na viagem, isto, só por si, não deve impedi-lo de fruir as restantes. O dever de assistência deve existir, mesmo nesta hipótese, considerando a situação precária em que ele se encontra, quando, estando dependente do grupo de que faz parte e do programa turístico elaborado por outrem, não consegue estabelecer os contactos necessários para se voltar a reunir ao grupo, a fim de prosseguir a viagem. "Uma condição que, em certo sentido, pode definir-se como de isolamento"[391].

Tal terá levado à consagração na lei italiana de um dever que incide sobre a agência organizadora de, em tempo útil, vir socorrer o cliente durante a execução da viagem, com vista a permitir a sua prossecução. Este dever existe em todos os casos de inexecução ou execução incorrecta das prestações, e não apenas naqueles em que a viagem deva ser interrompida por o cliente não poder terminá-la. A obrigação subsiste mesmo quando a necessidade de socorro provenha de facto imputável ao cliente, embora, nesta hipótese, a agência tenha direito a ser ressarcida das despesas por si suportadas com o auxílio ao cliente, conforme dispõe o art. 17.º, 2 da lei italiana sobre *"pacchetti turistici"*[392].

---

[389] Cass. 1er civ., 27/10/1970, "D.", 1971, p. 449, com anotação de COUVRAT, e "JCP", 1971, éd. G, II, 16624.

[390] Sobre a doutrina dos deveres gerais de protecção no contrato de viagem organizada, veja-se TASSONI, *Organizzatore di viaggi nazionali ed internazionali e doveri di protezione*, anotação a uma decisão do Tribunal de Roma, de 17/01/1989, "Giur. It.", I, 2, 1991, pp. 67 e ss..

[391] LA TORRE, *Il contratto di viaggio...*, cit., p. 38.

[392] O art. 17.º, 2 da lei italiana é, neste aspecto, mais abrangente que o art. 31.º da nossa lei e, como tal, bastante mais favorável à tutela do cliente.

10.7.3.4. *Obrigação de escolha diligente dos prestadores de serviços*

Quando anuncia uma viagem organizada, a agência organizadora já celebrou os contratos de coordenação com os terceiros prestadores de serviços, cabendo-lhe proceder à sua escolha, sempre que não seja a própria agência, através de meios próprios, a prestar os serviços de transporte, alojamento ou os restantes serviços incluídos na viagem. Na escolha que faça, deve a agência averiguar da qualidade e segurança dos serviços prestados pelos fornecedores [393].

À agência impõe-se que conheça as pessoas com quem contrata, sendo o grau de exigência superior ao, normalmente, exigido para o homem médio, não só pelo carácter profissional da actividade de organização de viagens, mas também pelo facto de que o beneficiário desses serviços será um terceiro – o cliente –, desconhecedor dos meandros do sector turístico e que não é parte nos contratos de coordenação. Quando o cliente escolhe a agência, confia na sua aptidão profissional para uma escolha adequada dos hotéis, companhias transportadoras, etc. [394].

Entre os diversos serviços que pode incluir uma viagem organizada, temos que estabelecer algumas diferenças no que toca à obrigação em exame. Relativamente ao transporte, a prática e exigências internacionais em matéria de segurança e conforto retiram, na maior parte das vezes, relevância à escolha entre uma ou outra companhia transportadora aérea [395], ferroviária ou marítima. O mesmo não sucederá, com tanta clareza, na escolha de uma transportadora por via terrestre (camioneta ou automóvel, por exemplo), onde o nível de fiscalização das exigências não é tão elevado.

Já no que toca ao alojamento, nomeadamente, em hotéis, são maiores os problemas suscitados, dada a diversidade de classificações dos empreendimentos, existindo inúmeras variantes a ponderar, tais como, o nível de

---

[393] Inclui-se, aqui, um dever de vigilância da agência organizadora sobre os prestadores de serviços, a que se refere ANNE CHEMEL, *Agence de Voyages. Responsabilité...*, cit., p. 5.

[394] Poderá figurar-se a hipótese, pouco provável, de, num pacote turístico integralmente elaborado pela agência organizadora, ser dada ao cliente a possibilidade de escolher os terceiros prestadores de serviços. Essa possibilidade poderá restingir-se à escolha de uma das diversas opções pré-dispostas pela agência, ou resultar de uma opção própria do cliente. Neste último caso, parece que poderá excluir-se a responsabilidade da agência pela escolha indevida dos prestadores, uma vez que essa escolha não foi por si efectuada. Já na primeira hipótese, a obrigação persiste para a agência, em relação a cada uma das opções que ela apresente ao cliente. Onde é mais frequente a escolha dos prestadores pelo cliente, embora não seja um elemento obrigatório, é nos contratos de viagem por medida.

[395] Note-se, todavia, que já existirá relevância se a escolha for, optativa, entre uma companhia de voos regulares e uma companhia de voos *charter*.

conforto, a qualidade do atendimento, a localização, a qualidade da alimentação fornecida, etc..

Podemos encontrar exemplos de falta de diligência na escolha de prestadores quando se selecciona um determinado hotel que se diz ser de luxo e que não possui casas de banho privativas, ou quando a alimentação do hotel tem uma manifesta falta de qualidade, ou quando não existe um suficiente isolamento sonoro dos quartos, o que impossibilita o descanso dos turistas e restringe a sua privacidade. São, também, exemplos da falta de qualidade do hotel escolhido, individualizados pela jurisprudência alemã, os casos de publicitação de um hotel de "ambiente internacional", em que os funcionários não sabem falar inglês[396], ou a escolha de um hotel de categoria elevada que não tem televisão[397], ou que, tendo mais de três andares, não possui elevador, devendo os clientes transportar as suas próprias bagagens[398].

Relativamente aos outros serviços incluídos na viagem, adquirem especial relevância os casos de excursões realizadas no local de destino, através de camioneta, automóvel ou, até, de animais (cavalos, camelos, etc.), em que as características locais em sede de segurança e competência estão muito dependentes do grau de desenvolvimento económico-social de cada país. A experiência, por exemplo, nalguns países da América latina, é a de que os transportes têm, na sua maioria, muitos anos de utilização, apresentando falhas graves ao nível da segurança, não existindo, por vezes, seguro automóvel obrigatório e não estando devidamente qualificados os motoristas desses veículos, nomeadamente, em comparação aos padrões de profissionalismo e segurança exigidos nos países de maior desenvolvimento económico-social.

O caso paradigmático do "Táxi no Rio", também conhecido como o caso *"Duchiron"*, que suscitou, pela primeira vez, um amplo debate jurisprudencial sobre a questão da responsabilidade da agência organizadora de viagens, ilustra bem esta realidade[399].

O casal *Duchiron*, um casal de turistas franceses, participava numa viagem organizada por uma reputada agência de viagens francesa – *"la compagnie des wagons-lits"* –, de duração de dois meses, percorrendo os

---

[396] Cfr. OLG, Köln, 17/8/1986, referido por H. EISNER, *Reiserecht Entscheidungen*, Munich, 1993, p. 152, cit. por BOULANGER, *Tourisme et loisirs*..., cit., p. 69.

[397] AG Mönchengladbach, 4/10/88, referido por EISNER, *Reiserecht*..., cit, p. 78.

[398] LG Frankfurt, 21/7/86, cit. por EISNER, *Reiserecht*..., p. 123.

[399] Vejam-se referências na doutrina francesa a este caso, por exemplo, BOULANGER, *Tourisme et loisirs*..., cit., p. 50, e ANNE CHEMEL, *Agences de voyages. Responsabilité*..., cit., p. 4, e *Agence de voyages. Rôle*..., cit., p. 8.

principais locais de turismo do continente americano. Na escala, efectuada na cidade de Rio de Janeiro, esperavam o casal de turistas um guia e um motorista de táxi, indicados pela agência, que lhes iriam mostrar os pontos de interesse turístico da cidade. Durante a visita ao Monte Corcovado, o táxi acabaria por se despenhar numa queda de catorze metros, devido ao mau funcionamento dos travões, tendo os dois turistas perdido a vida. Efectuado o inquérito, apurou-se que o motorista era insolvente e não possuía seguro automóvel. A agência de viagens foi condenada a pagar uma indemnização pelos danos sofridos pelos turistas, com base na deficiente escolha do motorista do táxi. A agência deveria ter-se informado que, no Brasil, não havia um seguro obrigatório para cobrir os riscos sofridos pelos passageiros, pelo que a ela incumbia assegurar-se, previamente, que o motorista, com quem contratasse, possuía tal seguro. Não o tendo feito, era responsável pelos danos resultantes da própria omissão [400].

Numa outra situação, deu-se um acidente de camioneta em *Bangcok*, onde sofreu danos corporais um turista, tendo a agência sido condenada pela *Cour de Cassation*, por não haver verificado se o transportador estava suficientemente assegurado [401].

10.7.3.5. *Obrigação de combinação ou sincronização*

Na tarefa de cariz, eminentemente, intelectual, que consiste na planificação de uma viagem organizada, através da definição do itinerário e horários, dos vários meios de transporte a utilizar – situação especialmente complexa nos circuitos turísticos –, da articulação entre o transporte e o alojamento e os outros serviços turísticos incluídos na viagem, exige-se uma grande dose de rigor e precisão por parte da agência organizadora.

A falta de sincronização pode originar a interrupção abrupta da viagem ou a falta de continuidade na prestação de serviços, com prejuízo para o cliente que vê, dessa forma, afectadas as suas férias. Constituem exemplos de falta de observância desta obrigação, por motivo imputável à agência e não ao prestador de serviços, os casos em que aquela comete um erro de cálculo na hora de chegada do avião ao local de destino, marcando o *transfer* para um horário muito posterior à chegada, o que implica uma espera desnecessária do cliente no aeroporto; ou o caso hipotético do turista que chega ao hotel em determinado dia e aí não pode alojar-se, em virtude da reserva efectuada pela agência se referir a uma data posterior à

---

[400] Cfr. CA Paris, 25/11/1955, "D.", 1956, p. 377, e "JCP", 1956, II, 9240, com anotação de RODIÈRE.
[401] Cfr. Cass. 1er civ. 27/05/1964, "Gaz. Pal.", 1964, 2, p. 201.

da chegada, o que implica que o turista recorra, por sua conta, a alojamento alternativo. Vejam-se, ainda, as hipóteses de retardamento das datas de partida ou de regresso, por falta da agência na reserva de lugares nos locais de alojamento ou nos meios de transporte [402].

Em todos estes casos, deverá a agência organizadora ser responsabilizada pelos danos sofridos pelos viajantes, em virtude do não cumprimento da sua obrigação de combinação ou sincronização.

10.7.3.6. *Obrigação de segurança*

Por fim, a jurisprudência tem individualizado uma obrigação ou dever de segurança que incumbe à agência de viagens. Não basta oferecer destinos aprazíveis para deslocações turísticas, é também necessário que a agência esteja ciente dos riscos que certas viagens implicam, riscos que podem ter uma origem muito diversa, podendo resultar da própria natureza (*v.g.*, praias onde existem tubarões, zonas onde os tornados são frequentes) [403] ou de factores sociais (*v.g.*, guerras civis, terrorismo, zonas perigosas pelo elevado nível de criminalidade existente, etc.).

Para além do dever de informar o cliente acerca destes riscos, sobre a agência recai, ainda, o dever de garantir a segurança do cliente, através dos meios de que disponha para tal e no que respeita às prestações incluídas na viagem [404].

Numa decisão de 3 de Maio de 1977, da *Cour de Cassation*, uma agência de viagens foi responsabilizada por não ter indicado um guia turístico para acompanhamento dos viajantes numa deslocação a uma zona perigosa [405]. Já numa outra decisão, de 29 de Maio de 1990, – o caso da

---

[402] O não cumprimento, nestes exemplos, assume a modalidade de atraso na prestação ou mora.

[403] Veja-se, ainda, a hipótese de um safari fotográfico ao Quénia, onde existe toda uma fauna e flora específicas, que exigem determinados cuidados para os turistas que não estejam habituados a esse tipo de ambiente, por forma a garantir a sua segurança.

[404] Parece que estará excluída a responsabilidade da agência nos casos em que o turista, por iniciativa própria, decida efectuar uma deslocação perigosa ou participar em alguma actividade em que a sua segurança possa ser posta em causa. Imagine-se um turista que pretende experimentar mergulho, sem que tal actividade esteja abrangida pelos serviços oferecidos pela agência, e sofre um dano por deficiência do material. Parece ser de afastar a responsabilidade daquela. Já existirão algumas dúvidas quando tal actividade esteja posta à disposição do turista, mediante o pagamento adicional, mas entre os serviços oferecidos pelo hotel aos seus clientes. Neste caso, parece que a responsabilidade recairá sobre o próprio hotel, embora podendo questionar-se a diligência da agência de viagens na escolha daquele prestador de serviços.

[405] Cfr. Cass., 1er civ., 3 de Maio de 1977, "JCP", 1977, éd. CI, I, 6177.

"viúva *Rucker*" – o mesmo tribunal considerou que a obrigação de segurança que recai sobre a agência é uma obrigação de meios e entendeu não ser indemnizável um dano sofrido por uma senhora de 70 anos, durante uma viagem ao sul da Argélia, causado por um solavanco violento do veículo que a transportava. Considerou o Tribunal que o veículo tinha as condições suficientes de segurança para aquele tipo de viagens e que os solavancos, causadores do choque sofrido pela vítima, entravam dentro dos riscos previsíveis de uma viagem desta natureza, atribuindo-se à idade da vítima e ao facto da mesma sofrer de uma artrose, que lhe diminuía a resistência aos embates, os motivos principais da ocorrência do acidente.

10.7.4. *Responsabilidade civil objectiva*. Na sequência do art. 5.º, 1 da Directiva, consagrou o nosso legislador, no art. 39.º, 2, o princípio da responsabilidade objectiva da agência organizadora pelo incumprimento contratual resultante dos factos praticados pelos terceiros prestadores de serviços, durante a execução dos serviços incluídos na viagem organizada. A agência organizadora responderá, sem culpa, pelo incumprimento culposo (negligente ou doloso) dos fornecedores de serviços, quer nas situações de não execução de qualquer serviço – falta de cumprimento –, quer nos casos de prestação deficiente ou irregular dos mesmos – cumprimento defeituoso. Não haverá responsabilidade da agência organizadora, quando tais serviços não estejam incluídos nas prestações constantes do contrato de viagem organizada[406].

Esta solução legal, que parece ajustar-se à realidade das relações entre cliente e agência organizadora, bem como aos contornos próprios do contrato de viagem organizada, sendo, simultaneamente, a que melhor favorece o interesse do cliente, não foi, de imediato, encontrada pelos legisladores dos diversos países, antes sendo o resultado da evolução no pensamento jurídico no que respeita à debatida questão da natureza jurídica do contrato de viagem organizada.

Os primeiros passos foram dados pela doutrina e jurisprudência, desenvolvendo-se a problemática em torno da questão de saber se a agência organizadora devia, ou não, ser responsabilizada pelos danos causados

---

[406] Poderá, todavia, admitir-se a possibilidade de responsabilizar a agência de viagens pelos danos sofridos pelos clientes, devidos a alimentação imprópria fornecida pelo hotel, mesmo que a alimentação não seja uma prestação constante da viagem organizada, não estando incluída no preço. A responsabilidade terá de ir buscar-se à regra da responsabilidade subjectiva, assente na violação da obrigação de escolha adequada do hotel, podendo a agência eximir-se mediante a prova de uma escolha diligente.

aos clientes, quando tais danos ocorressem durante a execução dos serviços pelos terceiros prestadores[407].

Com o aparecimento da CCV, instituiu-se, pela primeira vez, um regime de responsabilidade da agência organizadora de viagens pelos danos causados ao cliente, resultantes do incumprimento de um ou mais serviços previstos, ocorrido durante a execução da viagem. Nos termos do art. 15.°, 1 §2 da CCV, admitia-se, porém, que o organizador se eximisse da responsabilidade, quando demonstrasse que se comportara como um organizador de viagens diligente, na escolha da pessoa para a execução do serviço.

Este regime de responsabilidade foi, todavia, considerado insatisfatório pela doutrina e pelos próprios legisladores nacionais de alguns Estados, razões que explicam a fraca adesão que teve a Convenção de Bruxelas sobre o contrato de viagem. Era, todavia, admitida, pela primeira vez num texto legislativo, a responsabilidade da agência organizadora por facto de outrem, ainda que baseada na responsabilidade subjectiva presumida.

Permaneciam, contudo, nos contratos celebrados entre agências e clientes dos diversos países europeus, as denominadas "cláusulas de intermediação", em que a agência organizadora se considerava, para efeitos de responsabilidade civil, como mera intermediária dos terceiros fornecedores de serviços, respondendo apenas nos termos da *culpa in eligendo*[408].

Com a Directiva comunitária veio, finalmente, estabelecer-se um regime uniforme de responsabilidade objectiva da agência organizadora para os casos de inexecução ou execução deficiente das prestações de terceiros prestadores. Perante a opção entre a recondução ao mandato ou ao "*appalto*" de serviços italiano, a opção do legislador comunitário foi pela segunda hipótese[409], entendendo que a agência organizadora se obrigava à obtenção de um resultado, isto é, a realizar a viagem organizada, entendida como um todo orgânico. Como tal, deveria garantir a boa execução do contrato, ainda que as prestações fossem executadas por terceiros.

---

[407] Uma outra questão que, embora mais tarde, veio também suscitar a atenção da doutrina e jurisprudência, consistia em saber se, nos casos em que quem contrata com o cliente é uma agência intermediária, deveria responsabilizar-se esta na mesma medida da agência organizadora, ou se, pelo contrário, como mera intermediária, nada tinha a ver com a organização da viagem e os danos que resultassem para o cliente durante a sua execução. Esta questão será objecto de análise, no título 10.7.5.: "Relações entre a agência organizadora e a agência intermediária de viagens organizadas".

[408] Para um estudo deste tipo de cláusulas, veja-se FOSSATI, *Clausola di intermediazzione...*, cit., pp. 183 e ss..

[409] Neste sentido, AURIOLES MARTIN, *La Directiva...*, cit., p. 847.

Esta orientação foi acolhida no art. 5.º, 1 da Directiva, sendo equilibrada através do estabelecimento de causas exoneratórias de responsabilidade, cuja prova incumbirá à agência [410], bem como através da admissão de limites legais e convencionais dos montantes indemnizatórios.

O art. 39.º, 2 transpôs para o nosso direito este princípio de responsabilidade objectiva, afastando definitivamente as cláusulas de intermediação que, a permanecerem nos contratos elaborados pelas agências organizadoras, deverão considerar-se desprovidas de qualquer validade, face à imperatividade do texto legal [411].

São vários os méritos da actual solução legislativa [412]. Visa-se, por um lado, onerar a empresa que obtém as vantagens económicas da organização. Esta actividade, que envolve uma grande complexidade e elevado grau de imprevisibilidade, causados, por exemplo, pela distância entre o local da contratação e o da execução da viagem ou o contacto com novas realidades económicas, sociais e culturais, tem como consequência um risco acrescido para os turistas, risco que, de certo modo, é proporcional aos benefícios económicos que a agência retira da organização deste tipo de viagens.

Por outro lado, pretendeu também o legislador conferir ao cliente//turista uma tutela mais eficaz dos seus direitos. Ocorrendo a falta de cumprimento ou o cumprimento defeituoso durante a execução da viagem, muitas vezes, realizada no estrangeiro, tornava-se, na prática, difícil que o cliente reclamasse a indemnização aos prestadores dos serviços, no que era, sucessivamente, confrontado com obstáculos de ordem burocrática, económica e, até, jurídica. Agora, é mais cómoda a posição do cliente e mais eficaz a efectiva reparação dos prejuízos causados, uma vez que pode accionar, directamente, a agência organizadora pelos prejuízos sofridos durante a execução.

Em consequência disto, a lei prevê expressamente o direito de regresso da agência organizadora relativamente aos fornecedores de

---

[410] Neste sentido, BOULANGER, *Tourisme et loisirs...*, cit., p. 55.

[411] Como salienta MUÑOZ, *Guía explicativa...*, cit., p. 113, "*La validez de las cláusulas de mediación está supeditada al tipo de contrato ante el que se esté. Dicho con otras palabras, dependerá de que realmente se efectué una función mediadora o no en el contrato de viaje combinado*". Assim, acrescenta o mesmo autor, "*el Organizador no puede utilizar este tipo de cláusulas en sus relaciones con los consumidores, porque (...) asume, como vendedor de un servicio proprio, el buen fin de la operación*".

[412] Esta previsão legal, embora mais clara no diploma vigente, já se encontrava formulada no art. 18.º, 1 do DL n.º 198/93 e, em certa medida, ainda que num contexto diferente, no art. 20.º, 1 do DL n.º 359/79.

serviços, quando aquela tenha satisfeito a indemnização ao turista e sobre estes recaia a obrigação de indemnizar subjectivamente.

Em suma, com este novo regime de responsabilidade civil das agências organizadoras veio consagrar-se, no panorama jurídico português, mais um caso de responsabilidade objectiva, que é, simultaneamente, um caso de responsabilidade pelo facto de outrem[413]. Somos da opinião que o art. 39.°, 2 é, por conseguinte, uma particular manifestação da regra prevista no art. 800.° CCiv, onde se prevê a responsabilidade objectiva do devedor pelos actos dos seus representantes legais ou auxiliares, *maxime*, das pessoas que utiliza para o cumprimento da obrigação, como se tais actos fossem praticados pelo próprio devedor[414]. Não se exige uma relação de subordinação ou dependência entre devedor e auxiliar[415], ao contrário do que sucede no âmbito da responsabilidade extra-contratual do comitente pelos actos do comissário, prevista no art. 500.° CCiv[416].

10.7.5. Relações entre a agência organizadora e a agência intermediária de viagens organizadas. Neste ponto, faremos uma breve observação sobre um dos aspectos mais inovadores do regime legal das viagens organizadas, instituído pela Directiva e acolhido pelo nosso legislador. A questão coloca-se em sede de relações entre a agência organizadora e a agência intermediária, designadamente, no que respeita ao modo como

---

[413] CALERO, *Régimen jurídico...*, cit., p. 126, entende que "*Si las obligaciones contractuales deben ser ejecutadas por «otros prestadores de servicios», estaremos ante «un contrato a cargo de tercero» (o «promessa de hecho ajeno», en cuya virtud el «promitente» (la Agencia de viajes) contrae frente al «promisorio» (consumidor o usuario) una obligación de garantia, que le compele no solo a emplear toda la diligencia debida para que aquellos otros prestadores de servicios cumplan correctamente sus obligaciones sino también a resarcir a los consumidores o usuarios de los daños o perjuicios que sufran in caso de incumplimiento*".

[414] No sentido de que esta norma prevê um princípio geral de responsabilidade objectiva, inerente à colaboração de determinadas pessoas, inclinam-se ANTUNES VARELA, *Das obrigações...*, II, cit., p. 102, e ALMEIDA COSTA, *Direito das Obrigações*, cit., pp. 911--912.

[415] ANTUNES VARELA, *Das Obrigações...*, II, cit., p. 102, n. 3, exemplifica diversos casos de reponsabilidade objectiva de auxiliares. Entre tais exemplos, figura o caso da agência de viagens que recorre a uma empresa armadora para realizar o cruzeiro marítimo prometido aos seus clientes.

[416] Sobre a distinção entre os arts. 800.° e 500.°, ambos do CCiv, e possibilidade da sua aplicação cumulativa, veja-se PESSOA JORGE, *Ensaio...*, cit., pp. 147 e ss.. Note-se, além do mais, que a responsabilidade objectiva prevista no art. 39.°, 2 pode ser afastada mediante prova de factores de onde resulte a ausência de culpa da agência – art. 39.°, 4 *a)*, *b)* e *c)* –, não tendo a pureza do art. 800.°.

deverá repartir-se, entre ambas, a responsabilidade civil, no caso de existir um contrato de intermediação de viagem organizada. Não sendo este contrato objecto do presente estudo, a referência que lhe faremos neste ponto, justifica-se, tão só, pela actualidade da questão e sua frequência na prática da contratação de viagens organizadas.

A Directiva comunitária, no seu art. 5.º, 1, dispõe que: "Os Estados--membros tomarão as medidas necessárias para que o operador e/ou a agência que sejam partes no contrato sejam responsáveis perante o consumidor pela correcta execução das obrigações decorrentes do contrato, quer essas obrigações devam ser executadas por eles próprios ou por outros prestadores de serviços".

A doutrina alertou, de imediato, para a incerteza que resulta desta redacção, de que deriva para cada Estado-membro uma tripla opção na escolha de quem deve ser responsabilizado pelos prejuízos resultantes da execução da viagem organizada[417]. Assim, cada Estado-membro poderá optar por fazer recair a responsabilidade pela boa execução do contrato: *a)* unicamente sobre a agência organizadora, *b)* sobre ambas as agências organizadora e intermediária, *c)* apenas sobre a agência intermediária[418].

A utilização da alternativa "e/ou", ao deixar em aberto a possibilidade de, apenas, a agência intermediária ser responsabilizada objectivamente pela falta de cumprimento ou cumprimento defeituoso imputável directamente aos terceiros prestadores de serviços, – quando é, genericamente, aceite que as agências organizadoras têm, em regra, uma maior dimensão económica, sendo as agências intermediárias, na sua maioria, de pequena dimensão –, é dificilmente compreensível e parece corresponder a um lapso do legislador comunitário[419]. Tanto assim é que nenhum dos Estados-membros que transpuseram a Directiva adoptou esta solução.

Em todo o caso, o texto da Directiva merece, ainda, a crítica de poder conduzir a uma diversidade de soluções legislativas, que poderão variar de

---

[417] Cfr. GRANT/MASON, *Holiday law*, cit., p. 44, FAÚNDEZ, *El contrato de viaje...*, cit., p. 30, e ZUNARELLI, *La Direttiva CEE...*, cit., p. 38.

[418] O art. 5.º, 2 da proposta da Comissão dispunha que a responsabilidade por qualquer deficiência no fornecimento dos serviços incluídos na viagem "pertence ao operador ou (no caso dos Estados-membros que assim o prefiram) à agência".

[419] Para ZUNARELLI, a redacção do art. 5.º, 1 traduz-se numa situação de incerteza que, todavia, não significa que se tenha dado aos legisladores nacionais a possibilidade de responsabilização exclusiva das agências intermediárias. Tal opção estaria em manifesta oposição ao regime jurídico das viagens organizadas observado na sua globalidade, sendo, inclusivé, contrária aos interesses do consumidor. Para maiores desenvolvimentos, veja-se ZUNARELLI, *La Direttiva CEE...*, cit., pp. 38-39.

Estado para Estado, o que colide com a pretensão de harmonização, manifestada no preâmbulo da Directiva, precisamente numa das matérias de maior relevância no regime jurídico das viagens organizadas.

O legislador português resolveu a incerteza interpretativa, prevendo, no art. 39.º, 3, a regra da responsabilidade solidária entre agência organizadora e agência "vendedora" pelas obrigações decorrentes do contrato, quer dizer, do contrato de intermediação de viagem organizada[420].

Na prática, isto implica que a agência intermediária, aquela com quem o cliente contratou uma viagem preparada por outra agência, pode ser responsabilizada objectivamente pelos prejuízos causados pelo incumprimento ou cumprimento defeituoso das obrigações próprias da agência organizadora e, também, objectivamente pelos prejuízos decorrentes da actuação dos prestadores de serviços durante a execução da viagem.

Incide, pois, sobre a agência intermediária, uma responsabilidade objectiva, muito favorável aos interesses do cliente, dando-lhe a possibilidade de accionar directamente aquela com quem contratou e de obter a reparação efectiva dos seus prejuízos, o que se revelará especialmente eficaz quando a agência organizadora e os diversos prestadores de serviços tenham sede no estrangeiro[421].

---

[420] Pelo contrário, no art. 11.º da lei espanhola n.º 21/1995, estabelece-se a responsabilidade das agências organizadora e intermediária, em função das obrigações que lhes correspondem no âmbito respectivo da gestão da viagem organizada. Tal tem sido considerado por alguma doutrina espanhola como uma opção menos favorável ao consumidor do que aquela que resulta da responsabilidade solidária entre organizador e intermediário. Efectivamente, o cliente terá que demandar o organizador e o intermediário para reclamar, a cada um, a sua quota de responsabilidade na falta de cumprimento ou no cumprimento defeituoso. Tal será especialmente difícil nos casos em que não seja fácil determinar o responsável e a proporção de responsabilidade de cada um. Neste sentido, para maiores desenvolvimentos, veja-se FAÚNDEZ, *El contrato de viaje...*, cit., pp. 30-31. Em sentido contrário, defendendo o acerto da solução legal espanhola nesta matéria, MUÑOZ, *Guía explicativa...*, cit, p. 113. Esta autor considera que o grau de responsabilidade do *organizador* e *detallista* não é o mesmo, devendo cada um deles responder, apenas, dentro dos seus respectivos âmbitos de gestão, não se justificando, por isso, uma eventual responsabilidade solidária.

[421] A opção pela responsabilidade solidária pode, todavia, revelar-se injusta nos casos em que seja facilmente determinável o culpado e se exija a responsabilidade ao responsável solidário sem culpa, principalmente, naqueles em que a reclamação da indemnização se faça à agência intermediária, por regra, de menor dimensão económica que a agência organizadora. O equilíbrio da solução legal faz-se por um lado, pela exigência legal de garantias financeiras específicas para a responsabilidade proveniente de certo tipo de danos e, por outro, pelo direito de regresso que poderá ser exercido perante o culpado.

Põem-se, deste modo, de parte um segundo tipo de cláusulas de intermediação[422], – onde se previa que a agência vendedora da viagem actuava como mera intermediária da agência organizadora, pelo que não respondia pelos danos que adviessem para o cliente da realização da viagem –, para além de se garantir a efectiva accionabilidade de ambas as agências[423].

É certo que a agência intermediária, que indemnize o cliente, terá direito de regresso face à agência organizadora, nos casos em que haja prejuízos derivados da falta de cumprimento ou cumprimento defeituoso das obrigações desta ou dos prestadores de serviços de que esta se serviu para a execução do contrato.

Por fim, é também admissível a hipótese de a agência organizadora poder ser accionada e ter de responder, objectivamente, pelos prejuízos resultantes da falta de cumprimento dos deveres de "comercialização" e informação que recaem sobre a agência intermediária, por força da mesma disposição legal, havendo também, neste caso, direito de regresso[424].

10.7.6. *Exclusão da responsabilidade civil da agência organizadora*

10.7.6.1. *Causas de exclusão legal da responsabilidade*

A Directiva, no art. 5.º, 2, § 1, prevê, de modo taxativo, quatro causas de exclusão de responsabilidade civil da agência organizadora, extensivas à agência intermediária, quando tenha sido esta a contratar com o cliente, e aos prestadores de serviços, quando sejam accionados para responder pelos danos causados. Assim, não haverá responsabilidade civil da agência organizadora quando a não execução ou a incorrecta execução do contrato, seja devida a: *a)* facto do próprio consumidor[425]; *b)* facto de ter-

---

[422] No sentido da admissibilidade das cláusulas de intermediação nos contratos dos *detallistas*, face ao disposto na lei espanhola sobre *viajes combinados* e à natureza da actividade desenvolvida pelas agências intermediárias, veja-se MUÑOZ, *Guía explicativa...*, cit., pp. 112-113.

[423] Segundo ZUNARELLI, *La Direttiva CEE...*, cit., p. 40, o legislador comunitário ao empregar no art. 5.º, 1 da Directiva o termo 'garantir', parece evidenciar que *"l'obiettivo perseguito dal legislatore comunitario è quello della effettiva «azionabilità», non in astratto ma in concreto, di almeno uno dei suggeti indicati dalla norma"*.

[424] Quando não seja a própria agência organizadora a anunciar a viagem e a contratá-la directamente com o cliente, estando tal anúncio e contratação a cargo de uma agência intermediária, sobre aquela já não incidirão quaisquer deveres de informação e de "comercialização", os quais passam a estar na esfera de obrigações assumidas por esta, quer perante o cliente, quer perante a agência organizadora.

[425] Segundo CALERO, *Régimen jurídico...*, cit., p. 131, devem aqui incluir-se, tam-

ceiro, alheio ao fornecimento das prestações previstas no contrato, revestindo um carácter imprevisível e inevitável; *c*) casos de força maior, ou seja, circunstâncias alheias a quem as invoca, anormais e imprevisíveis, cujas consequências não poderiam ter sido evitadas apesar de todas as diligências feitas; *d*) um acontecimento que a agência ou os prestadores de serviços não poderiam prever ou evitar, mesmo efectuando todas as diligências necessárias.

Na redacção inicial do art. 39.°, 4, o legislador português foi, a nosso ver, pouco claro na indicação destas causas de exclusão de responsabilidade. Se na alínea *c*) desta norma apareciam expressamente contemplados o incumprimento imputável ao próprio cliente ou a um terceiro alheio à prestação dos serviços, já não se encontrava no regime legal previsto para este tipo contratual qualquer referência às outras causas de exclusão de responsabilidade. Efectivamente, as alíneas *a*) e *b*) do art. 39.°, 4 referiam-se (e referem-se, ainda, uma vez que não foi modificada a sua redacção), apenas, às hipóteses de cancelamento da viagem, não contemplando, de forma expressa, as situações de incumprimento que não causem interrupção da viagem.

Tal representava, em nosso entender, um lapso legislativo na transposição da Directiva comunitária, que teria de ser corrigido através da interpretação extensiva do disposto na alínea *b*) do art. 39.°, 4, de modo a permitir a exclusão de responsabilidade da agência organizadora nos casos de força maior e caso fortuito, independentemente de haver ou não cancelamento da viagem.

Tal lapso foi, todavia, ultrapassado com a redacção dada pelo DL n.° 12/99 ao art. 39.°, 4 *c*), prevendo-se expressamente que a agência de viagens não será responsabilizada, quando o incumprimento não resulte de excesso de reservas e seja devido a situações de força maior ou caso fortuito, motivado por circunstâncias alheias àquele que as invoca, cujas consequências não possam ter sido evitadas apesar de todas as diligências feitas. Nesta formulação global, parece abrangerem-se os casos de incumprimento imputável ao próprio cliente ou a terceiro alheio ao fornecimento das prestações, que se encontravam discriminados na alínea *c*) do art. 39.°, 4, na redacção original.

A nova redacção acrescentou, ainda, as alíneas *d*) e *e*) à referida norma, definindo legalmente mais duas situações de exclusão da responsabilidade da agência: quando legalmente não puder accionar o direito de

---

bém, as hipóteses em que os danos sejam imputáveis a uma pessoa por quem o cliente seja responsável civilmente.

regresso relativamente aos terceiros prestadores de serviços previstos no contrato, nos termos da legislação aplicável, e quando o prestador de serviços de alojamento não puder ser responsabilizado pela deterioração, destruição ou subtracção de bagagens ou outros artigos. É, quanto a nós, discutível a admissibilidade destas duas causas de exclusão legal de responsabilidade, face ao disposto no art. 5.º, 2 §1 da Directiva, onde estas situações não se encontram consagradas.

10.7.6.2. *Exclusão convencional da responsabilidade*

A admissibilidade de convenções que limitem ou excluam a responsabilidade civil encontra-se legitimada pelo princípio da liberdade contratual e, em certa medida, pelo art. 810.º, 1 CCiv. Tais estipulações não poderão, contudo, violar normas imperativas ou de ordem pública, como as que decorrem dos arts. 280.º, 2, 504.º, 4 e 800.º, 2, todos do CCiv.

Enquanto as convenções de limitação de responsabilidade visam fixar um limite máximo de indemnização, isto é, um limite ou barreira de responsabilidade, as convenções de exclusão de responsabilidade têm como propósito afastar, antecipadamente, a obrigação de indemnizar.

A doutrina tem reconhecido a validade das cláusulas limitativas de responsabilidade, não sendo unânime no que se refere à admissibilidade de cláusulas de exclusão de responsabilidade. Efectivamente, quanto a estas, divide-se entre aqueles que não admitem as cláusulas de irresponsabilidade e os que as admitem, desde que sujeitas a determinados pressupostos, nomeadamente, nos casos de culpa leve[426], e sem prejuízo da sua inadmissibilidade quando "razões de ordem pública (*v.g.* danos pessoais, responsabilidade médica), ou de protecção dos direitos do consumidor, a justifiquem (...), sobretudo quando inseridas em contratos de adesão"[427].

Relativamente à responsabilidade civil da agência de viagens pelos danos causados pelos prestadores de serviços aos clientes, poderá ponderar-se a aplicabilidade do art. 800.º, 2 CCiv, que admite que a responsabili-

---

[426] No primeiro sentido, vejam-se PIRES DE LIMA/ANTUNES VARELA, *Código Civil Anotado*, vol. II, cit., anotação ao art. 809.º, p. 73, GALVÃO TELLES, *Direito das Obrigações*, 6.ª ed., Coimbra, 1989, pp. 425 e ss., e ANA PRATA, *Cláusulas de exclusão e limitação de responsabilidade contratual*, Coimbra, 1985, p. 453; no segundo sentido, vejam-se, ainda na vigência do Código Civil de 1867, GALVÃO TELLES, *Manual de Direito...*, tomo I, cit., pp. 230 e ss., e na vigência do Código Civil actual, PINTO MONTEIRO, *Cláusulas limitativas e de exclusão da responsabilidade* civil, Coimbra, 1985, pp. 159 e ss., e *Cláusula penal e indemnização*, Coimbra, 1990, pp. 235 e ss., MOTA PINTO, *Teoria Geral...*, cit., p. 595, e ALMEIDA COSTA, *Direito das Obrigações*, cit., pp. 679 e ss., que, todavia, defendia, na 4.ª edição desta obra, a tese contrária.

[427] MOTA PINTO, *Teoria geral...*, cit., p. 595.

dade dos representantes legais ou auxiliares possa ser "convencionalmente excluída ou limitada, mediante acordo prévio dos interessados, desde que a exclusão não compreenda actos que representem a violação de deveres impostos por normas de ordem pública".

Note-se que a legitimação da exclusão da responsabilidade da agência com base neste normativo, poderia retirar eficácia ao disposto no art. 39.º, 2, dificultando a tutela do consumidor. Somos, por isso, da opinião que tal norma não terá aplicabilidade no contrato de viagem organizada, como parece resultar do facto deste contrato ser objecto de uma contratação em massa, através do recurso à figura dos contratos-*standard* ou de adesão; de uma intenção legislativa, demonstrada, quer no preâmbulo da nossa lei, quer no texto comunitário, de tutelar a posição do consumidor/cliente da agência; e, por fim, pelo disposto no art. 5.º, 3 da Directiva, combinado com o disposto no seu art. 8.º.

Efectivamente, no art. 5.º, 2 §§ 3 e 4 da Directiva, o legislador comunitário definiu restritivamente as hipóteses de limitação da responsabilidade, não se referindo em qualquer momento à possibilidade da sua exclusão contratual. Por outro lado, o art. 5.º, 3 dispõe que aquelas normas não podem ser derrogadas por quaisquer cláusulas contratuais, o que, combinado com o carácter de "directiva de mínimos", previsto no art. 8.º, parece legitimar a conclusão de que a limitação da responsabilidade só pode existir nos casos expressamente previstos na Directiva, estando impedida, por via convencional, a exclusão ou limitação da responsabilidade fora dessas situações.

10.7.7. *Limitação da responsabilidade civil da agência organizadora.*

10.7.7.1. *Generalidades*

Tal como acontecia na CCV, em que se admitia a limitação da responsabilidade da agência organizadora, também o texto comunitário, e na sua sequência o art. 40.º da nossa lei, vieram consagrar regras legais nessa matéria, embora em termos mais favoráveis ao cliente. A Directiva comunitária prevê a possibilidade dos Estados-membros regularem a limitação legal da responsabilidade (art. 5.º, 2 §3) e admitirem a limitação convencional (art. 5.º, 2 §4).

Sobre estas disposições, importa esclarecer que a limitação poderá, apenas, referir-se aos "danos resultantes da não execução ou incorrecta execução das prestações inerentes à viagem organizada". Ao contrário do que dispõe o art. 5.º, 1 da Directiva, referindo-se à responsabilidade civil da agência pela "correcta execução das obrigações decorrentes do contrato", os preceitos sobre limitação da responsabilidade restringem o seu âmbito aos danos resultantes da falta de prestação ou prestação defeituosa de serviços de transporte, alojamento ou outros, incluídos na viagem, quer sejam executados pela própria agência, quer por terceiros prestadores [428].

Noutra perspectiva, importa salientar que a Directiva não impõe a limitação de danos, apenas legitimando que os Estados-membros possam tomar medidas nesse sentido, dentro de certos mínimos que deverão ser respeitados.

Relativamente à possibilidade de limitação legal dos danos, estabelece a Directiva, independentemente da natureza do dano, que a mesma terá de respeitar o disposto nas convenções internacionais que regulamentam a prestação dos serviços. No § 23 do preâmbulo da Directiva, a título exemplificativo, são referidas, designadamente, a Convenção de Varsóvia de 1929, sobre transportes aéreos internacionais, a Convenção de Berna de 1961, sobre transportes ferroviários, a Convenção de Atenas de 1974, sobre transportes marítimos, e a Convenção de Paris de 1962, sobre a responsabilidade dos industriais de hotelaria [429].

O motivo fundamental desta norma foi o de evitar a oneração da agência organizadora, quando tenha de pagar a indemnização por danos causados pelos terceiros prestadores de serviços, estabelecendo um tecto idêntico para aquela e estes, de modo a que o direito de regresso possa ser exercido na sua plenitude [430].

No que toca à admissibilidade de limitação contratual dos danos, opção que não tem uma aceitação pacífica na doutrina [431], dispõe o texto

---

[428] A este propósito, entende ZUNARELLI, *La Direttiva CEE...*, cit., p. 41, que é incompatível com a Directiva o disposto no art. 13.º, 2 CCV, onde se permitia a limitação da responsabilidade proveniente da falta de cumprimento ou cumprimento defeituoso das obrigações de organização derivadas do contrato. Tal é, inclusivé, extensivo às obrigações do intermediário, quando exista um contrato de intermediação de viagem organizada. Em qualquer caso, haverá uma responsabilidade ilimitada pelos prejuízos sofridos pelo cliente resultantes do incumprimento.

[429] Como faz notar ZUNARELLI, *La Direttiva CEE...*, cit., p. 41, é bem demonstrativo da intenção comunitária de se distanciar do disposto em sede de limitação de danos prevista na CCV, o facto da Convenção de Bruxelas de 1970, sobre o contrato de viagem organizada, não aparecer no elenco das convenções internacionais citadas no preâmbulo da Directiva.

[430] Neste sentido, BOULANGER, *Tourisme et loisirs,...*, cit., p. 56, observando que esta regra tem como objectivo "temperar a responsabilidade por facto de outrem" que recai sobre a agência organizadora.

[431] Nesta matéria foi seguido, muito de perto, o disposto na *Reisevertragsgesetz* de 1979, onde se previa que a responsabilidade podia ser limitada por acordo das partes até um limite mínimo de três vezes o preço da viagem, orientação que era, já na altura, muito

comunitário sobre a sua admissibilidade, unicamente, quanto aos danos não corporais, desde que o Estado-membro adopte legalmente essa possibilidade, não devendo, contudo, a limitação "ultrapassar os limites do razoável".

O legislador português acolheu, no art. 40.°, a sugestão comunitária e veio consagrar, entre nós, a limitação da responsabilidade nas suas duas modalidades, legal e convencional, apenas no que respeita aos danos resultantes da não execução ou execução deficiente dos serviços incluídos na viagem, tendo em vista, principalmente, as hipóteses de prestação desses serviços por terceiros fornecedores.

10.7.7.2. Limitação legal da responsabilidade
Relativamente aos serviços de transporte, a limitação da responsabilidade da agência organizadora respeitará as regras do art. 40.°,1 e 2. Assim, relativamente ao transporte aéreo, os montantes máximos exigíveis estão definidos no art. 22.° da Convenção de Varsóvia de 1929, que se encontra acolhida pelo nosso ordenamento através do DL n.° 26 706, de 20/6/1936, alterado pelo DL n.° 45 069, de 12/6/1963, que veio introduzir as modificações resultantes do Protocolo de Haia de 1955[432].

Tais montantes estão fixados em 250.000 francos por cada passageiro transportado; 250 francos por cada quilo de bagagem registada ou de outras mercadorias, 5000 francos pela bagagem que cada passageiro conserve à sua guarda durante a viagem[433].

Acrescenta, o art. 23.° da Convenção, que toda a cláusula tendente a exonerar o transportador da sua responsabilidade ou a estabelecer um li-

---

criticada pela doutrina alemã, considerando que esta medida favorecia os interesses da agência organizadora, em prejuízo do cliente. Este questão constituía um dos pontos fracos da referida lei, que levou a que fosse considerada uma lei "animada de boas intenções, mas superficial, insuficientemente ponderada, obscura e lacunosa". Neste sentido, pronunciou-se A. TEICHMANN, *Die Struktur der Leistungsstorungen im Reisevertrag*, "JZ", 1979, p. 742, opinião sufragada também por B. BENDREF, *Vertraglicher Schadensersatz fur vertane Urlaubszeit*, "JR", 1980, p. 360, W. LOWE, *Das neue Reisevertragsgesetz*, "BB", 1979, p. 1358, e TONNER, *Der Reisevertrag. Kommentar...*, cit., p. 63, cit. por PARDOLESI, *Turismo organizzato...*, cit., p. 82.

[432] Para um estudo da Convenção de Varsóvia, vejam-se QUNTANA CARLO, *La responsabilidad del transportista aéreo por daños a los pasajeros*, Salamanca, 1977, pp. 21 e ss., e BONET CORREA, *La responsabilidad en el Derecho aéreo*, Madrid, 1963, pp. 59 e ss.. A Convenção sofreu mais recentemente as alterações resultantes do Protocolo de Montreal de 1975 e do Protocolo da Guatemala de 1971, aprovados para ratificação.

[433] Nos termos do art. 22.°, 5, da Convenção de Varsóvia, "as quantias indicadas em francos (...) são consideradas como referentes a uma unidade monetária constituída por sessenta e cinco miligramas e meio de ouro de lei de novecentas milésimas".

mite inferior ao que está fixado na Convenção é nula e de nenhum efeito, sem que essa nulidade afecte a validade do contrato e a sua sujeição às regras da Convenção de Varsóvia.

Relativamente ao transporte ferroviário, é aplicável, entre nós, o disposto nos arts. 26.º a 40.º da Convenção de Berna, de 25 de Fevereiro de 1961[434], devendo ter-se também em consideração a Convenção e Apêndices relativos aos transportes internacionais ferroviários (COTIF), de 9 de Maio de 1980, e o Protocolo de Berna, de 1990[435].

A limitação da responsabilidade da agência organizadora pela prestação de serviços por empresas de transportes marítimos, no caso de danos resultantes de culpa destas, encontra-se prevista no art. 41.º, 2, estando fixada a sua quantificação em escudos[436]. Note-se que, na forma como a norma se encontra redigida, e atento o seu carácter restritivo e excepcional, parece estar vedada a possibilidade de limitação da responsabilidade por danos causados pelo transporte marítimo, quando a mesma resulte de prestação efectuada pela própria agência organizadora.

A responsabilidade resultante da deterioração, destruição ou subtracção de bagagens ou outros artigos, em estabelecimentos de alojamento turístico, enquanto o cliente aí se encontrar alojado, tem os limites definidos no art. 40.º, 3[437]. Parece, pois, excluir-se a limitação legal de responsabilidade nos casos de danos corporais sofridos pelos clientes ou danos em bens distintos da bagagem (v.g. o automóvel ou a bicicleta estacionados na garagem do hotel), quando ocorram em empreendimentos turísticos[438].

---

[434] A Convenção de Berna encontra-se publicada no DG n.º 115, de 15/5/1963, com as alterações publicadas no DG n.º 23, I série, de 28/01/1971.

[435] A COTIF foi aprovada para ratificação pelo Decreto n.º 50/85, de 27 de Novembro, e o Protocolo de 1990, foi aprovado para adesão, pelo Decreto n.º 10/97, de 19 de Fevereiro.

[436] A lei estabelece um limite de 88.500.000$00, em caso de morte ou danos corporais; 1.580.000$00, em caso de perda total ou parcial de bagagem ou sua danificação; 6.300.000$00, em caso de perda de veículo automóvel, incluindo a bagagem nele contida; 2.080.000$00, em caso de perda de bagagem, acompanhada ou não, contida em veículo automóvel; e 220.000$00 por danos na bagagem, em resultado da danificação de veículo automóvel.

[437] Os limites legais fixados são de 280.000$00 para a globalidade das bagagens, de 90.000$00 por cada artigo, e o valor declarado pelo cliente, quanto aos artigos depositados à guarda do estabelecimento de alojamento turístico.

[438] O art. 40.º, 4 é, a nosso ver, uma norma dispensável no que concerne ao contrato de viagem organizada, uma vez que o direito de regresso da agência organizadora relativamente aos fornecedores de serviços resulta expressamente do art. 39.º, 2.

10.7.7.3. *Limitação convencional da responsabilidade*

Concretizando a faculdade que lhe era atribuída pelo art. 5.°, 2 §4 da Directiva, o legislador nacional veio admitir que a responsabilidade civil da agência por danos não corporais possa ser contratualmente limitada ao valor correspondente a cinco vezes o preço do serviço vendido, nos termos do art. 40.°, 5.

Tal norma, aplicável à generalidade dos contratos celebrados entre agências de viagens e clientes, carece de algumas precisões na sua aplicação ao contrato de viagem organizada.

Em primeiro lugar, deverá restringir-se a possibilidade de limitação contratual da indemnização relativa à falta de cumprimento ou cumprimento defeituoso dos serviços incluídos na viagem, e não, já, da generalidade das obrigações que decorrem para a agência do contrato de viagem organizada. Só deste modo se compatibiliza a redacção dada ao art. 40.°, 5 com o disposto no art. 5.°, 2 §4 da Directiva. Por outro lado, o serviço a que se refere a norma consiste na viagem organizada, que, não obstante poder decompor-se em diversas prestações, é um todo unitário, sendo o seu "preço com tudo incluído" que relevará para efeitos de limitação de responsabilidade.

Acresce, ainda, que o valor de cinco vezes o preço total da viagem organizada, representa o montante máximo que o cliente terá direito a receber, a título de indemnização, por falta de cumprimento ou cumprimento defeituoso das prestações de serviços, a não ser que, contratualmente, se estipule um limite superior, hipótese que não está vedada legalmente, sendo admissível por força do princípio da liberdade contratual[439].

Note-se, por fim, que, para os danos corporais (*v.g.*, morte ou danos à integridade física), a limitação de responsabilidade não está contemplada nesta norma, encontrando-se afastada a possibilidade de estipulações contratuais nesta matéria.

Pode, assim, concluir-se pela admissibilidade da limitação da responsabilidade, unicamente, nos casos e para as categorias de danos previstos no art. 40.°, estando a mesma excluída para as restantes hipóteses, sendo nulas as cláusulas que contrariem aquela norma, dado o seu carácter imperativo. Este é o entendimento que melhor se enquadra no pensamento legislativo que orientou o legislador comunitário e que permite conferir uma tutela mais adequada ao cliente.

---

[439] Aliás, num entendimento mais favorável ao cliente, parece que a mesma solução será de admitir nos casos de limitação legal, prevista no art. 40.°, 1 a 3.

Numa comparação da lei actual com o disposto no DL n.º 198/93, observa-se, mais uma vez, um claro retrocesso na tutela dos direitos do cliente. Efectivamente, as disposições anteriores sobre viagens organizadas não se pronunciavam, em nenhum momento, sobre a possibilidade de limitação legal ou contratual da responsabilidade da agência organizadora. O legislador de 1993 renunciara à possibilidade que lhe era conferida pelo art. 5.º, 2 §§ 3 e 4 da Directiva, solução que, embora pudesse ser onerosa para as agências de viagens – na medida em que poderiam ver-se na iminência de ter de responder ilimitadamente por prejuízos resultantes da prestação de terceiros, não podendo exercer o direito de regresso sobre a integralidade da indemnização paga –, era, certamente, muito mais favorável aos interesses do cliente, que obteria sempre uma indemnização correspondente aos danos efectivamente sofridos.

Também, neste aspecto, parece, pois, poder observar-se uma clara concessão do legislador de 1997 aos interesses das agências de viagens, invertendo a tendência excessivamente proteccionista do cliente que existia no DL n.º 198/93. Talvez o equilíbrio se alcançasse, se não fora admitida a possibilidade de limitação contratual de quaisquer danos, a qual, estamos em crer, irá constituir, no futuro, uma cláusula de presença obrigatória nos contratos de adesão pré-dispostos pelas agências organizadoras.

10.7.8. *O dano das "férias arruinadas"*. Entre os danos sofridos pelo cliente, resultantes da falta de cumprimento ou do cumprimento defeituoso da viagem organizada, imputável à agência organizadora ou aos terceiros prestadores de serviços, destacou a doutrina o dano da *"vacanza rovinata"*, *"vacances gâchées"* ou *"vertane Urlaub"*[440], expressões sugestivas dos direitos italiano, francês e alemão, respectivamente.

Este é um dano típico das viagens de lazer, de férias ou com outros fins, e que ocorrerá sempre que, no decurso da viagem, sejam lesadas as expectativas do cliente em fugir ao *stress* da vida quotidiana e obter o repouso, o divertimento e a despreocupação face aos problemas do dia-a--dia, ou seja, as razões que, em regra, estão associadas à participação em viagens turísticas organizadas[441]. Aliás, este é, inclusivé, o tipo de men-

---

[440] A ressarcibilidade da *"vertane Urlaub"* foi, pela primeira vez nos direitos europeus, expressamente admitida pelo § 651 f Abs. 2 BGB, que veio, assim, codificar uma orientação da jurisprudência alemã.

[441] A este propósito refere F. NANNETTI, *Miti e Metafore del cambiamento*, Milano, 1995, cit. por GIULIANA BERTOCCHI/SERGIO FOÀ, *Il turismo comme servizio...*, cit., pp. 5 e 6, que: *"Il viaggio è attesa, tensione verso, ricerca di altrove, spaesamento, sorpresa, stupore. Nel viaggio, attraverso I luoghi della diversità, ci si proietta verso una pluralità di espe-*

sagens que aviltam nos meios publicitários e programas de viagens divulgados pelas agências organizadoras, acompanhadas de sugestivas ilustrações, destinadas a criar determinadas expectativas no turista.

O fim da viagem ou a utilidade que dela pretende retirar o cliente é, nas viagens de lazer, o descanso e a distracção, que passam a integrar o objecto da obrigação a que se compromete a agência, devendo a sua satisfação ser, por esta, garantida[442].

Imagine-se que o cliente contrata com a agência de viagens a sua participação numa viagem organizada, com alojamento numa *villa* próxima da praia, com vistas para o mar e isolada do movimento citadino, transmitindo, a agência, a ideia de que se trata de um local propício ao descanso, e que, quando chega ao local, o cliente verifica que o hotel, onde era suposto alojar-se, não está disponível, arranjando-lhe a agência um local alternativo, num hotel no centro da cidade, onde não dispõe das mesmas condições de conforto e de prazer. Pense-se no caso de, antes da partida para as férias planeadas há já bastante tempo, a viagem ser cancelada por culpa da agência organizadora, ou na hipótese de antecipação da data prevista para o regresso, com o consequente encurtamento do período de férias, ou, ainda, no acidente ocorrido durante a execução da viagem, em virtude de uma deficiente prestação de um dos serviços, que acarreta o regresso antecipado do cliente e a destruição das expectativas que tinha de passar umas férias descontraídas e sem preocupações.

Em todas estas hipóteses, para além dos direitos de indemnização pelos prejuízos patrimoniais que, eventualmente, possam resultar do cumprimento defeituoso ou da falta de cumprimento imputável à agência organizadora, parece adquirir autonomia o dano resultante da frustração da viagem, dos inconvenientes, preocupações, desilusões e aborrecimentos resultantes da não realização da viagem organizada ou da sua execução em modo diverso daquele que fora contratado. A frequência com que se verificam este tipo de situações deu lugar, na doutrina e jurisprudência de

---

rienze di sé per ritrovare le proprie origini." Acrescentando BERTOCCHI/FOÀ, *Il turismo come servizio...*, ult. lug. cit., que: "*Il viaggio non consiste tanto in uno spostamento geografico quanto in quello valoriale. Del resto, sia la parte geografica (significante) che la componente ideologica (significata) sono sempre presenti e il viaggio, scaturito da un'esigenza psicosociale diventa un vero e proprio «progetto social (...) e qualunque sia il motivo dello spostamento acquista il suo sensu più pieno soltanto attraverso questo progetto»*". Para um estudo mais pormenorizado do dano da "*vacanza rovinata*", veja-se CESARE VACCÀ, *La "vacanza rovinata" e la tutela del fruitore dei servizi turistici*, "Riv. dir. com.", IX, 1992, pp. 909 e ss..

[442] Cfr. PIERFELICI, *La qualificazione giuridica...*, cit., p. 658.

alguns países europeus, à discussão sobre a admissibilidade do ressarcimento dos danos que "arruinavam" as férias.

A grande dúvida que, em primeiro lugar, se colocou, relacionava-se com a natureza do dano. Entre as diversas classificações do dano, tem a doutrina distinguido entre dano patrimonial, aquele que incide sobre interesses de natureza patrimonial ou económica, sendo como tal susceptível de avaliação pecuniária, e dano não patrimonial, que incidindo sobre interesses de ordem moral ou espiritual, não é susceptível de avaliação pecuniária, embora seja admitida, em sede geral, a sua reparação [443].

Numa primeira aproximação, o dano de "férias arruinadas" parece incluir-se na categoria dos danos não patrimoniais, reflectindo-se na lesão do fim de prazer que se procurava obter com a viagem organizada. No entanto, não se obteve neste aspecto um entendimento unânime da doutrina e jurisprudência. As dificuldades de caracterizar o dano das "férias arruinadas" como dano não patrimonial resultavam, essencialmente, de dois motivos: *a)* a restrição legal sentida, por exemplo, na Alemanha (§ 253 BGB) [444] e na Itália (art. 2059.º *Codice Civile*), em que os danos não patrimoniais só são indemnizáveis nos casos previstos na lei; *b)* o enquadramento do dano das "férias arruinadas" no âmbito da responsabilidade contratual e a *vexata quaestio* da ressarcibilidade dos danos não patrimoniais neste tipo de responsabilidade.

Numa decisão do BGH, de 10 de Outubro de 1974 [445], e perante a alternativa, considerou-se o dano da "*vertane Urlaub*" como um dano patrimonial. A argumentação baseava-se no entendimento das férias como um "bem" que podia ser «comercializado», sendo susceptível de avaliação pecuniária, pelo que a sua lesão implicava um dano patrimonial [446]. Efectivamente, o trabalhador por conta de outrem não fazia mais do que "comprar" as suas férias ao patrão, através do esforço de trabalho desenvolvido ao longo do ano, o que justificava, até, que, em caso de cessação do trabalho, ele tivesse direito a uma indemnização pelas férias não gozadas. Por outro lado, o trabalhador independente, sempre que pretendesse gozar férias, teria que suportar os prejuízos resultantes da paralisação da sua actividade profissional ou as despesas resultantes da contratação de

---

[443] A doutrina nem sempre se pronunciou no sentido da admissibilidade do ressarcimento dos danos não patrimoniais, a qual é admitida, entre nós, por força do art. 496.º CCiv.

[444] Prescreve o § 253 do BGB: "Por causa de um dano não patrimonial, só pode exigir-se indemnização em dinheiro nos casos determinados por lei".

[445] Para um comentário a esta decisão, veja-se H. STOLL, *Anmerkung a BGH, 10 ottobre 1974*, "JZ", 1975, p. 256, cit. por PARDOLESI, *Turismo organizzato...*, cit, p. 76.

[446] Cfr. PARDOLESI, *Turismo organizzato...*, cit., p. 75.

um substituto, o que revelava, igualmente, o carácter patrimonial do bem "férias".

Com o devido respeito, entendemos que este entendimento encontra-se ferido por um vício de raciocínio. Sem retirar o mérito da solução, que associa as viagens organizadas com fins de lazer a uma modalidade de gozo do direito a férias resultante do direito do trabalho, o que, sem dúvida, representa um dos principais fins daquelas viagens, parece-nos todavia, que esse não é o seu fim exclusivo. Efectivamente, deve ponderar-se a possibilidade de indemnização pelo dano de "férias arruinadas" nos casos de viagens realizadas por estudantes, reformados ou quaisquer outras pessoas que não obtenham rendimentos provenientes do trabalho.

A solução adoptada pelo BGH de considerar o dano da "*vertane Urlaub*" como um dano patrimonial resulta de uma inversão de permissas: não se classificou o dano para aferir da sua susceptibilidade de ser reparado, mas, antes, classificou-se de modo a garantir a possibilidade de reparação. Efectivamente, ao classificar-se como dano não patrimonial, a sua ressarcibilidade estaria vedada pela aplicação do § 253 BGB, solução que parecia injusta e que terá conduzido à construção jurisprudencial referida.

Somos da opinião que o dano das "férias arruinadas" é um dano não patrimonial, susceptível, face ao disposto no nosso ordenamento jurídico, de ser reparado. A nossa lei admite, no art. 496.º CCiv, um princípio geral de ressarcibilidade dos danos não patrimoniais, desde que a sua gravidade e relevância jurídica permitam qualificá-los como indemnizáveis[447]. Por outro lado, ainda que não o seja de forma unânime, tem-se admitido o ressarcimento dos danos não patrimoniais resultantes da responsabilidade contratual[448].

---

[447] Cfr. ALMEIDA COSTA, *Direito das Obrigações*, cit., pp. 504-505, que não deixa de pronunciar-se sobre a localização e formulação da disciplina da responsabilidade por danos não patrimoniais, que considera pouco feliz, deixando margem para dúvidas.

[448] Neste sentido, pronunciaram-se VAZ SERRA, *Reparação do dano não patrimonial*, "BMJ", n.º 83, 1959, pp. 102 e ss., e "RLJ", ano 108, p. 222 (anotação ao Ac. STJ, de 4/6/1974), GALVÃO TELLES, *Direito das Obrigações*, cit., pp. 383 e ss., e PINTO MONTEIRO, *Cláusula penal e indemnização*, cit., p. 31, n. 77. Em sentido contrário, PIRES DE LIMA/ANTUNES VARELA, Código civil Anotado, vol I, cit., anot. ao art. 496.º, pp. 499 e ss., ANTUNES VARELA, *Das Obrigações...*, I, cit., p. 599, nota 3, e *Das Obrigações...*, II, cit., p. 105, e "RLJ", ano 123, pp. 253 e ss., (anotação ao Ac. STJ, de 25/5/1985). É também dominante a jurisprudência no sentido da admissibilidade do ressarcimento, podendo ver-se, entre outros, os Ac. STJ, de 30/1/81, "BMJ", n.º 303, pp. 212 e ss., e Ac. STJ, de 25/5/85, "BMJ" n.º 347, pp. 398 e ss..

Concluímos, pois, no sentido da admissibilidade do ressarcimento deste dano[449], a qual poderá ocorrer, no contrato de viagem organizada, em diversas situações. Assim, tal possibilidade existirá, sempre que a gravidade do dano o justifique, nos casos de: rescisão do contrato pelo cliente, nos termos dos arts. 26.º e 27.º; cancelamento da viagem por motivo que não seja imputável ao cliente, sempre que haja responsabilidade da agência organizadora, nos termos do art. 28.º; incumprimento, após o início da viagem, nos termos previstos no art. 30.º, sempre que tal envolva a responsabilização da agência, segundo o disposto no art. 31.º, 3; e nos demais casos de incumprimento contratual imputável à agência ou aos prestadores de serviços, que acarretem a responsabilidade daquela, nos termos do art. 39.º, 1 e 2[450].

---

[449] A ressarcibilidade do dano das férias arruinadas tem sido admitida, sem dificuldade, no direito britânico. Veja-se, neste sentido, o caso *Jarvis vs. Swan Tours Ldt* (1973), em que um cliente pretendia contratar uma viagem para uma instância de *ski*, onde se prometia um clima festivo e alegre, tendo o cliente verificado que, durante a primeira semana, havia apenas 13 hóspedes, sendo ele o único cliente da instância na segunda semana. O *Court of Appeal* decidiu que a medida dos danos não se devia restringir ao preço das férias, mas, também, tomar em consideração a frustração e a experiência desagradável vivida pelo Sr. *Jarvis*, que lhe afectou o gozo pretendido para as suas férias. Para outras decisões, veja-se DOWNES/PATON, *Travel Agency law*, cit., pp. 130-131.

[450] Refira-se, por último, que o ressarcimento dos danos não patrimoniais deverá estar garantido, nos termos do art. 41.º, 2 c).

BIBLIOGRAFIA

ABREU, JORGE MANUEL COUTINHO DE – *Do abuso de direito. Ensaio de um critério em direito civil e nas deliberações sociais.*, Coimbra, 1983.
– *Definição de empresa pública*, Suplemento do vol. XXXIV do "BFDUC", Coimbra, 1991, pp. 277 e ss..

ALARCÃO, RUI DE – *Breve motivação do Anteprojecto sobre o negócio jurídico na parte relativa ao erro, dolo, coacção, representação, condição e objecto negocial*, "BMJ", n.° 138, 1964, pp. 71 e ss..
– *A confirmação dos negócios jurídicos*, I, Coimbra, 1977.
– *Sobre a invalidade do negócio jurídico*, Coimbra, 1981.
– *Direito das Obrigações*, (texto elaborado por J. SOUSA RIBEIRO, J. SINDE MONTEIRO, ALMENO DE SÁ e J. C. PROENÇA, segundo lições) policopiado, Coimbra, 1983.

ALMEIDA, CARLOS FERREIRA DE – *Os direitos dos consumidores*, Coimbra, 1982.
– *Negócio jurídico do consumo*, "BMJ", n.° 347, 1985, pp. 11 e ss..

AMORE, DIEGO – *Crociera (contratto di)*, "Noviss. Dig. It.", V, 1960, pp. 20 e ss..

ANDRADE, MANUEL A. DOMINGOS DE – *Teoria geral das Obrigações*, com a colaboração de RUI DE ALARCÃO, 2.ª ed., Coimbra, 1963.
– *Teoria Geral da Relação Jurídica*, II, Coimbra, 1972.

ARATO, MARCO – *Le condizioni generali di contratto e i viaggi turistici organizzati*, "Riv. dir. com.", I, 1982, pp. 357 e ss., e "RGCT", 1982, pp. 433 e ss..

ARCE, ALICIA DE LEÓN – *Contratos de consumo intracomunitarios (adquisición de vivienda y viajes combinados)*, com prólogo de LUIS DÍEZ-PICAZO, Madrid, 1995.

ARTIGAS, RODRIGUEZ – *El «charter» aereo: una aproximación al estudo de su régimen juridico*, "Rev. der. merc.", n.° 134, 1974, pp. 429 e ss..

ASCENSÃO, JOSÉ DE OLIVEIRA – *O Direito. Introdução e teoria geral.*, Lisboa, 1977.
– *Teoria Geral do Direito Civil*, III, Lisboa, 1992.

BARATA, JOSÉ FERNANDO NUNES – *Turismo*, "Pólis – Enciclopédia Verbo da Sociedade e do Estado", 5, Lisboa, 1987, pp. 1348 e ss..

BARBOSA, MÁRIO DE FIGUEIREDO – *Sobre os contratos atípicos*, "Revista Forense", vol. 282, ano 79, 1983.

BATTEUR, A. – *De la responsabilité des agences de voyages organisés. Vers un cas autonome de la responsabilité contractuelle du fait d'autrui ?*, "JCP", éd. E, I, n.° 131, 1992, pp. 129 e ss..

BENDREF, B. – *Vertraglicher Schadensersatz fur vertane Urlaubszeit*, "JR", 1980, pp. 359 e ss..

BERTOCCHI, GIULIANA/FOÀ, SERGIO – *Il turismo come servizio pubblico*, Milano, 1996.

BLANCO, ANTONIO PEREZ DE LA CRUZ – *Los contratos celebrados con las agencias de viaje (Ensayo para un estudio de su régimen jurídico)*, Camara Oficial de Comercio, Industria Y Navegation, Malaga, 1973.

BONARETTI, L. – *Il contratto di viaggio turistico e le agenzie di viaggio*, Rimini, 1987.

BONIN, E. PEREZ – *Tratado Elemental de Derecho Turístico*, México, 1978.

BORMANN – *Die Lehre vom Fremdenverkehr*, Berlin, 1930.

BOULANGER, FRANÇOIS – *Les relations juridiques entre les agences de voyages et leur clientele après l'arrêté du 14 juin 1982*, "JCP", I, 1983, pp. 3117 e ss..
– *Tourisme et loisirs dans les droits privés européens*, Paris, 1996.

BOURGOIGNE – *Élements pour une théorie du droit de la consommation*, Paris, 1988.

CALERO, JUAN GÓMEZ – *Régimen juridico del contrato de viaje combinado*, Madrid, 1997.

CAMPOS, DIOGO LEITE DE – *Contrato a favor de terceiro*, Coimbra, 1980.

CANOTILHO, GOMES/MOREIRA, VITAL – *Constituição da República Portuguesa Anotada*, 3.ª ed., revista, Coimbra, 1993.

CARLO, IGNACIO QUINTANA – *La responsabilidad del transportista aéreo por daños a los pasajeros*, Salamanca, 1977.
– *La protección del turista como consumidor*, "EC", n.° 2, 1984, pp. 128 e ss..
– *La adaptación del derecho español a la normativa comunitaria sobre viajes combinados*, "EC", n.° 22, 1991, pp. 43 e ss..

CARLOS, ADELINO DA PALMA – *O contrato de transporte marítimo*, em *Novas Perspectivas do Direito Comercial*, Coimbra, 1988, pp. 12-15.

CARRASSI, CARLA – *Il contratto di viaggio*, "Giur. sist.", em *I contratti in generale*, a cargo de ALPA e BESSONE, vol. II, t. 1, 1991, pp. 534 e ss..

CARTOU, L. – *Directive n.° 90-314 du Conseil de la CEE (13 juin 1990: JOCE L. 158, 23 juin 1990) précisant les obligations et les droits des organisateurs de voyages à forfait*, "Petites affiches", 28 sept. 1990, pp. 15 e ss..

CAS, GÉRARD/FERRIER, DIDIER – *Traité de droit de la consommation*, Paris, 1986.

CHEMEL, ANNE – *Agence de voyages – Rôle. Statut. Nature juridique du contrat.*, "Juris--Classeur Commercial – Responsabilité civile et assurances", 3, fasc. 312-1, 1996.
– *Agences de voyages. Responsabilité des agences. Exécution du contrat. Rapports des agences et des professionnels.*, "Juris-Classeur Commercial – Responsabilité civile et assurances", 3, fasc. 312-2, 1996.

CIURNELLI, G. – *Il contratto di organizzazione e di intermediazione di viaggio*, "RGCT", 1989, pp. 677 e ss..

CORDEIRO, ANTÓNIO MANUEL DA ROCHA E MENEZES – *Da Boa fé no Direito Civil*, I e II, Coimbra, 1985.
– *Direito das Obrigações*, I, reimp., Lisboa, 1986.
– *Da alteração das circunstâncias* (A concretização do art. 437.° do Código Civil, à luz da jurisprudência posterior a 1974.), separata dos Estudos em Memória do Prof. Doutor Paulo Cunha, Lisboa, 1987.
– *Contrato de albergaria a favor de terceiro – Anotação ao Ac. STJ, 22/01/1990*, "O Direito", ano 123.°, IV, 1991, pp. 661 e ss..

CORDEIRO, ANTÓNIO MANUEL DA ROCHA E MENEZES/COSTA, MÁRIO JÚLIO DE ALMEIDA – *Cláusulas contratuais gerais – Anotação ao decreto-lei n.° 446/85, de 25 de Outubro*, reimp., Coimbra, 1993.

CORREA, BONET – *La responsabilidad en el Derecho aéreo*, Madrid, 1963.

CORREIA, A. FERRER/ MESQUITA, MANUEL HENRIQUE – *Anotação ao Ac. STJ 3/11/1983*, separata da "ROA", n.° 45, 1985, pp. 129 e ss..

COSTA, MÁRIO JÚLIO DE ALMEIDA – *Responsabilidade civil pela ruptura das negociações preparatórias de um contrato (Anotação ao Ac. STJ, 5/2/1981)*, Coimbra, 1984.
– *Direito das Obrigações*, 6.ª ed., Coimbra, 1994.

COSTA, MÁRIO JÚLIO DE ALMEIDA/ CORDEIRO, ANTÓNIO MANUEL DA ROCHA E MENEZES – *Cláusulas contratuais gerais – Anotação ao decreto-lei n.° 446/85, de 25 de Outubro*, reimp., Coimbra, 1993.

COUVRAT, PIERRE – *Les agences de voyages en Droit Français*, Paris, 1967.
– *Agences de voyages*, "Encyclopédie Dalloz – Répertoire de Droit Commercial", t. 1, Paris, 1992, pp. 1 e ss..

CUFFARO, VINCENZO – *Osservazioni in tema di contratto turistico*, "Giur. Mer.", I, 1974, pp. 21 e ss..
– *Contratto turistico*, "Dig. IV", Sez. civ, IV, 1989, pp. 294 e ss..

DAMINO – *La responsabilità del «tour operator» nel volo «charter»*, "Dir. aer.", 1975, pp. 101 e ss..

DE MARTINI – *Le attività preparatoria della «ricerca dei contratti» nell`ordinamento italiano*, "Temi rom.", 1971, pp. 16 e ss..

DE NOVA, GIORGIO – *Il tipo contrattuale*, Padova, 1974.

DEMARCHI, MARINA – *La Direttiva n. 314/90, del 13 giugno 1990, sui viaggi e vacanze 'tutto compreso' e la recezione nel nostro ordinamento mediante il d.lg. 17 Marzo 1995, n. 111*, em *I contratti di viaggio e turismo*, Instituto per lo studio e la diffusione dell'arbitrato e del diritto del commercio internazionale, com introdução de GIORGIO DE NOVA, a cargo de CESARE VACCÀ, Milano, 1995, pp. 11 e ss..

DERNBURG, ARRIGO – *Pandette*, I, Torino, 1906.

DIÉZ-PICAZO, LUIS – *Derecho y massificación social. Tecnologia y Derecho privado.*, Madrid, 1979.

DOWNES, JOHN/PATON, TRICIA – *Travel Agency Law*, London, 1993.

DU PONTAYICE/SORTAIS – *L`affrètement par charter-parties*, Paris, 1964.

DUESENBERRY – *Reddito, risparmio e teoria del comportamento del consumatore*, Milano, (ed. orig. 1949), 1969.

EISNER, H. – *Reiserecht Entscheidungen*, Munich, 1993.

ERBLE – *Der Reisevertrag. «Vertane Urlaubszeit»*, Stuttgart-Munchen-Hannover, 1979.

FANARA, ELIO – *L'overbooking*, em *La tutela del turista*, com introdução de GUSTAVO ROMANELLI, a cargo de GABRIELE SILINGARDI e VINCENZO ZENO-ZENCOVICH, Napoli, 1993, pp. 147 e ss..

FAÚNDEZ, M. NÉLIDA TUR – *El contrato de viaje combinado: notas sobre la ley 21/1995, de 6 Julio, de regulacion de los viajes combinados*, "Aran. civ.", 1996, pp. 11 e ss..

FERNANDES, ANTÓNIO MONTEIRO – *Direito do Trabalho*, 1.°, 8.ª ed., Coimbra, 1992.

FERRARINI – *Il «charter» per trasporto di persone*, "Riv. dir. com.", I, 1965, pp. 3 e ss..

FERREIRA, LUÍS JORGE DE NASCIMENTO – *Leis do Turismo*, Coimbra, 1981.

FERRIER, DIDIER/CAS, GÉRARD – *Traité de droit de la consommation*, Paris, 1986.

FIORENTINO, A. – *Il contratto di passagio marittimo*, Firenze, 1940, pp. 177 e ss..

FOÀ, SERGIO/BERTOCCHI, GIULIANA – *Il turismo come servizio pubblico*, Milano, 1996.

FOSSATI, G. – *Clausola di intermediazione e responsabilità dell`agente di viaggi*, "Giur. it.", I, 2, 1988, pp. 183 e ss..

FRANCESCHELLI, V. – *La prenotazione alberghiera (una ricostruzione giuridica ed economica)*, "Quadrimestre", 1991, pp. 665 e ss..

FURTADO, JORGE HENRIQUE DA CRUZ PINTO – *Curso de Direito dos Arrendamentos Vinculísticos*, 2.ª ed., revista e ampliada, Coimbra, 1988.

FUSTER, FERNANDEZ – *Historia general del turismo de masas*, Madrid, 1991.

GARAU, C. ALCOVER – *La protección del turista como consumidor*, em *Turismo y Defensa del consumidor*, Palma de Mallorca, 1991, pp. 21 e ss..

GHESTIN, JACQUES – *Traité de droit civil*, t. 2, *Les Obligations, Le contrat: formation*, 2.ª ed., Paris, 1988.

GOMES, MANUEL JANUÁRIO DA COSTA – *Em tema de revogação do mandato*, Coimbra, 1989.

GONÇALVES, LUÍS DA CUNHA – *Tratado de Direito Civil em Comentário ao Código Civil Português*, IV, Coimbra, 1929.

GRANT, DAVID/MASON, STEPHEN – *Holiday law*, London, 1995.

GRIGOLI, MICHELE – *Il contratto di viaggio*, "Tratt. dir. priv.", 11, t. 3, sob a direcção de PIETRO RESCIGNO, 1984, pp. 801 e ss..

H. STOLL – *Anmerkung a BGH, 10 ottobre 1974*, "JZ", 1975, pp. 252 e ss..

HARTLEY, TREVOR C. – *The foundations of European comunity law*, 3.ª ed., Oxford/New York, 1994.

HEINZ – *Reisevertragsrecht in der Praxis*, Berlin, 1990.

HERZOG – *Les agents commerciaux dans la Rome antique*, "Rev. trim. dr. civ.", 1965, pp. 65 e ss..

HÖRSTER, HEINRICH EWALD – *Sobre a formação do contrato segundo os arts. 217.º e 218.º, 224.º a 226.º e 228.º a 235.º do Código Civil*, "RDE", 9, 1983, pp. 121 e ss..

JORGE, FERNANDO PESSOA – *Ensaio sobre os Pressupostos da Responsabilidade Civil*, reimp., Coimbra, 1995.

LA LUMIA – *Contratti misti e contratti inominati*, "Riv. dir. com.", X, 1912, pp. 719 e ss..

LA TORRE, MARIA ENZA – *Il contratto di viaggio «tutto compreso»*, "Giust. civ.", 1, 1996, pp. 27 e ss..

LAMBERTI, C. – *Il contratto di crociera turistica*, "ND", 1973, pp. 598 e ss..

LANA, J. A. TORRES – *La integración de la publicidad en la oferta contractual turística*, em *Turismo y Defensa del consumidor*, Palma de Mallorca, 1991, pp. 75 e ss..

LEITÃO, A. R. – *L'effect directe des directives: une mythification ?*, "Rev. trim. dr. europ.", 3.º, 1981, pp. 425 e ss..

LIMA, FERNANDO ANDRADE PIRES DE/VARELA, JOÃO DE MATOS ANTUNES – *Código Civil Anotado*, vol. II, 3.ª ed. revista e actualizada, Coimbra, 1986.
– *Código Civil Anotado*, vol. I, com a colaboração de HENRIQUE MESQUITA, 4.ª ed., revista e actualizada, Coimbra, 1987.

LOUSTAU – *Problemática jurídica del transporte aéreo charter*, III Jornadas Iberoamericanas de Derecho Aeronáutico y del Espacio (Granada 1967), Madrid, 1968, pp. 95 e ss..
– *Los vuelos charter (problemática jurídica)*, Madrid, 1972.

LOWE, W. – *Das neue Reisevertragsgesetz*, "BB", 1979, pp. 1357 e ss..

MACHADO, JOÃO BATISTA – *Introdução ao Direito e ao Discurso Legitimador*, Coimbra, 1983.

MAPELLI – *Estudio sobre un modelo de proyecto de contrato de fletamento a la demanda o vuelo «charter»*, VII Jornadas Iberoamericanas de Derecho Aeronáutico y del Espacio (Sevilha 1973), policopiado, pp. 4 e ss..
– *Incorporatión de la palabra «charter» a nuestro idioma*, "Aerocomercial", Ano 2, n.º 20, Buenos Aires, 1973.
– *Cooperatión e integratión internacional en el trasporte aéreo*, Caracas, 1974.

MARINÉ, F. BAYON – *Legislación de agencias de viaje*, Madrid, 1992.

MARQUES, J. DIAS – *Noções Elementares de Direito Civil*, 6.ª ed., Lisboa, 1977.

MARTIN, ADOLFO AURIOLES – *La Directiva sobre viajes combinados y la adaptación de la normativa española de Agencias de viaje*, "Rev. der. merc.", n.º 206, 1992, pp. 819 e ss..

MARTORANO, F. – *Le contrat touristique. Rapports nationaux italiens au IX Congrès international du droit comparé*, Milano, 1974, pp. 355 e ss..

MASON, STEPHEN/GRANT, DAVID – *Holiday law*, London, 1995.

MENDES, JOÃO DE CASTRO – *Direito Civil (Teoria geral)*, II, policopiado, Lisboa, 1979.
– *Teoria geral de Direito civil*, II, ed. revista e actualizada, Lisboa (1979), 1985.

MESQUITA, MANUEL HENRIQUE/CORREIA, A. FERRER – *Anotação ao Ac. STJ 3/11/1983*, separata da "ROA", n.º 45, 1985, pp. 129 e ss..

MIGNOLI, A. – *Impossibilità del creditore ed incidenza del fortuito*, "Riv. dir. com.", II, 1947, pp. 286 e ss..

MINERVINI, GUSTAVO – *Il contratto turistico*, "Riv. dir. com.", I, 1974, pp. 275 e ss..

MIRABELLI, G. – *Dei contratti in generale*, 1958.

MONTEIRO, ANTÓNIO PINTO – *Cláusulas limitativas e de exclusão da responsabilidade civil*, Coimbra, 1985.
– *Contratos de adesão: o regime jurídico das cláusulas contratuais gerais instituído pelo Decreto-Lei n.º 446/85, de 25 de Outubro*, "ROA", n.º 46, 1986, pp. 733 e ss..
– *Cláusula penal e indemnização*, Coimbra, 1990.

MONTEIRO, JORGE FERREIRA SINDE – *Estudos sobre responsabilidade civil*, Coimbra, 1983.
– *Responsabilidade por conselhos, recomendações ou informações*, Coimbra, 1989.

MONTICELLI, SALVATORE – *La prenotazione nella prassi negoziale*, "Rass. dir. com.", 1990, pp. 802 e ss..
– *Il contrato di viaggio*, em G. CIURNELLI/S. MONTICELLI/G. ZUDDAS, *Il contratto d'albergo. Il contratto di viaggio. I contratti di tempo libero*, colecção "*Il diritto privato oggi*", a cargo de PAOLO CENDON, Varese, 1994, pp. 130 e ss..

MORANDI, F./SILINGARDI – *La «vendita di pacchetti turistici». La direttiva 13 giugno 1990, n. 90/314/CEE, ed il d.lg. 17 Marzo 1995, n.º 111*, em *Legislazione/Oggi*, colecção dirigida por PAOLO CENDON, Torino, 1996.

MOREIRA, VITAL/CANOTILHO, GOMES – *Constituição da República Portuguesa Anotada*, 3.ª ed., revista, Coimbra, 1993.

MOSCATI, E. – *La disciplina del contratto di viaggio ed il diritto privatto italiano*, "Leg. econ.", 1979, pp. 350 e ss..

MUÑOZ, MIGUEL RUIZ – *Guía explicativa de la ley de viajes combinados*, "EC", n.º 37, 1997, pp. 103 e ss..

MUSSO, BARBARA – *Evoluzione legislativa e giurisprudenziale del contratto turistico in Francia e Germania*, em *Il contratto di viaggio e turismo*, Instituto per lo studio e la diffusione dell'arbitrato e del diritto del commercio internazionale, com introdução de GIORGIO DE NOVA, a cargo de CESARE VACCÀ, Milano, 1995, pp. 475 e ss..

NADAL, APOL-LÒNIA MARTÍNEZ – *El contrato de reserva de plazas de alojamiento en regimen de contingente*, Barcelona, 1995.

NANNETTI, F. – *Miti e Metafore del cambiamento*, Milano, 1995.

NELSON-JONES, J./STUART, P. – *A pratical guide to Package Holiday Law and Contracts*, third ed., Croydon, 1993.

NOTARSTEFANO, COSIMO – *Lineamenti giuridici dei rapporti turistici*, "Riv. dir. com.", I, 1993, pp. 581 e ss..

PARDOLESI, ROBERTO – *Turismo organizzato e tutela del consumatore: la legge tedesca sul contratto di viaggio*, "Riv. dir. civ.", I, 1981, pp. 55 e ss..

PATON, TRICIA/DOWNES, JOHN – *Travel Agency Law*, London, 1993.

PAYERAS, M. COCA – *La protección jurídica del turista en el Derecho europeo comunitario*, em *Turismo y Defensa del consumidor*, Palma de Mallorca, 1991, pp. 42 e ss..
– *La contratación turística (Los contratos turísticos como contratos sometidos a condiciones generales)*, Conferência pronunciada no Consell Insular d'Eivissa, Fevereiro, 1993.

PESCATORE, PIERRE – *L'effet des directives communautaires: une tentative de dèmythification*, "Recueil Dalloz-Sirey", 1980, pp. 171 e ss..

PIERFELICI, VALERIA – *La qualificazione giuridica del contratto turistico e la responsabilità del «tour operator»*, "Rass. dir. civ.", 3, 1986, pp. 639 e ss..

PINOLÉ, ALBERT – *Gestión y técnicas de agencias de viaje*, 2.ª ed., 1.ª reimp., Madrid, 1989.

PINTO, CARLOS ALBERTO DA MOTA – *Contratos de adesão – Uma manifestação jurídica da moderna vida económica*, "Revista de Direito e Estudos Sociais", ano XX, n.ºs 2-3--4, Coimbra, Abril-Dezembro, 1973.
– *Cessão da posição contratual*, 1982, Coimbra.
– *Teoria Geral do Direito Civil*, 3.ª ed. actualizada, Coimbra, 1991.

POTHIER, ROBERT JOSEPH – *Traité des Obligations*, Ouvres, I, Bruxelles, 1831.

PRANSTRALLER, GIAN PAOLO – *Turismo occupazione e professionalità*, (em introdução), a cargo de M. G. DOTTI/F. ANGELLI, Milano, 1986.

PRATA, ANA – *Cláusulas de exclusão e limitação de responsabilidade contratual*, Coimbra, 1985.
– *Notas sobre responsabilidade pré-contratual*, Lisboa, 1991.

PROENÇA, JOSÉ CARLOS BRANDÃO – *A resolução do contrato no direito civil. Do enquadramento e do regime*, Coimbra, 1982.
– *Do dever de guarda do depositário e de outros detentores precários*, "Revista Direito e Justiça", vol. 8, tomo 2, 1994, pp. 45-76, e vol. 9, tomo 1, 1995, pp. 47 a 102.

PY, PIERRE – *Droit du Tourisme*, 3.ª ed., Paris, 1993.

QUINTAS, PAULA – *Legislação turística comentada*, Porto, 1994.

RAMOS, RUI MANUEL MOURA/SOARES, MARIA ÂNGELA BENTO – *Do contrato de compra e venda internacional*, "BMJ – Documentação e Direito Comparado", n.º 6, 1981, pp. 73 e ss..
– *Contratos internacionais. Compra e venda. Cláusulas penais. Arbitragem.*, Coimbra, 1986.

REIS, JOSÉ ALBERTO DOS – *Anotação ao Ac. STJ, 12/2/1952*, "RLJ", n.º 2984, 1953, p. 171.

RIBEIRO, JOAQUIM DE SOUSA – *Cláusulas contratuais gerais e o paradigma do contrato*, separata do vol. XXXV do suplemento do "BFDUC", Coimbra, 1990.

– *Responsabilidade e garantia em cláusulas contratuais gerais (DL n.º 446/85, de 25 de Outubro)*, Coimbra, 1992 (separata do "Boletim da Faculdade de Direito" – "Estudos em homenagem ao Prof. Doutor A. Ferrer-Correia", vol. IV).

RICCA, LUCIO – *Contratto e rapporto nella permuta atipica*, Milano, 1974.

RIGUZZI, MAURIZIO/SILINGARDI, GABRIELE – *Intermediario e organizzatore di viaggi: regime di responsabilità e controlli pubblici*, "Arch. giur.", 1979, pp. 49 e ss..

ROBINSON, H. – *A Geography of Tourism*, London, 1975.

RODIÈRE, RENÉ – *La responsabilità delle agenzie di viaggio*, "Riv. dir. com.", I, 1959, pp. 81 e ss..

ROMANELLI, GUSTAVO – *Agenzie di viaggio e contratto avente per oggetto l'assistenza turistica*, "Riv. dir. nav.", I, 1959, pp. 256 e ss..
– *La locazione nei sistema dei contrattidi utilizzazione de la nave e dell'aeromobile*, "RTDPC", 1964, pp. 281 e ss..
– *In tema di trasporto su voli «charter»*, "Annali dell'Istituto di Diritto Aeronáutico", vol. II, 1970-1971, Università Cattolica del Sacro Cuore, Milano, 1973, pp. 31 e ss., e "Arch. Giur.", julio-octobre, 1972, fasc. 1-2, pp. 5 e ss..

ROMANELLI, GUSTAVO/SILINGARDI, GABRIELE – *Contratti di viaggi organizzati*, "Enc. Giur.", IX, 1988, pp. 1 e ss..

ROPPO, ENZO – *Commentario alla Convenzione internazionale relativa al contratto di viaggio (CCV)*, "Nuove legge civile commentate", 1978, pp. 1757 e ss..
– *Contratti turistici e clausole vessatorie*, "Foro it.", I, 1992, pp. 1571 e ss., e em *La tutela del turista*, com introdução de GUSTAVO ROMANELLI, a cargo de GABRIELE SILINGARDI e VINCENZO ZENO-ZENCOVICH, Napoli, 1993, pp. 95 e ss..

RUBINO, DOMENICO – *Dell'appalto (arts. 1655.º a 1677.º)*, em *Commentario del Codice Civile*, de SCIALOJA e BRANCA, Livro IV, *Delle Obligazione*, Roma, 1963.

SAVY – *La protection des consommateurs en France*, "Rev. inter. dr. comp., 1974, pp. 591 e ss..

SCRUTTON – *Charter parties and Bill of Lading*, 17.ª ed., London, 1964.

SERRA, ADRIANO PAIS DA SILVA VAZ – *Resolução do contrato*, "BMJ", n.º 68, 1957, pp. 153 e ss..
– *Contrato para pessoa a nomear*, "BMJ", n.º 79, 1958, pp. 163 e ss..
– *Reparação do dano não patrimonial*, "BMJ", n.º 83, 1959, pp. 69 e ss..
– *União de contratos – Contratos mistos*, "BMJ", n.º 91, 1959, pp. 147 e ss..
– *Perfeição da declaração de vontade – eficácia da emissão da declaração – requisitos especiais de conclusão do contrato*, "BMJ", n.º 103, 1961, pp. 5 e ss..

SILINGARDI/MORANDI, F. – *La «vendita di pacchetti turistici». La direttiva 13 giugno 1990, n. 90/314/CEE, ed il d.lg. 17 Marzo 1995, n.º 111*, em *Legislazione/Oggi*, colecção dirigida por PAOLO CENDON, Torino, 1996.

SILINGARDI, GABRIELE/RIGUZZI, MAURIZIO – *Intermediario e organizzatore di viaggi: regime di responsabilità e controlli pubblici*, "Arch. giur.", 1979, pp. 49 e ss..

SILINGARDI, GABRIELE/ROMANELLI, GUSTAVO – *Contratti di viaggi organizzati*, "Enc. Giur.", IX, 1988, pp.1 e ss..

SILVA, JOÃO CALVÃO DA – *Responsabilidade civil do produtor*, Coimbra, 1990.

SOARES, MARIA ÂNGELA BENTO/RAMOS, RUI MANUEL MOURA – *Do contrato de compra e venda internacional*, "BMJ – Documentação e Direito Comparado", n.° 6, 1981, pp. 73 e ss..
– *Contratos internacionais. Compra e venda. Cláusulas penais. Arbitragem.*, Coimbra, 1986.

SODANO, MARIA LAURA – *Conflittualità e contrattualistica: Il panorama europeo*, em *Il contratto di viaggio e turismo*, Instituto per lo studio e la diffusione dell'arbitrato e del diritto del commercio internazionale, com introdução de GIORGIO DE NOVA, a cargo de CESARE VACCÀ, Milano, 1995, pp. 511 e ss..

SORTAIS/DU PONTAYICE – *L'affrètement par charter-parties*, Paris, 1964.

SOTOMAYOR, ALFREDO ROBLES ALVAREZ DE – *El contrato de viaje combinado (El «forfait»)*, Instituto de estudios turisticos, Cuadernos monograficos, n.° 8, Madrid, 1966.
– *El derecho turistico*, em *Estudios de derecho mercantil en homenage al professor Antonio Polo*, Madrid, 1981, pp. 930 e ss..

SPASIANO, E. – *Crociera (contratto di)*, "Enc. dir.", XI, Milano, 1962, pp. 400 e ss..

STANGHELLINI, LUCA – *Contratto turistico e prenotazione*, "Giur. it.", IV, 1982, pp. 131 e ss..
– *Viaggio (Contratto di)*, "Noviss. Dig. It.", VII, 1987, pp. 1127 e ss..

STEINBRENNER – *Zum Recht der Reiseburounternehmung*, Wurzburg-Aummuhle, 1939.

STORM, SUSANNE – *La protección des consommateurs dans les voyages à forfait; la loi danoise relative aux voyages à forfait*, "Rev. europ. dr. cons.", 3, 1994, pp. 166 e ss..

STUART, P./NELSON-JONES, J. – *A pratical guide to Package Holiday Law and Contracts*, third ed., Croydon, 1993.

SUBREMON, ALEXANDRA – *Harmonization des législations en Europe: la directive "voyages à forfait"*, "Révue Tourisprudence", n.° 2, 1990, pp. 7 e ss..

SUNDBERG – *Air Charter (A study in legal development)*, Stockholm, 1961.

TASSONI, GIORGIA – *Organizzatore di viaggi nazionali ed internazionali e doveri di protezione*, nota a uma decisão do Tribunal de Roma, de 17/01/1989, "Giur. It.", I, 2, 1991, pp. 67 e ss..
– *Aspetti particolari della risoluzione del contratto di viaggio*, em *La tutela del turista*, com introdução de GUSTAVO ROMANELLI, a cargo de GABRIELE SILINGARDI e VINCENZO ZENO-ZENCOVICH, Napoli, 1993, pp. 209 e ss..

TAVARES, JOSÉ – *Os Princípios Fundamentais do Direito Civil*, I, Coimbra, 1928.

TEICHMANN, A. – *Die Struktur der Leistungsstorungen im Reisevertrag*, "JZ", 1979, pp. 737 e ss..

TELLES, INOCÊNCIO GALVÃO – *Dos Contratos em Geral*, Coimbra, 1947.
– *Manual dos contratos em geral*, 3.ª ed., Lisboa, 1965.
– *Direito das Obrigações*, 6.ª ed., Coimbra, 1989.

TONNER, KLAUS – *Der Reisevertrag. Kommentar zu §§ 651 a-k BGB*, Neuwied, 1979.
– *La directive europeènne sur les voyages à forfait*, "Rev. europ. dr. cons.", 2, 1990, pp. 98 e ss..
– *Reiserecht in Europa*, Berlin, 1992.

TRAJKOVIC, MIODRAG – *La nature du contrat de charter dans le droit aérien*, "Annali dell'Istituto di Diritto Aeronáutico", vol. II, 1970-1971, Università Cattolica del Sacro Cuore, Milano, 1973, pp. 12 e ss..

TUHR, ANDREAS VON – *Tratado de las Obligationes*, I, Madrid, 1934.

VACCÀ, CESARE – *La "vacanza rovinata" e la tutela del fruitore dei servizi turistici*, "Riv. dir. com.", IX, 1992, pp. 909 e ss..

VAGO, G. – *Il contratto di crociera aerea*, "Dir. aer.", 1964, pp.1 e ss..

VARELA, JOÃO DE MATOS ANTUNES – *Contratos Mistos*, "BFDUC", XLIV, Coimbra, 1968, pp. 143 e ss..
– *Parecer sobre a prestação de obra intelectual*, separata da "ROA", n.º 45, 1985, pp. 159 e ss..
– *Das Obrigações em geral*, vol. I, 7.ª ed., Coimbra, 1991.
– *Das Obrigações em geral*, vol. II, 5.ª ed., Coimbra, 1992.

VARELA, JOÃO DE MATOS ANTUNES/LIMA, FERNANDO ANDRADE PIRES DE – *Código Civil Anotado*, vol. II, 3.ª ed. revista e actualizada, Coimbra, 1986.
– *Código Civil Anotado*, vol. I, com a colaboração de HENRIQUE MESQUITA, 4.ª ed., revista e actualizada, Coimbra, 1987.

VASCONCELOS, PEDRO PAIS DE – *Contratos Atípicos*, Coimbra, 1995.

WYMEERSCH, E. – *Le contrat touristique. Étude de la convention sur le contrat de voyage*, Rapports belges au IX Congrès de droit comparé, Centro universitario di diritto comparato, Bruxelles, 1974, pp. 205 e ss..

ZUNARELLI, STEFANO – *La Direttiva CEE n.º 90/314 del 13 giugno 1990 concernente I viaggi, le vacanze ed I circuiti «tutto compreso»*, em *La tutela del turista*, com introdução de GUSTAVO ROMANELLI, a cargo de GABRIELE SILINGARDI e VINCENZO ZENO-ZENCOVICH, Napoli, 1993, pp. 27 e ss..

ÍNDICE GERAL

Sumário	11
Modo de citar	13
Abreviaturas	15

PARTE I – INTRODUÇÃO 19

1. **Apresentação do tema** 21
   1.1. Razão de ordem 21
   1.2. Delimitação do tema, sistematização e fontes 24

2. **As envolventes do tema** 27
   2.1. O Turismo 27
       2.1.1. Noção de Turismo 27
       2.1.2. A evolução do fenómeno turístico 29
       2.1.3. O fenómeno turístico na actualidade 30
   2.2. As Agências de viagens e turismo 32
       2.2.1. As funções tradicionais das agências de viagens e turismo ... 32
       2.2.2. A actividade de organização de viagens 35
   2.3. A protecção ao consumidor 36
       2.3.1. Linhas gerais sobre a problemática da defesa do consumidor ... 36
       2.3.2. As viagens organizadas como manifestação das preocupações de defesa do consumidor no âmbito da prestação de serviços ... 38

PARTE II – CARACTERIZAÇÃO DO CONTRATO DE VIAGEM ORGANIZADA 41

3. **Noções preliminares** 43
   3.1. Noção de contrato de viagem organizado 43
   3.2. Técnica adoptada pelo legislador comunitário 44
   3.3. Técnica adoptada pelo legislador português 44
   3.4. Contrato de organização de viagem, contrato de intermediação de viagem organizada e contrato de intermediação de serviços autónomos ... 45
   3.5. Estrutura do regime legal das viagens organizadas. Crítica ... 47
   3.6. O *"nomen iuris"* do contrato em exame 48
   3.7. Classificação do contrato de viagem organizada como contrato turístico ... 50

4. **As viagens organizadas e a tipicização do contrato de viagem organizada** ... 53
   4.1. Origem e evolução económica e social do fenómeno das viagens organizadas ... 53

4.2. "Pacotes turísticos" e *taylor-made packages* 54
4.3. O surgimento de um novo tipo contratual 56
4.4. A ausência de regulamentação legal 56

5. **Tipicidade contratual e natureza jurídica** 57
   5.1. Tipicidade social 57
   5.2. A problemática da natureza jurídica do contrato de viagem organizada.. 59
   5.3. Recondução do contrato em exame ao mandato 62
?   5.4. Recondução do contrato em exame ao *"appalto"* de serviços italiano..... 63
?   5.4. Recondução do contrato em exame à compra e venda 65
   5.5. Conclusão. A tipicidade legal do contrato de viagem organizada 66

6. **Evolução legislativa** 67
   6.1. Razão de ordem 67
   6.2. Textos legais supra-nacionais: *a)* A Convenção de Bruxelas de 1970, sobre o contrato de viagem organizada 68
   6.3. (Cont.): *b)* A Directiva comunitária 90/314/CEE, sobre viagens organizadas 69
   6.4. Evolução legislativa nalguns Estados europeus 74
   6.5. Evolução legislativa em Portugal 78

7. **Delimitação subjectiva e objectiva do contrato** 82
   7.1. Razão de ordem 82
   7.2. Delimitação subjectiva 85
      7.2.1. A agência de viagens e turismo 86
      7.2.2. O cliente 95
   7.3. Os terceiros prestadores de serviços 98
   7.4. Delimitação objectiva: a viagem organizada 100
      7.4.1. Noção legal 100
      7.4.2. Viagens turísticas em sentido amplo: viagens organizadas, viagens por medida e viagens turísticas propriamente ditas 102
      7.4.3. Viagens, férias e circuitos organizados. Distinção 103
      7.4.4. Elementos da noção de viagem organizada 104
         7.4.4.1. Combinação prévia de serviços 105
         7.4.4.2. Preço com tudo incluído 114
         7.4.4.3. Natureza dos serviços 117
         7.4.4.4. Duração da viagem 124
         7.4.4.5. Crítica 125

PARTE III – O REGIME JURÍDICO DO CONTRATO DE VIAGEM ORGANIZADA 129

8. **Introdução** 131
   8.1. Nota preliminar 131
   8.2. Formação do contrato 132
   8.3. Estrutura do regime legal do contrato 137

Índice geral

9. **Fase pré-contratual** 137
   9.1. Dever de informação prévia 137
   9.2. O programa de viagem 139
      9.2.1. Conteúdo mínimo obrigatório 140
      9.2.2. Informação clara e precisa 141
      9.2.3. Carácter vinculativo do programa 141
         9.2.3.1. Excepções ao carácter vinculativo do programa: *a*) Possibilidade de alteração prevista no programa 143
         9.2.3.2. (Cont.): *b*) Acordo das partes 144
   9.3. Informação prévia sobre assistência médica e hospitalar 145
   9.4. Conclusão 145

10. **Fase contratual** 146
    10.1. A forma do contrato 146
    10.2. O conteúdo do contrato 154
       10.2.1. Nome, endereço e número de alvará da agência organizadora – art. 22.°, 1 *a*) 155
       10.2.2. Identificação das entidades que garantem a responsabilidade da agência organizadora – art. 22.°, 1 *b*) 156
       10.2.3. Preço da viagem organizada, termos e prazos em que é legalmente admitida a sua alteração e impostos ou taxas devidos em função da viagem que não estejam incluídos no preço – art. 22.°, 1 *c*) 156
       10.2.4. Montante ou percentagem do preço a pagar a título de princípio de pagamento, data de liquidação do remanescente e consequências da falta de pagamento – art. 22.°, 1 *d*) 157
       10.2.5. Origem, itinerário e destino da viagem, períodos e datas de estada – art. 22.°, 1 *e*) 158
       10.2.6. Número mínimo de participantes de que dependa a realização da viagem e data-limite para a notificação do cancelamento ao cliente, caso não se tenha atingido aquele número – art. 22.°, 1 *f*) 159
       10.2.7. Meios, categorias e características de transporte utilizados, datas, locais de partida e regresso e, quando possível, as horas – art. 22.°, 1 *g*) 161
       10.2.8. O grupo e classificação do alojamento utilizado, de acordo com a regulamentação do Estado de acolhimento, sua localização, bem como o nível de conforto e demais características principais, número e regime ou plano de refeições fornecidas – art. 22.°, 1 *h*) 161
       10.2.9. Montantes máximos exigíveis à agência nos termos do art. 40.° – art. 22.°, 1 *i*) 162
       10.2.10. Termos a observar para reclamação do cliente pelo não cumprimento pontual dos serviços acordados – art. 22.°, 1 *j*) 164
       10.2.11. Visitas, excursões ou outros serviços incluídos no preço – art. 22.°, 1 *l*) 167
       10.2.12. Serviços facultativamente pagos pelo cliente – art. 22.°, 1 *m*) 167

10.2.13. Todas as exigências específicas que o cliente comunique à agência e esta aceite – art. 22.º, 1 n) 168
10.3. Deveres de informação e entrega de documentos 169
10.4. Modificações do contrato... 171
    10.4.1. Cessão da posição contratual do cliente 171
    10.4.2. Modificação do preço da viagem... 177
    10.4.3. Modificação de outros elementos do contrato: a) Antes do início da viagem 180
    10.4.4. (Cont.): b) Durante a execução da viagem 183
10.5. Extinção do contrato 183
    10.5.1. Cancelamento da viagem pela agência organizadora 184
    10.5.2. Cancelamento antes do início da viagem: a) Ausência do número mínimo de participantes.. 187
    10.5.3. (Cont.): b) Situações de força maior ou caso fortuito 189
    10.5.4. (Cont.): c) "Anulação" da viagem por falta de pagamento do preço nas condições estabelecidas no contrato........................ 190
    10.5.5. Cancelamento ocorrido durante a execução da viagem........... 191
10.6. Direito de rescisão do contrato pelo cliente..................................... 193
    10.6.1. Casos especiais de rescisão... 194
    10.6.2. O direito de rescisão a todo o tempo 195
    10.6.3. Natureza jurídica do direito de rescisão................................. 197
10.7. Responsabilidade civil da agência organizadora 200
    10.7.1. Generalidades... 200
    10.7.2. Obrigações da agência organizadora 203
    10.7.3. Responsabilidade civil subjectiva.. 205
        10.7.3.1. Obrigação de informação... 206
        10.7.3.2. Obrigação de entrega de documentos 207
        10.7.3.3. Obrigação de assistência.. 208
        10.7.3.4. Obrigação de escolha diligente dos prestadores de serviços.. 210
        10.7.3.5. Obrigação de combinação ou sincronização............ 212
        10.7.3.6. Obrigação de segurança 213
    10.7.4. Responsabilidade civil objectiva.. 214
    10.7.5. Relações entre a agência organizadora e a agência intermediária de viagens organizadas 217
    10.7.6. Exclusão da responsabilidade civil da agência organizadora.. 220
        10.7.6.1. Causas de exclusão legal da responsabilidade 220
        10.7.6.2. Exclusão convencional da responsabilidade 222
    10.7.7. Limitação da responsabilidade civil da agência organizadora 223
        10.7.7.1. Generalidades... 223
        10.7.7.2. Limitação legal da responsabilidade 225
        10.7.7.3. Limitação convencional da responsabilidade 227
    10.7.8. O dano das "férias arruinadas" 228

Bibliografia.. 233

Índice-geral.. 243